房地产操盘实战技巧丛书

房地产
项目入市与开盘

夏联喜 编著

中国建筑工业出版社

图书在版编目（CIP）数据

房地产项目入市与开盘 / 夏联喜编著. — 北京：中国建筑工业出版社，2016.3

（房地产操盘实战技巧丛书）

ISBN 978-7-112-18881-9

Ⅰ.①房… Ⅱ.①夏… Ⅲ.①房地产—市场营销 Ⅳ.①F293.35

中国版本图书馆CIP数据核字（2015）第306670号

入市和开盘对房地产项目来讲，是一个至关重要的环节。对外来说，它牵涉外界市场的变化，整个竞争对手的系列举措。对内来说，它需要设计部、策划部、营销部、物业之间严丝合缝的配合。一个项目以什么姿态入市，整个开盘如何做到严谨有序。开盘的成功与否非常关键，甚至关系到整个项目的好坏。本书以入市为起点，详细分解蓄客、认筹、解筹、内部认购、开盘筹备、成功开盘、开盘总结这几大过程，点拨来源于实战的项目入市及开盘的技巧。全书理论结合案例，实操性强，对于广大房地产从业人员来说具有重要的参考和借鉴价值。

本书适合房地产开发商、营销策划公司、销售代理公司的营销、策划人员阅读。

责任编辑：封　毅　周方圆
责任校对：陈晶晶　关　健

房地产操盘实战技巧丛书
房地产项目入市与开盘
夏联喜　编著
*
中国建筑工业出版社出版、发行（北京西郊百万庄）
各地新华书店、建筑书店经销
北京京点图文设计有限公司制版
北京云浩印刷有限责任公司印刷
*

开本：787×1092毫米　1/16　印张：21　字数：455千字
2016年6月第一版　2016年6月第一次印刷
定价：**68.00**元
ISBN 978-7-112-18881-9
（28150）

版权所有　翻印必究
如有印装质量问题，可寄本社退换
（邮政编码 100037）

编委会

主　编： 夏联喜

编　委： 欧阳帆　王　飞　熊明详　陈　炜　张小波　廖志宇
　　　　　　石瑞红　王成树　罗　锟　胡浩炬　熊思堡　金义合
　　　　　　夏　雨　刘　杨　刘尔娴　张燕杰　刘　睿　陈水娇
　　　　　　戴　强　刘　斌　张　辉　朱冠华　王国军　杨思思
　　　　　　吴军玲　刘友贵　袁　琳　黄　森　曹　晋　李　黎
　　　　　　刘方勇　朱卫丰　朱金云　刘文松　陈丹丹　刘　波
　　　　　　何　慧　汪　军

房地产项目入市与开盘

用智慧打好开盘攻坚战

房地产的"紧箍咒"依然罩在每一个开发商的头上,在全国寒冬的"大气候"和局部火热的"小气候"中,开发商有如左手握剑、右手握盾,想冲的动力和御寒的压力交织。从2008年开始的这场持久战依然让每个从业者内心备受煎熬。

随着高压政策一轮轮推进,政府持续关注和调整房地产市场,丝毫没有放松的意思。几轮股市的反弹,虽然给了短暂的希望,但是多轮地产股的暴跌似乎又进一步证明官方的目的:不可与官方博弈、暴利要结束、高价不可留、要生存需谨慎、要发展需人心。在这个变化莫测的市场,我们不要寄希望于房地产开发黄金时代的延续,只能是在这种更加复杂的、高压的战场,匍匐前行。

一个笼子关着众多的饥鸟,在食物有限的情况下,要想获得食物需要体格、智慧;一个被多方关注、不停调整、引民关注极大的行业,在这种狭缝的市场中,要生存和发展同样需要智慧和实力。智慧是根本,智慧可以蓄积实力;实力是保障,有了实力才可持续生存。

而在这里,我们不谈实力,只谈智慧。

智慧体现在策划上,体现在运作上,体现在营销手法上,体现在开盘的成败上。归根结底还是体现在入市与开盘的成败上。一个项目入市受冷,开盘不利,基本上就意味着这个项目前功尽弃,功败垂成。所以可以看到,入市与开盘的成功在前期就需要严密的策划,每个环节和关键点的把控都十分重要。

因为他们十分重要,所以要多用智慧,多使谋略。我们看到,万科、保利、远洋等一批地产巨头,从拿一块地开始,就着手更细致地工作,根据项目规模、地块特性、产品推出时间等因素,分析入市时机、制定产品入市价格、定型产品入市姿态,基本上就是为产品的入市形象定调,这个需要智慧。

前言

入市如果说只是立招牌的话，那么接下来内部认购、蓄客和认筹才是真正考验耐心和技巧的时刻。内部认购虽然起源于香港，但他是营销策划"前压"的一个重要步骤。内部认购的出现，让营销与前期策划设计结合起来，成为全程策划不可分割的一部分，它是开盘的实战的预演和彩排。而蓄客，是开盘前期与客户打交道的重要目的，它不仅仅是传递产品形象，更是在累积客户，将目标客户锁定在一个范围。而认筹是进一步提纯客户，将潜在客户转换为意向客户，让产品定位与客户定位有机结合。在这个过程中，又演变出了更多的技巧和策略，这个过程同样需要智慧。

这依然不能保障开盘的成功，因为客户需求、心理变化，竞争的变化，市场大气候的变化，仍然会对前期的内部认购、认筹及蓄客造成干扰，甚至让前期的工作化为泡影。所以，有序出货、制造热销、不断形成市场热点这些涉及解筹开盘的工作就显得至关重要。在这个阶段，每个客户都是货真价实的客户，每卖的一套房子都是真实的房子，每一批次的价格都是真切的价格。它是开发商真正收钱的阶段、变现的阶段、得利的阶段、盘算项目成败的阶段，这个依然需要智慧。

以上的智慧是静态的智慧，还有一种智慧是动态的智慧。它是考验开发商与竞争对手、竞争楼盘的博弈，开发商与消费者之间的博弈，开发商与政府、政策的博弈，开发商对价格话语权、客户资源的争夺。如果说前期的战斗还是双方比赛游泳，大家各自游各自的，那么到了认筹和开盘的阶段就不再那么谦逊，而是你死我活的零和游戏。主动的策略和应对的措施，都凝聚着智慧，都是为了保证开盘成功之前所需要进行的一次次"生死战役"。

星光很美，但星星短暂的光芒却是数光年的距离。开盘的成功是短暂的，开盘的智慧运筹却需要体现在时时处处，甚至每一个环节、每一场战役、每一天、每个人身上，它贯穿于始终，有影却无形。

目录

第一章　高调亮相，入市出击

- 2　　一、企业入市的战略及战术
- 6　　二、项目入市的原则及策略
- 9　　三、项目入市时机的选择
- 13　　四、入市姿态的确定
- 14　　五、入市价格总策略
- 16　　六、入市产品策略
- 18　　七、入市准备期广告策略
- 20　　八、入市媒体组合传播策略
- **24　　案例1. 金都·CSXY入市策略实战演示**

第二章　开闸放水，蓄势引爆

- 42　　一、蓄客的目的
- 42　　二、蓄客的形式
- 49　　三、蓄客期价格策略
- 49　　四、蓄客期营销策略
- 50　　五、蓄客过程的六大要点
- 50　　六、蓄客操作的四大策略
- 52　　七、蓄客实战运营案例解码
- 55　　八、客户分析
- **58　　案例2. YGXR答谢酒会暨主流户型品鉴会蓄客操作模式**

第三章　积极认筹，提纯客户

- 66　　一、认筹的定义及相关概念
- 67　　二、认筹的六大价值
- 68　　三、认筹活动政策
- 69　　四、认筹预选房号的操作模式
- 72　　五、认筹的实战案例运用

76	六、不认筹解套策略剖析
78	七、变了味的认筹
80	案例3. 住宅、商业综合项目的认筹策略——XC项目前期认筹策略
87	案例4. 两种VIP卡的认筹执行策略——XBM公寓一期认筹方案
93	案例5. 两种VIP卡的认筹执行策略——YS·东方明珠上市认筹蓄客执行方案
102	案例6. 日进千金认筹实战——A项目铂金卡活动方案

第四章　解筹出货，制造热销

106	一、解筹活动的法律界定
106	二、开盘与解筹的概念区分
107	三、解筹前的工作铺垫
107	四、解筹的三大项工作内容
108	五、开盘解筹模式的演变
110	六、解筹的四种方式
131	七、解筹过程两大常见问题的处理策略
133	案例7. 深圳东方·ＺＹ抽签解筹方案
146	案例8. 深圳中信·HSW别墅提高解筹率技巧

第五章　内部认购，实战预演

156	一、内部认购的演变
157	二、内部认购、蓄客、认筹三个概念的区分方法
157	三、内部认购的名词新解
159	四、项目内部认购的主要内容
164	五、内部认购方案的三种形式
166	六、针对投资客的转让处理策略
167	案例9. 快速回笼资金的内部认购方案制定模式——BJZ项目街铺内部认购方案
179	案例10. 2008年西安GJ广场2期内部认购方案

第六章　开盘筹备，万事俱备

- 200　一、开盘的条件
- 202　二、开盘六大准备
- 219　三、活动准备及日程安排
- 221　四、开盘的审批与内部验收

第七章　巧借东风，成功开盘

- 226　一、成功开盘的战略意义
- 226　二、开盘的相关概念
- 228　三、开盘决策的五大核心问题
- 236　四、开盘决策流程
- 237　五、摇号开盘模式的典型操作手法
- 240　六、开盘的组织实施
- 245　七、开盘促销与推广策略
- 255　八、开盘问题应对与解套

263　案例11. ZH·国际冠城空中美墅部分开盘危机处理策略

269　案例12. 武汉SL花园"感受营销"开盘解码

第八章　开盘总结，运筹全案

- 288　一、开盘总结分析
- 288　二、已成交客户分析
- 290　三、未成交客户分析
- 290　四、售出房源分析
- 290　五、开盘现场流程总结
- 290　六、媒体针对性分析
- 291　七、优惠活动针对性分析

292　案例13. 中山·YY城开盘分析报告

319　案例14. 上海BL·叶上海成功开盘营销借鉴

房地产项目入市与开盘

第一章

高调亮相，入市出击

根据项目规模、地块特性、产品推出时间等因素，分析入市时机、制定产品入市价格、定型产品入市姿态，基本上就是给产品的入市形象定下调子，这种形象的确立在营销环节前期，其重要性不言而喻。

房地产项目入市与开盘

一、企业入市的战略及战术

入市仅仅只讲一个项目,一般来说,还谈不上企业的高度。但是,对于很多新开发商或者初入某地的开发商来说,一个项目的入市其实也就是这个企业在区域市场的入市。能否成功,不仅关系到项目的成败,还关系到企业的成败。所以,我们先来解析企业的入市战略和战术,它会从宏观上给我们提供更多项目入市的技巧。

1. 房地产企业六种入市战略

不同的房地产企业入市的方式不尽相同,所以在操作上也有不同的做法(图1-1)。

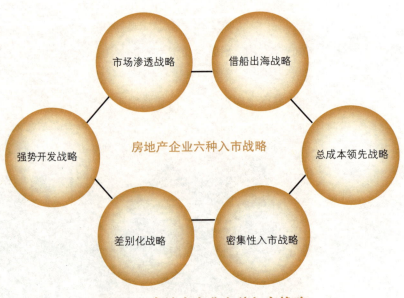

图1-1 房地产企业六种入市战略

第一章 高调亮相，入市出击

战略1：市场渗透

市场渗透是采取渐进或者缓慢地渗透进入，稳扎稳打地逐步扩大市场份额的战略。市场渗透策略属于入市的常规策略，通过逐步提升房地产企业自身的内外部核心竞争力，依托良好的市场表现而获取投资方的青睐，万科是该类战略的执行者。

战略2：借船出海

借船出海是指借助相关房地产企业的渠道或者市场进入市场空当，然后逐步扩大市场份额的战略。

战略3：强势开发

强势开发是指凭借自身的资金实力，聚集各方力量，对某一目标市场进行猛烈开发的战略。房地产企业是社会资本、资金的集中地和焦点，属于资本密集型企业，所以会引得市场的关注，市场上任何利好或利坏都会对房地产企业产生深刻的影响。目前中国房地产行业处于初级阶段，在这一个阶段市场策略为主导，内部策略往往会被忽视，所以聚集各方力量，扩大利好是房地产企业入市的重要策略，目前对于该类策略的实战者有很多，如世贸股份、合生创展集团等。

战略4：总成本领先

即房地产企业在进行充分市场调研的基础上，进行周密筹划以获取规模经济的优势，同时大规模地扫荡市场，以低成本、低价位战胜竞争对手赢得市场份额的战略。成本优先和速度创新是该类入市策略的重要条件，通过快速地、低成本的复制实现总成本领先，以获取市场信赖。

战略5：差别化

即致力于创造与同类产品有显著差别的特色产品和别具一格的营销方案。与碧桂园高土地储备相比，SOHO中国的土地储备较少，但SOHO中国自上而下更愿意相信，以潘石屹为核心的创新、有活力的商业模式是公司业绩不败的最大支撑，即专注于中心城区，以商业地产开发为主。由此可见，提供产品、服务的附加价值，差异化和去功能化已经越来越得到市场的关注和信赖。

战略6：密集性入市

即集中力量于几个细分市场服务，而不是追求在所有市场上的份额的战略。这种入市战略的本质是做专注的事情或做专业的事情。由于目前中国房地产企业的起点比较低,市场不是很成熟,绝大多数房地产企业都处于极度扩展和多元化阶段,所以真正采用这种入市策略的企业非常少。当房地产行业逐渐走向理性和成熟的时候,这种入市策略将会非常高效。

2. 房地产企业五种入市战术

房地产企业入市战略确定后要配合施以适当的战术,战术更是千变万化的,一般来说有如图1-2所示的五种战术可供选择。

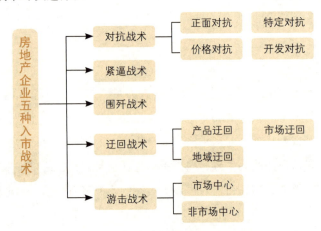

图1-2 房地产企业五种入市战术

（1）对抗战术

对抗战术就是与原市场力量的直接对抗。直接对抗包括正面对抗、特定对抗、价格对抗、开发对抗等。

1）正面对抗

正面对抗即与竞争对手以产品对产品、价格对价格、宣传对宣传的方式展开较量。采取这种战术必须十分谨慎,如果自己的各方优势无法绝对超过竞争对手不宜采用这种战术。

2）特定对抗

特定对抗是正面对抗的一种修正形式。这种战术把进攻重点集中在特定的消费群体身上,全力以赴地争取顾客,然后逐步巩固和扩大市场占有率。

3）价格对抗

价格对抗即房地产企业入市时着力实现规模效益来降低成本,从而在入市时以低价、降价作为主要手段，以便顺利巩固和占领市场。

4）开发对抗

开发对抗即不断开发能降低生产成本的工艺，或者是提高产品性能和信誉，生产出优势产品，以开发和创造新的价值取胜竞争对手。

（2）紧逼战术

紧逼战术就是指对竞争对手采取步步为营、步步紧逼的战术，在一步步消耗竞争对手的有生力量和市场地盘后，最终达到从实力上压倒对方的目的。

1）实施紧逼战术必须具备的条件

实施紧逼战术的入市房地产企业必须具备以下四个条件：
第一，对竞争对手的情况了如指掌；
第二，制定了明确的发展战略和市场开发方案；
第三，具备了开展积极的市场活动所必需的资金和技术；
第四，企业自身的发展态势较好。

2）实施紧逼战术的操作要点

第一，集中资源投向市场范围明确的细分市场，切忌投向范围模糊不清的市场；
第二，在运用此战术的过程中要十分注重培植自身的竞争优势、修补自身的缺陷；
第三，实施紧逼不是目的，实现自身的长期发展战略才是目的，调动自身各种职能，组织着眼于集中实现企业发展的长期目标。

（3）围歼战术

围歼战术是一种对竞争对手在价格上采取控制手段，在产品的种类、特色等方面推出层出不穷的新产品以使竞争对手陷入重重包围之中的战术。

除了对竞争对手采取产品包围外还可以采取市场包围作战的方式，即在竞争对手毗邻的项目周围，集团作战，多开发项目，迫使竞争对手沦为被动防守者。

围歼战术的成功首先要树立自己的战略目标和长期作战的营销理念。只有坚持长期的投入，才能使用围歼战术坚持下去，并使战略构想受其营销理念的支配。只有具备长期作战和持续发展的营销理念引导，才能取得这一战术的成功。

（4）迂回战术

迂回战术是指不把竞争的目光只盯在个别产品、局部地区、某一时段的胜败得失上，而是把眼光放在更长远的目标上，在市场竞争中则采取退一步进两步的方法，从其他侧面与对手展开竞争的战术。

迂回战术就其竞争范围而言更为广阔，就其竞争的内容而言则更为深刻，就其竞争的形式而言更为多样。一般来说迂回战术有以下三种形式：

1）产品迂回

即用新产品打开新市场，以取代原有产品领域的竞争。如集中力量于小户型市场。

2）市场迂回

即实施多角化经营，从单一行业转向多种新领域。如从住宅到写字楼、商业等各种市场领域。

3）地域迂回

即向新的地区扩张。在某一地区难分高下，可到其他地区布局，寻求全面优势。

迂回战术形式的选择，要根据竞争领域迂回程度的不同而定。

（5）游击战术

即打一枪换一个地方的灵活机动的战术。由于置身于暗地，便于自我保护，对手则处于明处，易于攻击。游击战术以逐步削弱和瓦解竞争对手、挫伤其斗志、改变双方力量的对比为目的。

游击战术一般分为市场中心和非市场中心两种形式的战术。所谓市场中心的游击战术即是从几个子市场同时发起进攻袭击对手，然后建立自己的市场地位。所谓非市场中心的游击战术是着眼于非市场的因素突袭竞争对手的战术，如从拉拢对手的优秀管理、技术人才，收集和占有对手绝密资料和信息，巧取对手的推广渠道等。

二、项目入市的原则及策略

一个项目开售的时候，入市时机的选择至关重要。它不仅仅是一种告知，也是整个销售姿态调性的确定，更是项目调性的告知。入市时机要和项目的产品定位一致，一般大多数公司会选择在区域市场的旺销期。

1. 项目入市的四大原则

（1）准备充分后入市

避免为一个特定的时间入市，为某种偏好入市或盲目为入市而入市。在推广策略不明确、市场动向没有把握、推广工具不齐备、内外包装不到位的状况下入市，难免漏洞百出，进而影响开盘。

因此，在项目正式推出前，必须为项目在知名度和形象上做一个量的积累，蓄势待发一举售罄。

（2）无造势不入市

在房地产市场平平淡淡的态势下，"无造势即无市场"。所以，入市准备时间再短也不能忽略造势，而且还要费尽心思地造好势。

（3）销售旺季入市

通过销售旺季（如8月、9月、10月）火热的销售气氛来实现项目一炮打响，迅速在市场上扩大知名度和影响力，将有力促进后续销售。

（4）有控制的入市

根据工程进度、推广策略、销售导向等分期、分批、有节奏地向市场推出产品，避免一拥而上，好房、好铺迅速被抢尽，差房、劣房积压的局面，从而实现均衡、有序的销售目标。

2. 项目入市的准备回顾

（1）根据项目工程进度的入市准备

为了更好地全面系统了解项目入市的工作，我们根据项目工程进度，用表1-1来确定不同阶段的入市工作计划。

房地产项目入市与开盘

入市工作计划表　　　　　　　　　　　　　　　　　　　　　　表1-1

工程进度	工作内容	工作深度	说明
扩初完成	1.销售文件列示及入市前的准备； 2.整体营销报告； 3.整体广告计划、媒介组合方案； 4.工地形象包装； 5.现场营销中心的装修； 6.小区配套、建材、交付标准的定位； 7.物业管理的定位； 8.环艺小品的方案细划； 9.样板房	1.销售文件列示及入市前的准备——完成初稿； 2.整体营销报告——定稿； 3.整体广告计划、媒介组合方案——完成初稿； 4.工地形象包装——定稿并开工； 5.现场营销中心的装修——定稿并开工； 6.小区配套、建材、交付标准的定位——初定； 7.物业管理的定位——初定； 8.环艺小品的方案细划——完成初稿； 9.样板房的设计方案——定稿并开工	此阶段要讨论： 1.销售有关的策略、定价等； 2.整体广告计划、媒介组合方案； 3.并根据实际情况下任务书包括： （1）工地形象包装； （2）现场营销中心装修； （3）环艺小品； （4）小区配套、建材、交付标准； （5）物业管理
开工打桩开挖	1.活动策划； 2.销售接待； 3.阶段的形象宣传展开； 4.工地形象包装； 5.现场营销中心的装修； 6.小区配套、建材、交付标准； 7.物业管理； 8.环艺小品的方案； 9.样板房	1.活动策划——确定方案并执行； 2.销售接待——完成售前系列准备； 3.阶段的形象宣传——第一阶段广告、软新闻的执行发布； 4.工地形象包装——完工； 5.现场营销中心的装修——完工； 6.小区配套、建材、交付标准——配套确定，建材招标确定； 7.物业管理——物业管理公司招标确定； 8.环艺小品的方案——确定方案，施工招标； 9.样板房——完工	此阶段进入实战阶段，重点在于一系列方案的执行与控制。其次是如何在销售中避免一些问题的发生，包括一些备用方案的确定
基础正负	1.活动策划； 2.项目开盘、进入正式销售； 3.阶段的形象宣传展开	1.活动策划——确定方案并执行； 2.项目开盘、进入正式销售——现场预定并签约； 3.阶段的形象宣传——第二阶段广告、软新闻的执行发布	全部完成项目销售前的所有准备工作
地上三层—结构封顶—主体竣工	1.活动策划； 2.阶段的形象宣传展开； 3.销售	1.活动策划——确定方案并执行； 2.阶段的形象宣传——第三阶段广告、软新闻的执行发布； 3.销售——基本结束	根据实际情况策划相关活动
配套完成—环艺完成—交付	1.活动策划； 2.阶段的形象宣传展开； 3.销售	1.活动策划——确定方案并执行； 2.阶段的形象宣传——第四阶段广告、软新闻的执行发布； 3.销售——入住并移交物业公司	根据实际情况策划相关活动

（2）根据销售进程的入市准备

根据销售进程的入市准备　　　　　　　　　　　　　　　　　　　　表1-2

时段	筹划期开始桩基础——施工至二层	内部认购期	正式销售阶段
阶段主题	开发商及项目形象包装，内部认购基础工作准备	正式发售前的市场预热	强势推广
侧重点	示范单位规划；营销中心布置工地形象；售楼法律手续办理；按揭手续办理；现场环境、道路施工及维护；物业管理确定	直销	现楼销售；相关主题活动举办
目的	塑造工地形象；塑造物业形象	前期对市场反应的试探聚集人气，制造局部供不应求气氛	创造良好的市场业绩；树立良好的物业形象及品牌
计划工作	完成VI设计；简单印刷品（折页）设计制作；户外广告设计及配合实施；楼书（户型指南）及其他售楼资料制作；内部认购策略；入市前后价格策略；入市前媒体策略	广告策略制订；创意主题（包括平面广告和电视广告）；广告设计、制作；促销活动方案拟订及可行性验证；软性广告组织	配合进行活动组织；销售广告设计；市场策略调整

三、项目入市时机的选择

我们所说的入市时机并不是指时间概念上的时机，而是指根据自身情况和市场状况来决定什么时间开始进入市场。是卖期房还是卖现楼？是建到正负零就开始卖还是等到封顶再开始卖？是按部就班、调整完步伐后再卖还是急急忙忙、仓促上马？是抢在竞争者前卖还是等人家卖完了再说等。

一般来说，入市时间要考虑周边竞争对手的销售情况、大的市场环境（老百姓对住房的需求）、项目自身的工程进度、开发商资金安排，这些可以会同市场部、财务部、工程部一起讨论、分析。

1. 入市时机调研决策

将项目入市时机与项目开发进度结合，是很多优秀房地产开发企业采用的策略。但是在实践中往往由于各部门之间的不合作，导致施工计划一拖再拖，整个项目开发计划形同虚设，入市时机一次次浪费。那么如何制定科学的上市时机呢？首先要进行入市时机的调研（图1-3）。

房地产项目入市与开盘

图1-3 入市时机调研决策内容

（1）客户购房习惯

通过调研需要摸清当地客户的细微的购房习惯。不可盲目地全国照搬，有些地方具有自己的习俗和生活方式，譬如侨乡一般都会有很多归侨回国，所谓的过年淡季说法就不存在。还有在广东，目前悄悄兴起很多人过年买房，因为此期间开发商都会针对淡季推出促销措施，很多客户抓住这一特点，淡季却反而不淡。

（2）楼盘竞争情况

通过调研得知楼盘竞争激烈、区域楼盘供应量大，这个时候入市，显然会增大项目的销售难度和成本，让自己过早陷入竞争泥团。但通过调研情况，可以帮助分析项目是否需要避开对手推迟入市，还是抢先错位入市，这样始终让自己掌握竞争的主动权。如果对于动态信息不闻不问，那么将会让自己的项目受到极大的市场不可控风险。

探听竞争对手的入市策略主要做如下工作：

第一，提前或及时跟踪竞争对手的价格（起价、均价、层差价、朝向差价、内部认购价和正式发售价），及各个时期的付款方式和其他优惠措施。

第二，提前了解竞争对手入市一个月以后价格调整的方式，价格监控的方式，上市的时间（含广告发布的具体时间），宣传策略（广告公司、媒体计划、广告语、广告量、公关活动、新闻炒作、卖场包装等）等。

第三，随时关注项目周边正在规划的项目情况，以及周边市政配套、道路交通改造项目等。

（3）项目利好、利空因素

充分发挥利好因素入市，避开不利因素对项目的影响，巧妙借助外力，那么项目独自开发的风险就会减少。如某项目通过调研得知，在楼盘附近将建地铁，地铁的开建将大大提升产品的价值，该盘压缩施工进度，赶在地铁建成之前开盘，取得空前成功。

（4）项目筹备进度、企业资金链

主要是取决于公司内部，需要与市场情况结合起来考虑。

2. 入市时机的三种选择策略

根据项目规模、地块特性、产品推出时间等因素，分析入市的时机，准确把握项目的操作时间是影响项目成功的重要因素。项目因时间控制不好而在操作时出现问题的非常多。决定进入市场的时机时，还须配合"地利"的情况，以下三种策略可以加以考虑选择：

策略1：率先入市策略

即抢在地区内有其他个案公开前，先行公开以获得"夺取先机"的优势。本策略较多用于竞争个案的产品与本身个案较相似时使用。

策略2：同步入市策略

即与地区内其他个案同时公开，可使两者共同分担促销成本，以获得"产品互补的优势"。本策略一般用于竞争个案的产品差异性较大时使用。

策略3：延后入市策略

即在地区内其他个案公开后，观察其优势缺点，以获得修改自身产品缺点的机会并可探知市场的规模，以获得"降低风险的优势"。延后上市则多用于本身个案规模较大或是产品较具特殊性时使用。

因此，选择正确的入市时机，要对天气状况、竞争个案的动向、本身个案特性，有正确的了解。如此，方能有效降低销售风险，并创造最大的销售利益。

此外，影响项目开发的主要因素还包括：地块周边市场的成熟度，基础设施建设的情况，政策调控等。

房地产项目入市与开盘

3. 如何控制好上市时机与节奏

楼盘上市为什么要进行节奏控制？这是市场竞争环境所决定的。众多楼盘尤其是同一片区、同类型、同规模的项目一起上市，难免会出现碰撞，甚至连广告版面也发生哄抢。进行上市节奏的控制，其目的在于楼盘之间能有某种默契，大家互相"谦让"，有效回避可避免冲突的上市时间、广告投放和价格策略，以求能把可能的竞争所造成的利益、客户、形式、市场信心的损失减到最低。因此项目何时上市？以什么形象上市？具备什么条件才正式上市？这正是上市节奏控制必须解决的。

4. 制定入市时机策略的四大思考点

有效的推盘时机选择，将给予项目更大的成功销售空间。在制定入市时机策略时，认为应当遵循以下思考点：

（1）知己知彼

注意观察竞争楼盘的动态，但整体进程不应受对手的影响，必须扎扎实实地进行本项目的各项筹备工作。

（2）把握重要的销售时机

房地产销售通常有着一定的规律性，销售的高峰期往往出现在几个时期。例如：一年中的销售旺季、房交会、项目开盘及重要工程阶段（园林、会所等完工、封顶、交屋等），新售单位的推出，重大利好政策的推出。有必要积极把握这些机会，创造短期内的迅速放量。

（3）采取灵活的销售安排

在销售时间控制上注重技巧。如进行市场预热，可提前展开项目推广，接受客户的预订，获取前期客户资源。

（4）提高开盘标准

随着市场竞争的激化，必须把以往的各种承诺全面或部分地呈现在消费者面前，才有可能得到客户的认同感。否则，仅仅是停留在概念炒作上，将会严重影响项目的品牌形象。提高开盘标准主要从两个方面进行：

第一是在开发商、策划人及各协作单位的积极配合下，加快产品各方面的筹备与定案；

第二是提前进行项目核心优势的前期建设与展示，如开放售楼处，进行现场包装等。

四、入市姿态的确定

入市姿态是客户可以感受的形象认知,主要包括形象姿态、价格姿态、现场姿态。

1. 项目入市姿态调研

精心统筹入市策略,会让整个入市取得开盘效果。项目入市姿态的确定需先进行调研(图1-4)。

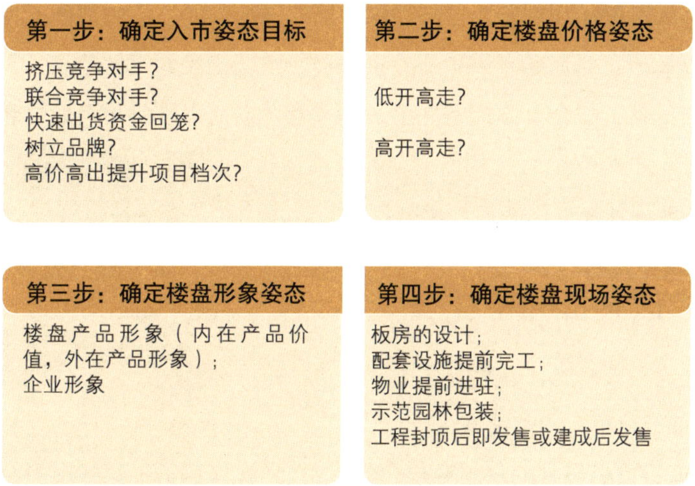

第一步:确定入市姿态目标	第二步:确定楼盘价格姿态
挤压竞争对手? 联合竞争对手? 快速出货资金回笼? 树立品牌? 高价高出提升项目档次?	低开高走? 高开高走?
第三步:确定楼盘形象姿态	**第四步:确定楼盘现场姿态**
楼盘产品形象(内在产品价值,外在产品形象); 企业形象	板房的设计; 配套设施提前完工; 物业提前进驻; 示范园林包装; 工程封顶后即发售或建成后发售

图1-4 项目入市姿态调研内容

第一步:确定入市姿态目标

入市姿态目标的设定应综合考虑楼盘所面临的市场状况,总体考虑整个楼盘的分期推售计划。是想快速抢占市场挤压竞争对手?还是要联合竞争对手,共同做旺区域板块?是以快速出货获取最大开发利润、稳定销售额、树立物业品牌为目标?还是首期低价快速抢占市场,不追求过高的利润,迅速进行资金回笼?或是保持高价高出获取更多利润,提升项目档次?

不同的目标设定,会决定不同的入市姿态。

第二步:确定楼盘价格姿态

到底开盘低开高走,还是高开高走?如果是想快速出货回笼资金,一般都会采用低开高走;对于想牢固树立品牌形象的楼盘,一开始就定位于高开高走。但是价格的入市姿态往往是个骑虎难下的事情，前期过低可能影响利润，过高可能造成市场波动，再调低就会出现负面影响。

第三步：确定楼盘形象姿态

楼盘形象姿态不是表象，而是客户可以感受的认知状态。不同阶段客户的认知形象是不一样的，如果某阶段注重品牌导入，客户会形成对品牌的认知记忆，从而重新认识楼盘所处的区位。

第四步：确定楼盘现场姿态

销售现场的总体布置往往决定着产品形象在消费者内心的反应，因此开发商往往在销售现场大动脑筋，以更多地吸引消费者注意，并将这种好感转化成购买欲望。常见的现场姿态组合元素包括样板房的设计，配套设施提前完工，物业管理提前进驻，示范园林包装，工程封顶后即发售或者全部建成后发售。

现场姿态往往体现开发商的实力和产品形象，因此现场姿态非常重要。

2. 入市姿态应该具备的条件

一个项目理想的入市姿态，一般应具备：

（1）你已经知道目标客户是哪些人；

（2）你已知道你价格适合的目标客户；

（3）你已经找出项目定位和目标客户背景之间的共振点；

（4）已确定最具震撼力的优势，并能使项目自始至终地保持一个完整、统一形象的中心主题；

（5）已确定目标客户更能接受的合理销售方式；

（6）已制定出具有竞争力的入市价格策略；

（7）精打细算确定推广成本后，制定出有效的推广执行方案；

（8）现场氛围足够支撑产品形象；

（9）其他外部条件匹配。

五、入市价格总策略

入市后，就会有人咨询价格问题。到底价格怎么确定呢？这个时候大多数开发商都不会给出具体的价格，最多只是根据周边对手的价格情况，给出一个价格空间。但是，这个时候，价格虽然没有最终明确，并不意味着开发商可以不用制定自己的价格策略。

1. 入市价格策略

价格是销售力标签中唯一产生销售收入的因素，定价是一项极为复杂的工作，不仅需要专业的技术知识，也需要创造性的判断力和对消费者购买动机的深刻认识。有效的定价能在消费者接受的空间内使开发商获取最大的效益。

入市价格就是要对主力目标购房群进行分析以后，以项目的成本为定价基础，采取充分引导消费者，以消费者愿意支付的购买成本作为定价的基础。

项目的入市价格还应是在区域消费者完全能承受的范围之内，同时又能在全面提升物业形象档次及品位的基础上，制造出相对具有较强竞争优势的价格，以此带动物业的开盘旺销。

2. 价格公布策略

价格公布的时间，关系到销售势能的积蓄与释放的时机掌握，是销售成功的关键性因素之一。

销售前期的推广，是一个不断提升客户心理价格的过程。在此阶段，客户通过了解项目，结合个人的购房经验，明确项目在心目中的定位，尤其是价格定位的判断。

当开发商公布价格时，若实际价格低于心理价格时，则形成销售的势能，而且落差愈大，则势能愈强，即形成了销售旺势。反之，则销售将遇到压力，甚至有可能功亏一篑。

因此，只有当客户对项目形成充分的认识，心理价位不断提高时，方可正式公布实际价格（图1-5）。

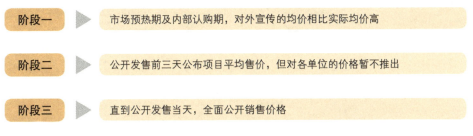

图1-5 价格公布过程的三个阶段

3. 价格走势调控

低开高走，还是高开高走？除了要多进行调研，多分析竞争楼盘外，还需要结合自身的产品在区域市场的定位来确定。一般都是采取低开高走的价格策略。即在开盘时定价较低，并选择项目中景观、位置等较差的单位，在发售时以较低的价位抢攻市场，吸引买家的注意，创造现场人气及开盘销售旺势，随后根据具体销售状况，调整价格，从而实现销售目标。

房地产项目入市与开盘

此种价格策略把握住了消费者买升不买跌的正常心理。但升幅不宜在短时间内过大，否则容易引来竞争对手的降价反击，造成不必要的价格竞争。这要求操盘者时刻保持对市场及项目动态的敏锐度。

每次推出新单位时，制造出供不应求的市场表象和公众认知。每次可将价格上调2%左右。以缓慢的幅度稳步上扬，避免价格突然拉高使买家产生心理障碍。

以下为某项目的价格走势预测（表1-3）。

某项目价格走势初步预测　　　　　　　　　　　　　　　　　　　　　表1-3

阶段	物业类型	价格
内部认购期	住宅	3988元/m²（均价）
	商铺	25000元/m²（均价）
公开发售期	住宅	4200元/m²（均价）
	商铺	25800元/m²（均价）
强推期	住宅	4500元/m²（均价）
	商铺	26800元/m²（均价）
清尾货阶段	住宅	4300元/m²（均价）
	商铺	26000元/m²（均价）

在实际销售执行中，要根据市场状况、具体销售状况、目标消费者的反应等变化展开各阶段价格走势的调控。

六、入市产品策略

我们前面讲了入市的姿态和入市的价格。但是，我们该以什么样的产品来支撑项目的入市形象和入市价格呢？

第一步：对产品价值进行排序

一般来说，一个项目会包含众多的物业形态，高层、中高层、多层等各种形态都有，就产品形态来看，别墅、洋房、普通住宅、公寓等也往往混合规划。这个时候，我们先要对产品进行价值排序，哪个地块景观资源好，优势明显，就排前面，哪个景观资源一般，没有明显优势，就排在后面。这样，我们就可以从规划图上清晰地看到自己产品的价值分布图。

第二步：分析产品贡献价值

不同的产品，价值不一样，价格自然不一样，又因为其数量不一样，因此其收益也不同。接下来，我们需结合项目的营销目标、周边市场的竞争状况明确首先要推出的产品类型，以便为后期开盘奠定良好基础。

第三步：明确首批入市单位

明确首次发售单位必须基于这么几个原则：

第一，必须在市场区域制造一定的轰动效应，在首次推盘时要实现聚集人气，短时间内实现大量成交的目的。

第二，首次推出的单位必须具有代表性和全面性，即每一个价格层次的户型皆有一定的量。如以偏小户型、总价便宜的单位为主，同时，辅以部分大户型、总价较高的单位搭配。

第三，首批推出户数应该控制在一定比例，以保证充足稳定的货源。

第四，首批入市单位必须以低楼层与高楼层相结合，满足买家的不同需求，同时也保证产品的全面消化。

首批入市单位的成功推售，可以帮助了解客户对不同的户型、面积的接受程度，有利于着手制订下一阶段的推售策略。

第四步：确定首批单位推售节奏

入市单位的推售节奏，同样是通过销售控制创造销售高潮的手段之一。首批推售单位数量并非一次性推出，而是以合理的推售节奏，逐步上市，最终达到市场预热、调动客户积极性以及掌握客户需求现状的目的。

第五步：制定单位持续推售策略

首次公开发售之后，根据首批推售的单位销售情况，选择推售单位组合，逐步地向市场推出。每次推出的货源数量大约占总销售量的15%～20%。

每一次推售之前，必须将已推出的单位消化90%以上，再推出新的单位。而上一批销售遇到阻力的单位，可适当作为特价优惠单位与新单位同时推出，使其成为吸引客户的促销措施之一，以保证良好的售出率，避免成为尾货。

七、入市准备期广告策略

1. 入市总览广告目标

（1）为楼盘正式公开销售做好必要和详尽的准备。
（2）进行入市前的信息预告，预热市场，制造局部供不应求的楼盘形象。
（3）展示一个成熟、稳健和专业的开发商形象和楼盘形象。
要达到这个总目标，必须要注意以下四点：
第一要具有高素质、专业化、亲和的工地形象；
第二要具有人情味浓、亲和、人文、尽心尽力服务的物业形象；
第三要具有亲和力的、高素质的、专业服务的售楼处；
第四要设计有弥漫丰富生活气息，符合购买者心理的样板间。

2. 入市分期广告目标

分期入市广告目标可以参考图1-6内容。

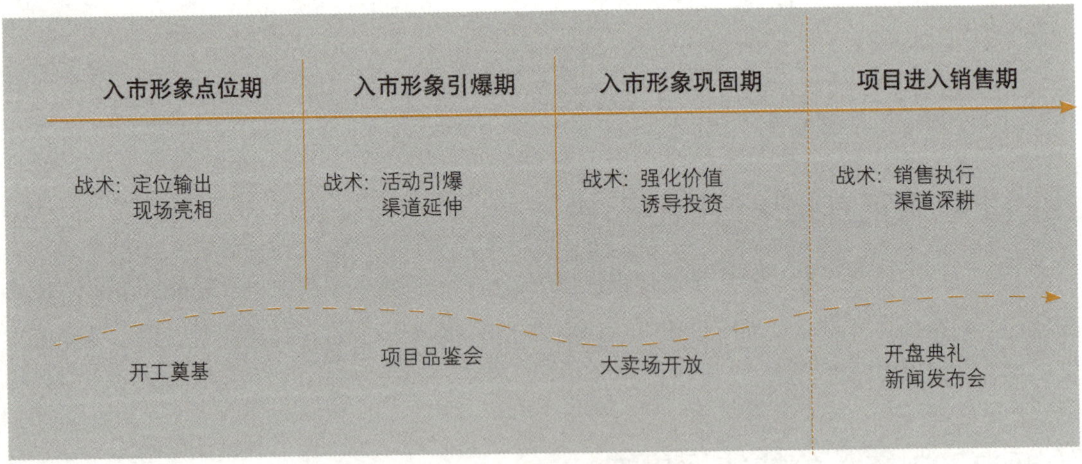

入市形象点位期	入市形象引爆期	入市形象巩固期	项目进入销售期
战术：定位输出 现场亮相	战术：活动引爆 渠道延伸	战术：强化价值 诱导投资	战术：销售执行 渠道深耕
开工奠基	项目品鉴会	大卖场开放	开盘典礼 新闻发布会

图1-6　分期广告策略图

3. 工作内容及日程安排

（1）入市准备阶段

完成工地现场包装及销售中心布置。POP广告、宣传印刷品及赠品制作到位。利用工地现场形象营销、户外广告的实现，引发公众关注，截留部分客户。物业管理以及按揭等各种法律文件的准备。

1）分期目标

迅速树立工地形象和小区形象，以开发商品牌和项目形象包装为主，基本落实售楼前的各项准备工作。并采用接触性策略以创意广告和软文炒作切入市场。

2）广告主题

一般广告都以阐述居住理论和价格为主，通过广告慢慢影射项目价值。

3）工作内容

广告策略制定，BI和VI手册的编制与制作，工地形象墙包装，车体广告牌的制作，楼书、宣传折页的规划、撰文、设计与制作，售楼资料的设计与制作（包括户型平面图、认购书、合同、销售记录、客户登记册、销售控制表）。

4）媒介选择

主要选用当地知名度最高的都市报，并通过路牌、路旗、车身等进行广告形象的宣传。

（2）入市预热阶段

充分利用内部客户资源，在取得预售证前进行内部认购，聚集前期人气。利用媒介广告、现场样板房、专题展示活动等推广方式，吸引目标客户上门参观样板房，通过控制销售量等方式，制造供不应求的卖场气氛。为今后正式发售创造题材。

1）市场形态

售楼前的各项准备工作已基本就绪，内部认购信息同期发布，形象推广和概念炒作计划启动，争夺市场的眼球。

2）广告目标

让潜在客户对楼盘独特的销售主张及项目品质有不同程度的印象，进一步加深开发商的品牌美誉度，提高项目的知晓度，为随后的项目开盘营造良性媒体宣传空间。

3）广告主题

主要通过广告阐述项目形象和居住品质。

4）工作内容

① 硬广告及网络广告的项目形象宣传；
② 以软文的形式对生活方式进行炒作；
③ 内部认购信息发布广告；
④ 派发宣传资料、夹报；
⑤ 售楼中心、外卖场及看楼通道包装；
⑥ 对各项准备工作（销售模具、样板间、交房标准等）作进一步的完善。

5）媒体选择

主要选择当地知名度最高的都市报纸，并采用宣传折页、夹报等方法。

（3）正式入市即开盘阶段

卖点有步骤地全面释放，营销强势地全面展开。此处暂略，我们会在后面章节详细说明。

八、入市媒体组合传播策略

1. 入市传播的五个基本观念

（1）房地产是价值巨大的商品，客户购买行为需要一个较长的理性和比较判断过程才能发生。但是，由于供过于求的商品住宅市场，客户的可选择性十分丰富，在购买行为发生的一刹那，起决定因素的是理性分析基础上的感性判断，而不是理性分析本身。

（2）物业的价值可分为"硬价值"和"软价值"两部分。"硬价值"就是成本加利润，没有弹性；而"软价值"是目标客户对物业的认知和感受，弹性极大，在销售过程中比"硬价值"更重要。"软价值"的判断是一个感性过程，增强"软价值"的最有效的方法就是物业形象包装和广告促销宣传。

（3）项目推广就是利用各种媒介手段，是目标客户从对物业形成良好的主观软价值认同，逐步从欣赏到信任最后实现购买。这期间需要传播大量的信息，从多方位、多角度包围目标客户，帮助他们去除种种顾虑并下决心购买。

（4）新闻媒体的策略包括媒介的量化分析和量化后的媒介组合。在媒介组合中，软性新闻的广告价值尤为突出。

（5）软性新闻有效传播的首要基础是企业与传媒建立良好的社会关系。与传媒建立良好的关系，并不只是"请客送礼"，更重要的是有计划地向新闻媒体提供"制造新闻"的题材和线索。当然,"制造新闻"的基本原则就是决不弄虚作假。它应该是建立在真实的基础上,经过巧妙挖掘,通过记者采访报道并在各大媒体上进行炒作。

2. 入市前传播的目的

入市前传播主要有这么几个目的:让当地的人们知道我们的项目、让潜在客户知道该项目的规划理念、让潜在客户知道该项目的品位,但是最主要的还是制造内部认购供不应求的气氛,让潜在客户知道该项目在还没正式发售前就炙手可热,刺激客户及早下定决心。

3. 入市前媒体组合传播步骤

第一步:深入剖析项目的独特规划理念(新的地产概念)和优势特点,制造财经新闻题材。

第二步:进行现场形象包装,完成立体交通干道户外广告(广告兼作导示牌)的发布,以释放项目信息、营造销售气氛。

第三步:制定新闻稿件撰写策略,选定撰写目标人。

第四步:选择权威性强、覆盖面广的媒体,开辟地产专题栏目或选择公众较关注的栏目,作为项目软性宣传的阵地。

第五步:根据工程进度策划宣传主题,如领导到工地考察、工地开工典礼、封顶仪式等,增加宣传力度。

第六步:根据软性新闻预热程度及工程进度,辅助性地投放有针对性的硬性广告并策划一系列促销主题活动,让更多的人参与本项目,以达深入人心的宣传效果。

4. 入市前媒体组合传播的规格与节奏

入市前的媒体传播组合应以户外广告和现场形象包装为主,配合主题活动及相应的报纸广告和软性新闻。

(1)户外广告

户外广告是最好的道路指示工具,在扩大项目知名度方面非常有效。通过一个整体、全方位的户外包装,在规划一定的势力范围同时,扩大知名度,形成社会舆论,具有持续性强的特点,并且也是在向社会昭示开发商的实力。

户外广告要在项目附近人流最为集中的地方,如主干道、广场等树立广告牌,以形象宣传为主,兼做导示牌。

房地产项目入市与开盘

（2）报纸广告

包括主题活动的策划、软性新闻报道、专栏开辟及以形象广告为主的硬性广告。其具体内容待规划方案及各项基础工作到位后确定。

媒体选择以发行量最大、影响最大的都市报为主，一般2~3家左右，另以其他纸质媒体为辅。

（3）现场及卖场形象

现场及卖场是展示入市形象的重要舞台，它们能营造销售气氛，给买家强烈的销售感染力。同时，还能展示鲜明的项目形象和开发商的专业规范形象，以增强客户购买信心。有些现场，通过突出项目的主卖点，能体现项目在当地与众不同的风格与个性。

1）工地形象

工地现场是大众接触、认知楼盘功能属性、工程进度、开发商实力等信息最直接的渠道之一，大众在这类信息接收过程中是处于被动地位的。塑造出与众不同、个性鲜明的工地现场，是巧妙地传递项目推广信息，建立优良开发商形象的有效方式。

工地形象包装策略　　　　　　　　　　　　　　　　　　　　　　表1-4

指标	内容
直观印象	必须树立一种高素质、专业、亲和的工地直观形象
实施策略	如围板等应定期维护、更新、保持其结构的完整、色彩的鲜亮、字迹的清晰； 保持工地现场的清洁、有序、低噪声和无污染； 设计独特结构的路牌，设置工地营销门口，标明项目的规划、位置； 对小区外市政道路、绿化进行维护，许可情况下，可布置背景音乐的扬声系统，营造独特的现场氛围
形象主题	全面展示项目的档次、产品特质。要让人看到工地形象主题就知道这个楼盘未来是个什么形象，从而让人产生好奇、联想

2）物业形象

物业是一把尺子，服务的贴心、亲切及平和会产生很强的亲和力，并影响购房者对项目的认同。同时，社区面貌、配套设施要持续跟进，导示系统要不断规范逐步完善。

3）周边导向广告

在项目周围道路旁设路灯旗、户外广告牌、车体广告灯等，让项目形象得到全面、深入的展示。

4）售楼处形象

展板的制作、赠品的发放、样板间的打造、路牌的规范、外场路旗的渲染、室内背景音乐和光线的关注，力求营造轻松、惬意的咨询氛围。同时要统一销售人员着装、行为举止。这一切都是为了树立专业、高素质的形象。

5. 软性新闻主题

在进行充分准备后，项目应在入市前进行大规模的报纸软文炒作，同时开展一些能够宣传项目形象的公关活动以达到告知的目的。

在项目入市时应采取大版面的报纸宣传，同时以相对优价的方式吸引一部分消费者的介入，再利用软文炒作及公关活动跟进强化，争取在短时间达到较高的市场认知度，并将项目的独特形象强烈地传递开。

房地产项目入市与开盘

案例 1 金都·CSXY入市策略实战演示

一、豪宅是怎样炼成的——破解东方润园

东方润园位于钱江新城核心区沿江黄金地段,项目北至庆春东路,东至富春江路,南至椒江路,西至之江路,占地8.1万m²,总建筑面积22.6万余m²,容积率2.8,建筑密度13.91%,绿化率40%左右,是一个超高层与高层建筑组成的健康型、享受型的低密度社区。东方润园还被评为2007年中国十大超级豪宅之一。

东方润园的开发,四大要素紧密配合,最终修炼成中国的顶级豪宅之一。

1. 产品——市场化豪宅定制

(1) 独一无二的顶级团队

历经两年的酝酿和反复设计,在九家顶级团队——香港刘荣广伍振民建筑师事务所有限公司、泛亚环境国际景观设计公司、美国赫斯贝德纳酒店顾问工程公司(HBA)、香港PAL设计师事务所有限公司、香港梁志天设计有限公司、香港伟安室内建筑设计有限公司、广州集美组室内设计工程有限公司、荷兰国际管家学院以及上海鸿艺会的共同努力下,总建筑面积达22万余m²的东方润园崛起,七座地标性的高尚住宅,充分诠释了"杭州核心地位,全江景国际尊邸"顶级豪宅的内涵和"居上流之上"的生活方式。

(2) 独一无二的景观大宅

东方润园倡导"城市大宅环境观"的高尚景观理念,充分把握建筑与自然的关系。运用一枚树叶和一朵莲花的设计美学,将规划、建筑与景观有效融为一体。

环绕在东方润园四周三条市政绿化带,如同天然的屏障,形成城市中心的绿色氧吧。七座高层、超高层建筑,错落分布于园区外围位置,形成园区大型中央花园,为更多住宅单位提供远看江景、近看园景的优美景观。而中央景观带依据树叶型展开,从空中向下望,犹如一枚绿色树叶镶嵌

在建筑之间。与之相辉映的是莲花型会所,静立钱塘江畔,恰似一朵水中莲花,恬淡、静谧。东方润园将外围的设计美学和内部的尊贵气质融为一体,每一栋住宅单元都设有高标准的入户大堂,与楼宇前的组团景观浑然一体,尽显豪门的优越。更有华丽的电梯厅,全都采用超豪华的装修标准,细节之处尽显高雅之美。

(3) 独一无二的经典户型

户型是东方润园奢华的又一大体现。全部为面积200m^2以上的大户型,奢侈空间以及多项具有独创性的户型设计,切实匹配住户的尊崇身份。为了保证尊贵住户的私生活不被干扰,特设三梯两户的电梯配置,专设保姆服务电梯;户型面宽最宽达21m,主卧开间最宽近7.2m,大开间、短进深设计缔造非凡灵动空间;中西厨房革新传统灶间,最大限度地满足住户的饮食需求;更将别墅的设计理念融进高层公寓,独创温情洋溢的家庭厅,给家人聚会、亲情交流又增添了一个新的空间。

同时,整个户型空间功能分区明确,保姆间、厨房间为服务区块,客厅、餐厅、家庭功能厅为公共区块,各个卧室为私属区块,各区块互相独立,互不干扰。不仅如此,为照顾居住成员的生活私密性,户型内三个以上的卧室设有独立卫生间,形成功能完备的独立套房。

(4) 独一无二的数字化家居智能尊邸

为了达到国际化数字智能社区标准,东方润园引入先进的智能科技,全力建造杭州首个数字化家居智能高档社区。项目基于中央控制平台上的数字化智能系统可以实现远程家居控制功能、电梯身份认证、数字门锁控制等特色功能。这意味着住户可以通过移动电话或网络远程控制空调等网络家电,也可以通过电梯对业主身份进行的认证以及入户门设刷卡及密码输入双重认证,确保生活安全。

不仅如此,为了给每一位业主提供最舒适的家居生活,东方润园还投入巨额成本为业主配置四大中央系统:户式中央新风系统、单元式中央吸尘系统、户式中央空调系统、户式中央燃气热水系统等配套,四大系统一步到位,确保生活的高品质。

2. 服务——客户导向,市场优先

真正意义上的豪宅能带来的生活享受不仅仅是优质的硬件,更要注重软性服务的打造。为此,东方润园专程引入管家式服务,并面向全球选拔高级物业服务人员,送往国际管家最高学府——荷兰国际管家学院,接受专业英式管家培训。同时,力邀中国九大富豪俱乐部之一的上海鸿艺会全力打造东方润园的会所,努力为杭州的顶级富豪们打造一个专属的圈层乐园。

房地产项目入市与开盘

3. 营销——层层推进，奠定形象

（1）营销主题推进

从图1-7所示的平面广告我们就可以感受到，东方润园的营销主题是层层推进。从管家留学开始，一步步形象拉升，然后通过顶尖户型、智能首府等不同的主题，从而完善了中国十大豪宅的产品形象，并为其奠定了坚实的基础。

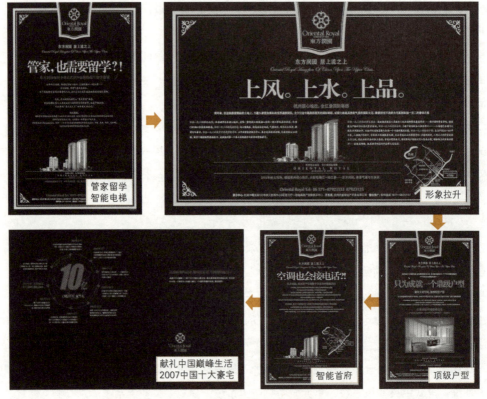

图1-7 从平面广告感受东方润园的营销策略

（2）公关活动——差异化、高品质

招聘管家荷兰留学、杭州奢侈品展、国宾馆小型产品说明会、鸿艺会签约仪式、凯悦产品甄赏会（梁志天等设计师）、售楼处搬进名品街、鲁豫对话开盘酒会、霍尼韦尔签约仪式、房交会预约参观、2007中国十大豪宅评选、9月游轮开盘。

（3）刀锋营销——形象力+销售力+差异化

公关活动整体联动，媒体覆盖精耕。

4. 现场——大气势、小细节、极致

数百米高达10米的全封闭现场围墙、现场工地入口管家值班、湖滨名品街售楼预约接待、销售人员一流装备、公关活动场地一流。

四套大师设计样板间不理想均暂停开放、样板区景观不理想暂停开放。

5. 东方润园的启示

第一，高档项目需要做到极致

必须像做奢侈品那样做豪宅，无论从产品细节、服务、现场包装，还是营销公关。妥协和中庸是豪宅的天敌，极致营销是品牌的方向。

第二，房地产营销就像一场登山运动

站得高方能看得远，项目营销起点很重要。

二、本项目的气质赋予

1. 市场分析

宏观调控随时来临的火热市场，偶然因素导致文教区房价略显虚高，豪宅公寓市场可能会出现短暂空白期。

（1）地段——百年文脉传承，文教区核心之心

1）项目地块位于西湖区西溪街道文一路东段，地块东至西溪河、溪苑路，南至文一路，西至教工路，北至余杭塘河，属于文教区核心区。

2）项目所在的理工大学板块历史悠久，文脉丰富。1897年学校前身——蚕学馆在杭州西子湖畔创建。1964年8月，经国务院批准定名为浙江丝绸工学院。1999年4月，经教育部批准更名为浙江工程学院。2004年5月，学校更名为浙江理工大学。2007年10月28日恰逢校庆110周年纪念日。

3）钱江新城未开发之前，文教区一直是杭州高端住宅和高端办公场所最密集的板块。因此，杭州大部分高端人群都住过文教区或者跟文教区有关。

4）虽然文教区文脉略有褪色，但高端住宅的热点呈上升之势。

房地产项目入市与开盘

（2）周边景观——双水岸、双公园

1）地块东至西溪河、北至余杭塘河，拥有2条天然河流。名副其实的双水岸双公园。

2）地块东北角的规划绿地上，将会自建一个景观休闲公园。临近文一路有110万m^2的市政公共绿地。

3）沿规划中溪苑路有原生态梧桐林荫大道。

（3）外部配套——成熟之美，尽善尽美

1）购物：文一路商业街、翠苑农贸市场、物美大卖场、华润超市、华东家具市场城西店。

2）餐饮：世纪喜乐、名人名家、川味观、万家灯火、两岸咖啡、肯德基。

3）娱乐：翠苑电影大世界、东方威尼斯、格莱美KTV、好乐迪KTV。

4）运动：黄龙体育中心、陈经纶游泳馆、舒适堡健身中心、一兆韦德健身中心。

5）宾馆：世贸中心、黄龙饭店、文华大酒店、之江饭店、浙江百瑞国际大酒店、欧美中心五星级酒店等。

6）文三路电子商圈：阿里巴巴、淘宝网、颐高数码、高新电脑城等。

7）科技产业园：依托浙江大学科技园、西湖科技园、国家数字娱乐产业示范基地及其拓展平台，逐步构建城西科技经济长廊。

8）商圈辐射：黄龙商圈、武林CBD、西湖休闲胜地三重辐射。

（4）教育配套——首屈一指，左右簇拥

1）幼儿园：项目本身引进全球第一早期教育品牌蒙特梭利教育机构，周边有杭州最著名的幼儿园——杭幼师附属幼儿园。

2）小学：学区小学为文一街小学（市重点小学），周边还有求智弄小学、学军小学、行知小学、文三街小学等。

3）中学：学区中学为杭州师范学院附属中学（省重点中学），周边还有学军中学等。

4）大学：浙大西溪校区、财经学院、杭州工商大学、杭州师范学院、杭州电子科技大学、杭州幼儿师范学院等。

（5）科技——18项科技集成，演绎人本魅力

1）外墙外保温技术：建筑外围护结构采用机械固定满铺50mm厚外墙专用挤塑聚苯板作为外保温材料，外饰面为干挂铝板（局部花岗石）。

2）节能门窗：采用铝木复合断热型材。

3）中央吸尘系统：皮管接入，对过滤设备移至居室外进行集中处理。

4）雨水回收技术。

5）太阳光导入系统。

6）屋面系统：屋面加厚保温板，并在屋面种植绿化系统，以确保顶层住宅的保温节能。

7）车库入口铺设彩色防滑路面。

8）公共区域配置无线网络，使住户在小区内可以享受无限制的上网。

9）配置智能信报箱，可与小区感应卡联网使用，并具有信件通知功能。

10）高性能品牌电梯。

11）户式中央空调。

12）新风系统。

13）浮筑楼面技术：在结构上铺设20mm厚挤塑板，上面再浇筑轻质混凝土铺设面层，从而达到很好的隔声效果，同时也达到保温的作用。

14）卫生间采用同层后排水系统：从根本上消除了噪声、交叉感染、冷凝水及卫生间卫生死角等问题。

15）有机垃圾集中生化处理系统。

16）智能化系统。

17）市政热水管网24小时到户供应热水。

18）内墙分隔墙，加气混凝土，阻噪保温。

（6）户型——尊崇尺度，人本关怀

1）6号楼是100m^{2}左右的小户型，5号楼的主力户型面积130～140m^2，填补高端公寓市场供应空白。

2）2号楼和3号楼均为200m^{2}以上的户型，达到别墅的生活品质，强调动静分区、主客分区。客厅、餐厅、阳台一体设计，错层处理，南北贯通。主卧、书房、卫生间、进入式衣柜组成超豪华套间。每个户型又各自具有不同的亮点，如入户花园、空中庭院、双主卧等。

3）南区综合体的1号楼则专门设计了90m^{2}以下的错跃户型，采用了廊式布局，错跃层做法，两层共用一条走廊。以2室1厅1卫配置为主，设有明厨、室内错半层，南北向贯通，室内空间效果丰富。

4）豪宅尺度的公共空间，保证了居住的舒适和奢华。

（7）内部景观——个性之美，境界于内

新都市主义风格的景观设计在杭州住宅楼盘中很少应用，具有鲜明的个性。

1）整个景观的定位是"新都市主义风格"，运用大面积草坪与树阵的组合，用几何化的线条分割和组织空间，强调空间的疏密关系，休闲空间多安排在树荫下，展示空间多集中在核心区域。

2）层次递进分明，水景串联其中。

3）保留校园文化的梧桐林荫大道。

4）整个景观简洁大气、有个性，视觉上有比较大的冲击力，可以吸引客户的眼球。

5）景观设计缺乏互动性和参与性，亲和力相对比较差。

（8）内部配套——三重会所诠释豪宅享受

1）1号楼和2号楼之间靠近西边的位置配备一个独立会所。

2）1号楼3楼平台配置豪华空中会所。

3）5.6m架空层设立泛会所。

4）小区内配备各种运动场地：羽毛球场、篮球场、乒乓球场、30m跑道、自由活动场地、儿童活动区、健身广场、树阵锻炼场等。

5）1号楼裙楼配备高档精品商业街。

6）1、2号楼之间城市休闲客厅。

（9）独立会所——科技结晶、未来之路

科技领先中国15年，是本案最大的亮点。

1）两位美国绿色建筑师携手之作：保罗和史密斯内陆首度携手。

2）50项领先科技集成：恒温恒湿、零能耗等引领性科技的应用。

3）内配空中透明泳池和空中跑道。

（10）建筑设计——大师携手、倾心力作

1）产品设计师：中国建筑设计大师、中国工程院院士程泰宁先生。1987年以来，先后主持过国内外重要工程50余项。已建成主要作品：黄龙饭店、马里会议大厦、绍兴市民广场、杭州铁路新客站、联合国国际小水电中心、杭州假日酒店、弘一法师纪念馆、绍兴鲁迅纪念馆、海宁博物馆、金都华府等。

2）会所设计师：两位美国绿色建筑大师保罗与史密斯中国首度携手。

（11）理念——文脉传承，责任担当

1）对理工大学标语雕塑、围墙、黑板报、梧桐大道的妥善保留。

2）城市客厅预留社交空间，提供人性温暖。

3）代建小公园运动设施传承文教区精神。

（12）金都——科技人居引领者

1）金都与政府部门搭建了友好平台。

2）拥有稳定厚实的客户群体。

3）浙江一流开发商，中国科技地产领头羊。

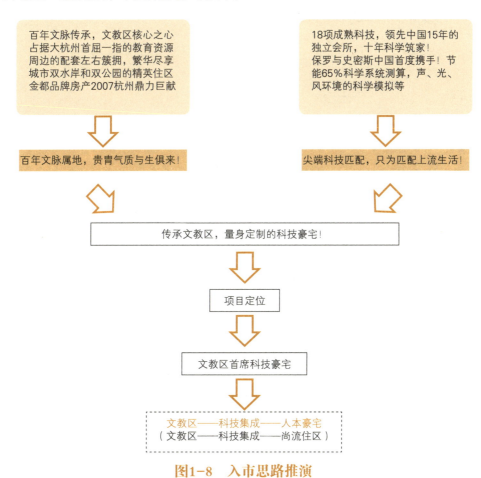

图1-8　入市思路推演

2. 客户及项目定位

通过上面的市场分析，项目气质形象跃然纸上，问题同时提出：我们要把房子卖给谁？

（1）目标客户群定位

目标客户群定位主要抓住两个关键词：城西情结、文教区情结。那么具有这两种情结都是哪些人呢？

1）城西换房人群（豪宅匹配：财富人群、高知阶层、高级公务员）。

2）城中、城西办公的高端财富人群。

3）回归城市公寓豪宅理想的郊区高端别墅拥有者。

4）国际背景的金领人群、海归、在杭工作生活的外籍人士。

5)浙江省内来杭州购房的高端财富人群。

6)金都品牌的忠实粉丝(追随者)。

7)部分投资客(小户或单身公寓部分)。

(2)目标客户群描述

1)年龄

30~55岁之间,主流在35~50岁之间。

2)背景

高学历,接受过国际前沿文化洗礼,思想活跃,事业成功。

3)价值观

价格和档次是需要的,但绝不是全部,内在的东西更重要。

4)个性特点

成熟从容、智慧内敛、相对更加知性和传统,文化感更强一些。

5)消费观

喜欢品牌消费,但不随波逐流,不盲从,追求独特,有内涵的消费体验。

6)生活习惯

讲究追求生活背后的本真意义。抽烟并不一定要中华,喜欢品质独特的,也可能喜欢价值高昂的芙蓉王或苏烟以及外烟和雪茄;平时不喜欢啤酒和白酒,钟爱红酒的醇厚与优雅;穿衣服讲究品牌,但绝不是大众熟知的名牌,而是喜欢那些具有品牌内涵的少数派;相对于稳重古板的奔驰和个性张扬的宝马,他们更喜欢冷静内敛的沃尔沃和奥迪A8……

7)平时出入场所

喜欢在圈子内认同的特色场所消费,注重氛围、风味、环境、服务,对普通大众都津津乐道的高档场所有点不屑。

(3)客户形象标签

客户形象标签　　　　　　　　　　　　　　　　　　　　　　　　表1-5

项目	金色海岸	东方润园	CSXY
客户	有钱人	新贵	尚流
印象	富贵	尊贵	精(神)贵
参照	奔驰	宝马	奥迪A8

（4）目标人群洞察

他们的构成：财富+权力+文化 = 有钱→身份→品位
他们是让人仰慕的**上流阶层**，拥有让人羡慕的**成就**

他们**经历过很多**，从起步、拼搏到提升、再到拥有地位如今事业上游刃有余，在社会上影响力**显而易见**

被称为成功人士，低调而内敛的外表隐藏着一颗张扬的心，没有一定高度，没人能引起他们的关注与认同

站在社会上层、丰富的阅历、成功的事业、稳定的财富，所有一切，成就了他们今天的"**上层地位**"

事实上，他们在上层领域影响着社会经济的进步，领导着城市发展的方向，引领着文化与时尚潮流，他们就是"上层人士"，决定着"上层建筑"

他们才是真正的"**居上流之上**"

图1-9　目标人群特质梳理

三、项目价值解读

本项目的核心价值在哪？

1. 案名建议：上层建筑——文教区精神的新跨越，人本主义的新高度

综合印象：这是一个需要默想30秒才可以评判的好案名。

字面理解——纯字面的上层建筑，也符合项目现代挺拔的外在气质。

楼盘气质——经济基础决定上层建筑，文教区的底蕴支撑上层建筑，从物质豪宅到人本豪宅的成功跨越，符合楼盘的文脉和高端气质。

科技感——作为一个科技豪宅，科技感也很重要，上层建筑则区别了常规豪宅的繁杂，显得时

尚大气，简洁有力，科技感十足。

传播——这样的案名是将一个大家都比较熟悉的词语重新赋予了新含意和高度，朗朗上口，极富传播力。

除此之外，待选案名有：上西区、泊岸、铂宫、蓝海、城市央座、融域。

2. 目标人群再洞察

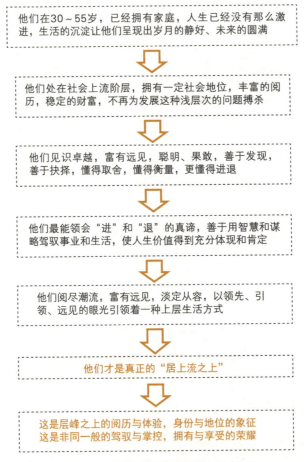

图1-10 目标人群特质二次梳理

其他备选：心无界，天自宽；高·远·深·藏；科技闪耀未来；科技豪宅、闪耀未来。

3. 营销思想及主题推进

（1）总体战略

总体战略就是"一个中心，两个基本点"，即紧扣"为文教区定制的人本科技豪宅"，占领制高点，同时以文脉传承、科技集成双翼突破。

（2）主题推进

主题从地段价值、科技价值、配套服务价值、产品特色、园林景观逐步推进，让消费者对产品的形象逐步深入了解并接受。

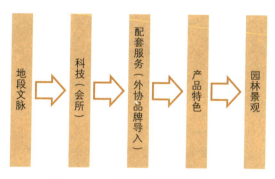

图1-11　营销主题推进演示

四、项目入市策略

1. 入市五大挑战

第一，现在距10月开盘，只有不到2个月的时间。

第二，预热时间短，临近开盘无法形成足够的客户积累。

第三，科技感难以直接感知，短期内无法为销售提供支持。

第四，没有样板间，消费者无法具象的感知项目的尊贵。

第五，景观、物业等方面还存在诸多不确定因素。

那么，如何在最短的时间引发市场关注和追捧？

2. 入市卖点和差异点

根据市场规律，9～10月又将是一个推广高峰。缺乏力度可能被淹没在众多广告中。因此，必须抢在对手之前，发起闪电式进攻，让市场感受到CSXY来势汹涌。这就又需要用有说服力和差异化的卖点入市。哪个卖点能成为引爆点同时具备差异化？

回归到前面分析本项目的核心价值：

百年文脉属地，贵胄气质与生俱来——地脉价值！

尖端科技匹配，只为匹配上流生活——科技价值！

房地产项目入市与开盘

3. 入市方案

方案一：地脉切入，占领文教区豪宅制高点

1）策略思考

从区块整体价值和地段价值切入，将项目"文教区量身定制的科技豪宅"的定位迅速传播开来。占据了文教区楼盘的制高点，就在区域竞争中就占据了最大的优势。文化和文脉沉淀是本区域的优势点，因此要充分发掘文教区和所在地块的文化价值，并为我所用，为项目加分，提升豪宅附加价值。

2）推广内容

注意话题性和新闻传播性，从文教区的历史沉淀、现状和未来方向等，突出项目传承文脉、科技开创未来的责任理念和高度。特别是和大学年校庆结合起来，搭上快车。

3）推广手段

围绕"文教区量身定制豪宅"概念，报纸广告+论坛活动+校庆联盟+房交会整合出击，立体造势，迅速引爆市场。

4）推广主题

谁说文教区将会消失？

谁能代言文教区？

CSXY、文教区的新高度！

从CSXY开始，文教区有了自己的豪宅！

5）论坛活动——"文教区会消失吗"论坛

① 内容

以"文教区会消失吗？"为主题进行文化论坛，可以产生最大的话题性和轰动效应，也是启动市场、占领区域制高点的手段。可邀请大学师生、老教师、文化名人、业内人士、意向客户等参加。从文教区的历史沉淀、现状和未来方向等，突出项目传承文脉、科技开创未来的责任理念和高度。

② 推广方式

软文和新闻全程跟踪报道。

6）公关活动——理工大110年校庆搭车

① 内容

项目开盘时间适逢理工大学110年校庆，可以说是一个绝好的搭车机会，也是对项目文化底蕴进行

高调亮相，入市出击 第一章

挖掘、项目整体进行事件营销的契机，达到传播"百年学府，百年科技人文建筑"的目的，事半功倍。

② 合作方式

以赞助方式，出一部分资金，进行深度合作，在前期请柬发放、开幕式、晚会现场、梧桐树认领活动等充分展示形象，挖掘潜在客户群体。

③ 推广方式

A.软文和新闻全程跟踪报道。
B.用看房车接送校友到现场参观，感受设计理念和对文脉资源的保护等。
C.著名校友梧桐树认养炒作。

7）其他建议——马云形象代言

为确保文教区的第一占位，还可聘请马云作为本案的形象代言人。

一是因为他毕业于文教区，并曾经工作在文教区，有一定的情结；

二是马云作为现代财智成功人士，其传奇的人生经历、奋斗故事、人生理念等与本案目标群体符合，也体现了项目的气质和精神；

三是能发挥意见领袖的作用，能对高端客户起到较好的影响力。双重代言可以说是天衣无缝，势能叠加。

代言活动上可请房协领导、马云、理工大学老教授、毕业生、文化名人余秋雨、媒体记者、建筑设计师、部分意向客户等，讨论文教区的历史和现状。利用马云对文教区的感受和奋斗经历，对大学文脉的保留和传承，产品的先进设计理念等多方面，阐述项目作为文教区第一豪宅的风采与魅力。

8）房交会——鸟巢造型搭车科技奥运

① 内容

10月份的房交会是项目的第一次公众亮相，因此形象和设计非常重要。除在面积、色彩等方面体现项目豪宅形象外，突出科技感更是关键要素，搭车奥运，将现场布置设计成鸟巢的造型展出，带来观赏体验价值的同时，将领先的科技豪宅的气魄鲜活地传达出来。另外，还能带来新闻的轰动效应。

② 促销

房交会期间意向订房，送2008年北京奥运游及奥运会入场门票（游泳赛场的更好），可亲临体验"水立方"科技作品。

9）入市效果及热点记忆

文教区会消失吗？
理工大学110年文脉传承！

房地产项目入市与开盘

梧桐树校友认领！

马云代言CSXY！

鸟巢精彩亮相房交会！

CSXY，为文教区定制的科技豪宅！

综合印象：代言文教区的人本科技豪宅。

方案二：会馆切入，树立科技豪宅的绝对标杆

1）策略思考

会馆是项目最大的科技亮点和领先之处，从此切入有利于提升豪宅形象和科技内涵。虽然目前工程条件尚无体验条件，但是可以从整体概念上把握，突出几个关键的亮点，以点带面。若等到工程完全具备条件再启动宣传，其应有的作用没有得到充分发挥。

2）推广内容

可从国内唯一的稀缺性、名师设计的尊贵性、水立方的奥运科技品质等多方面塑造领先的科技水平，奠定科技豪宅的基础。

3）推广手段

围绕"科技豪宅"概念，报纸广告+公关活动+房交会整合出击，立体造势。

4）推广主题

公元2007，金都发现了通向未来的路！

这样的会馆，中国仅此一处！

这样的会馆，将在中国领先15年！

世界上最知名的绿色建筑，常常与他们有关！

是谁私藏了透明的奥运"水立方"？

5）公关活动——"未来之路"会所概念发布会

① 内容

会所是本案的核心卖点之一，设计师也是很大的卖点，运用外国知名设计师进行会所炒作，在杭州楼市还属首次，在入市阶段具有很大的传播价值。可就会所"未来之路"概念进行新闻发布，设计师阐述会所的先进理念、在国内的稀缺性、豪宅会所的发展趋势、智能化运用等。同时，邀请行业人士、媒体记者和意向客户参加。

② 推广

充分整合国内外的相关资源，通过整版软文、新闻稿进行报道和炒作。

6）房交会——"水立方"炫耀亮相

① 内容

10月份的房交会是项目的第一次公众亮相，因此形象和设计非常重要。除在面积、色彩等展体现项目豪宅形象外，突出科技感更是关键要素。将会馆设计中空中游泳池与奥运水立方联系起来，整个展位以水立方的造型展出，带来观赏体验价值的同时，将领先的科技、与众不同的生活方式鲜活地传达出来。另外，还能带来新闻的轰动效应。

② 促销

房交会期间意向订房，送2008北京奥运游及奥运会入场门票（游泳赛场的更好），可亲临体验"水立方"科技作品。

7）入市效果及热点记忆

高科技会馆——未来之路，中国遥遥领先！

国际大师作品，高端科技会馆！

水立方与空中泳池！

水立方亮相房交会！

综合印象：科技豪宅，绝对领先。

五、产品及配套策略

软性服务如何匹配项目？作为豪宅，高端的配套服务是基础且重要的部分，为了匹配项目高端的形象，在项目软性服务方面进行加强。具体策略如下：

1. 特色精品商业

本项目前面部分的商业处理对整个楼盘的形象起着非常重要的作用，因此，商业定位要着重考虑，建议设立特色精品商业，化整为零，形成街区式特色精品商业，原因有：

（1）精品商业定位匹配项目整体定位和氛围，保持高端形象，否则，像卖场超市那样的商业将损伤豪宅的外在形象和高端气质；

（2）项目周边和城西高端人群聚集，高端消费支撑力强，能够支撑精品商业的运营；

（3）通过设置一些特色的品牌精品专卖、个性化高端娱乐、休闲服务项目，营造一个高端商业和休闲街区，如精品家具、服装、红酒专卖、美容院、超级品牌SPA、私人医生会馆等；

（4）为了便于将来运营，商业部分建议参照红石中央花园，与基金公司合作运营。

2. 引进知名物管顾问

物管顾问对市场形象和项目销售都有非常大的帮助，因此引进国际知名的物管公司作为项目的物管顾问，具体可考虑高力国际、世邦魏理仕等。

3. 引进顶级会所管理品牌——CCA国际

长安俱乐部的管理者，全球260家顶级私人会所管理机构——CCA，是一家专门从事营销和管理高档会员专属会所、小型豪华酒店和度假村的专业物业管理公司，也是目前北京享誉盛名的长安俱乐部的管理公司。CCA会所会员除可拥有旗下会所的"非当地居民"会员资格外更可享用全球260多间国际海外联会的设施。

南京锋尚国际建造的最高档的临湖会馆也交由CCA打理。

4. 引进顶级SPA品牌——百合春天

为了与东方润园红酒吧等配套差异化，引进媒体公认的中国五家顶级SPA馆之———Lily spring SPA百合春天。

其隐于名流世家云集的中国别墅之王"东山墅"，集世界各国SPA风情于一身，打造一个无穷视觉享受的顶级SPA。Lily spring SPA 与世界顶级产品合作，使用产品均为世界豪华酒店首选的SPA著名品牌。这一配套颇能吸引对健康关注的高端人士，并造成一定轰动效应。

5. 引进北京上医林，设立上医林医馆

北京上医林是一家专为高端客户提供领袖级私人医生服务的医疗保健服务机构，现已成为中国健康管理行业的领先企业，其私人专家组形式的诊疗方法深受高端人群推崇。私人专家组由著名中西医专家、领袖保健医、领袖护理专家以及经验丰富的健康管理顾问组成。

如果能够设立上医林医馆将对整个项目的健康概念和档次有非常大的提升。

6. 心理会所或禅室

商海征战承受着巨大的压力，对于压力的排解和心理的健康也是高端人群比较关注的一个部分，也是目前市场缺失的部分。因此，一旦做好将会起到明显的引领作用，对品质豪宅的支撑作用非常大。心理会所或禅室在这里设置舒缓音乐减压房、静坐禅室、心理调节室等，引入私人心理咨询师、健康营养师，甚至还可以在合适的时机安排灵隐寺的资深和尚宣讲佛法和禅意。

房地产项目入市与开盘

第二章 开闸放水，蓄势引爆

蓄客阶段是项目销售最重要时期，项目将在本阶段内快速打响知名度，蓄势引爆，为正式销售做准备工作。同时，利用开盘前期的冲刺，让客户迅速积累，进一步刺激客户的购房需求，拉高项目在市场买家中的心理预期价位，为正式销售奠定强有力的市场支撑。

房地产项目入市与开盘

一、蓄客的目的

蓄客是开发商分批推房之前的必然步骤,如果蓄客时间长、蓄客量大,最终制造开盘销售"火爆"行情的概率就会越大。

蓄客的形式虽然多种多样,但其最终目的都是一致的。归纳起来有如下四个目的:

第一,在开盘前广告力度相对较大的前提下,以合理的方式提升项目关注客户的心理预期,加大储备客户,增加开盘销售量。

第二,充分分析客户心理,适时调整销售房型、价格、批次等,避免开盘风险。

第三,在销售策略的指导下完成客户储备,营造开盘高涨的购房氛围,冲刺最高销售额。

第四,如果开盘当天房子供不应求,一方面易于在市场上造成好产品哄抢的势头,另一方面可以卖个好价钱。

二、蓄客的形式

蓄客就是要把客蓄住,采取的手段往往通过各种形式的活动来拉近与客户的关系,努力把潜在客户变成意向客户,把意向客户变成准客户。蓄客的过程配合其他媒体对项目进行多次曝光,还可以通过平面刊物向客户介绍工程进度等,总而言之得把水池蓄满,这样才利于开盘养鱼。

1. 蓄积潜在客户

这是蓄客的第一阶段。这时候,大多数客户对项目缺乏了解。这些客户的来源也不是非常

清晰,处于广泛撒网,无目的打鱼状态。主要采取的措施是:

(1) 报纸杂志广告等。

(2) 发传单,让客户了解本楼盘即将开盘及活动,让客户留下名片等方式积累客户。

(3) 做灯杆旗、海报等吸引客户。

(4) 短信群发。

(5) 召开产品研讨会,邀约房地产专业行家、客户进行口碑宣传,打开知名度。持续有序的召开新闻发布会或产品说明会维系客户忠诚度。

(6) 共享行业资源,电话追踪积累客户。

(7) 搞产品巡展会、扫街、派报等。

(8) 问卷形式积累客户。在前期调研,产品开发以及制定后续营销策略上都会有相关的调研活动,有的时候也会为开盘进行专门的调研活动,这些问卷形式也可积累客户。

(9) 搞活动送小礼品积累客户。

这个时候的客户资料,我们可能还没有掌握,而掌握的资料大多数缺乏有效性。因此,这个时候完全是蓄客的基础阶段。

2. 潜在客户变成意向客户

经过一系列措施,那么我们需要将这些潜在客户搜集起来,因为大部分客户可能都是主动对我们的项目产生兴趣的客户。因此,这些客户的开发具有很大的价值。而将潜在客户变成意向客户的主要形式有:

(1) 产品推介会登记意向客户

可对登记客户组织起来做产品推介会,做积分卡,每次活动可以积分,开盘时积分可抵房款,多做几次活动,经常参加的基本都是意向客户。在此基础上可以做以老带新活动,拉来一个客户可以加大积分额度,吸引老客户介绍。

(2) 来电或现场接待登记意向客户

在前期一系列的广告推广及活动措施之后,会有人上门了解项目情况,也会有人电话咨询相关情况。对访客进行登记和排号,并对客户所看户型及价格注明清楚。客户登记两个月以后,可进行价格调整,对排号登记客户可保留原价位,无排号者则不予保留。根据证件办理的时间及进展情况,可适当地收取一些订金,直至手续完善,收取首付款。

房地产项目入市与开盘

日常客户登记表　　　　　　　　　　　　　　　　　　　　　　　　　表2-1

日期	客户姓名	联系方式	居住区域						信息来源							意向户型	心理价位	对本项目的熟悉度			销售人员	备注
			A区	B区	C区	D区	E区	F区	报纸	电视	户外广告	网络	朋友介绍	DM直邮	其他			熟悉	一般	不了解		

（3）加大以老带新力度

制定相关政策，鼓励老客户带新客户前来购房，并对老客户和新客户都给予一定的优惠和奖励，以激发大家的热情。以老带新的客户往往具有重要的价值。

（4）组建联盟

与本市著名商家，如超市、百货、专卖店、书店、高尔夫会所等联姻，形成一个庞大的利益集团，通过联盟的网络发卡，这些持卡人可直接转化为项目的意向客户，享受相关优惠。

（5）筛选客户会资源

现在各大开发商纷纷建立自己的客户会，很多中小开发商也纷纷仿效，均是看中了客户会强大的蓄客能力以及对销售和品牌的促进作用。

客户会的两种形式和特点	表2-2
企业会员制——建立品牌忠诚度	项目会员制——促进直接销售
①根据企业战略，独立设立； ②有利于积累项目的目标客户； ③在项目交付使用后，不断扩大会员人数，甚至让所有业主自动成为会员； ④所有会员享受：房地产信息告知权、优先/优惠购买房地产物业权、联盟商家消费折扣权等服务； ⑤介绍新客户的会员，采用积分制，给予购房优惠	①开盘之前，建立会员制； ②有助摸清楼盘的市场反应； ③通过"交纳×万元，享受优先购房权"的宣传吸引犹豫不决的购房者； ④一旦购房者签订购房合同，会员制也就完成其使命

但是，以上措施搜集的客户会资源非常庞杂，他们更多的是表现出对企业或项目的相关倾向和关注。要想转化为实际的销售，那么还需要通过客户会的相关刊物、网站做相应的广告，吸引这些客户会员变成项目的意向客户。

（6）定向蓄客

根据项目区域及客户情况分析，锁定重点单位定向蓄客。在意向客户集中区发卡，不收费，购房时持卡可优惠。根据项目所需，对于一些商家的会员，组织促销活动。这种方式对于开盘后期有一定辅助作用。

3. 意向客户转化为准客户

我们筛选了大量的意向客户，但是如何确定他们是否有诚意呢？那么就需要进一步对这些客户进行筛选。这里的方式也非常多，最常见的就是VIP卡形式。无论是哪种形式，为了检验客户的诚意，都会制定一个标准或一个门槛。其实，这个阶段涉及很多认筹的内容，我们会在第三章详细阐述。

（1）非收费手段

第一种：虚拟储值卡

采用虚拟储值卡，这种卡不收费，但需要一天或一周或三天前往售楼部加盖一个章，这样每次可以得到多几百甚至几千元的优惠。来得越多，优惠越大，这样认可产品的客户会常来，也加强了对客户的分类。

第二种：特定活动

同样，也可以采用这样的手段，如将项目名的每个字分别做成书签，通过广告宣传分次发出。

房地产项目入市与开盘

如项目名为"阳光地中海",我们可以分别做"阳"、"光"、"地"、"中"、"海"五个书签,每一张书签优惠不同,全部收集齐另有大礼,这样既可吸引人气,又可有效甄别意向客户。

该方式适用于广告推广密度大,关注客户数量远大于推盘量的情况。该方式对形成项目口碑、增加开盘氛围有明显帮助,尤其适用于项目首次开盘。

如成都中海·国际社区以三张珍藏卡分期发放的方式进行客户储备,集齐三张珍藏卡开盘当日可获销售总价2.5%的优惠。随着三张珍藏卡的陆续发放,相关活动和推广密集跟进,客户情绪被一次次推向高潮,首批通过这种方式就储备客户325位。

第三种:直接选房

此种方式相对最为隐蔽的,不过对销售终端的客户把控能力要求比较高。操作手法如下:

首先,对意向极好的优质客户,直接定下房号,但是不出具任何证明,在置业通信中将客户房源、价格等都注明,并告知客户开盘当日过来,房源就一定给他。

其次,相应房源备份意向相对较差的三个客户,但是不作明示。

最后,现场销售人员要做好统计,开盘前两个星期电话回访或短信通知。采取一对一通知开盘信息,让客户做好准备,这样还可以再次明确客户意向。如果有的客户已经在其他项目置业或者不准备在本项目置业,就通知备选客户,开盘当天排队造势。

该方式适用于项目密集推盘过程中,客户储备时间短、数量少的情况。

(2) VIP卡手段

VIP卡手段其实是房地产开发商的另一种吸纳有效会员的模式。VIP卡之所以在楼市中如此盛行,原因在于其锁定目标客户群的优势。它已成为了楼市营销不可或缺的重要因素之一。VIP卡的操作形式也非常多用(图2-1)。

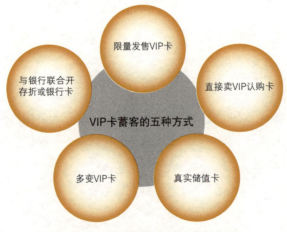

图2-1　VIP卡蓄客的五种方式

蓄客方式一：与银行联合开存折或银行卡

首先进行客户记录，在开盘之前一个月到两月的时间里进行一次入会活动。入会时客户到银行里开一个账户，并且有一个入会说明，说明此账户里的资金为定期三个月以上，凡入会的客户在开盘时来销售中心进行选房，此账户的钱自动转为合同房款。

如两家世界500强企业——建设银行与和记黄埔联手，在成都推出第一张地产概念的银行联名卡，名称叫"和记尊贵会龙卡"。可以在成都购买和记黄埔地产时获得房价上的优惠，如果是按揭购房还可获得15%的贷款利率下浮，并可免掉按揭担保费。

蓄客方式二：限量发售VIP卡

从蓄客期开始，即限量发售VIP卡，如2000元/张。认购期开始前，举办一次产品推介会，推介会上凭卡交满2000元者，除可参与认购与开盘期内的优惠活动外，购房时还可冲抵3000~5000元房款。此种方式，可对来访客源进行二次筛选，在开盘前对蓄客量有更明确的估算。

蓄客方式三：直接卖VIP认购卡

这种方式，虽然很多地方已经禁止，但是仍然有很多地方在变相操作。它属于蓄客期间自然蓄客。认购期开始后，开始发售VIP认购卡，如8000~10000元/张，凭此卡，除可参与开盘期内的优惠活动外，购房时还可冲抵一定的房款。此种方式，可避免流失部分冲动客源。

蓄客方式四：多变VIP卡

发多变VIP，形式多样，如可1000变5000，1000变10000等，让客户有个挑选的余地，也可以通过差异性分流。还可以制定一些优惠政策，如定卡就有优先选房权，选房次序按照卡号来排。如果开盘未选到合适房源，可以自动轮序到下一期产品选房或者退款。

如某项目蓄客采用的是VIP贵宾卡形式，其VIP卡的主要条款如下：

第一，凡购买"××"项目VIP贵宾卡者均需交纳诚意金10000元；

第二，持卡客户开盘当天优先选房的权利，持卡客户可在优先选房当天购房签约享有10000元抵15000元优惠；

第三，持卡客户可在开盘当天签约享有98折优惠；

第四，开盘当天选房未成功者，可在开盘5日后，持个人身份有效证件、VIP卡贵宾卡协议书、收据至售楼部办理退卡手续，诚意金原款全额退还，不计利息；

第五，VIP卡退卡手续办理完毕后，客户不再享受VIP卡任何权利及义务。

由上可见，通过这些措施：

房地产项目入市与开盘

首先给客户尊贵感,通过VIP卡客户拥有优先选房权、5000元的优惠、98折扣,如此巨大的诱惑让准客户不得不动心。

然后给客户失落感,开盘当天不接待没购卡的客户,开盘后就没有好房源,不购卡就没有任何优惠与折扣,如此巨大的损失同样使准客户不得不动心。

最后,还给予客户一个安全感。开盘当天选房未成功者,诚意金原款全额退还,打消客户的后顾之忧。

蓄客方式五:真实储值卡

以储值卡的方式蓄客,很低的办卡启动金,办卡当天就激活可充值。根据客户蓄客情况,限定客户在固定的周期内必须到销售中心进行充值。每次充值费用不等,最终都可以作为房款抵用。这种方式可以加大现场人流与客户提纯力度,锁定有效客户。

这种方式和上面提到的虚拟储值卡形式相差不多,只是条件更为苛刻。

(3)虚拟借款人

在项目开盘前做好价格,并对客户公开。以一个完全和开发商无关但又是当地比较有身份的人为借款人,向有意向的客户借款。收取例如5万元一户的借款费用,届时开盘可以直接冲抵首付,客户可以选择退款或者直接冲抵。客户的利益点是以现在的价格获得房屋,等到正式开盘房价不上涨,但是一旦市场变化,房价下跌,则按照低价执行。

(4)公司集团会

组建公司集团会,先和一些商家建立品牌战略联盟,入会费5000、10000、30000不等。根据项目配套情况,入会同时赠送商家打折卡,同时会费在选房的时候自动转为房款,并享受一定的优惠。这种入户形式,由开发商主导,比"组建联盟"的蓄客形式对客户的甄选更为有效。

如广州星河湾与"宝墨园"、"新荔枝湾酒家"、"星海音乐厅"等100多家遍布全市的高档娱乐、购物、饮食企业商家结盟,为业主的衣食住行提供多种服务与优惠。

又如广州城建集团与包括旅游、家电、商场、家具、建材装饰、布艺、汽车、饮食与美容等多个行业商家"结盟"等等。

(5)团购咨询

采用团购咨询的名义,将销售有抗性的房源通过中介或代理销售。收取1万或不等的款项,只要价格稍低一些,相对当期销售价有一定优惠即可。这批客户可以直接销售并不影响整体价格,变相去化差的房源并尽快资金回笼。

三、蓄客期价格策略

在蓄客期，售楼员会以种种借口告诉购房者房价没有最终设定，同时又会想尽所有办法套出购房者对楼盘或单元的价格预期。在这个时期，虽然开发商已经把价格算好，但之所以迟迟不宣布价格，就是要摸清客户的心理承受价位。直到开盘之前，项目的销售价格才会公开，但这时所公开的价格已经与开发商所设定的价格有了一个较大的抬升。

所以，蓄客期是了解好客户对项目的心理价位较为关键的时期，它对项目定价起着重要的作用。

但是，在逆市情况下，有的项目用"锁价"的方法来吸引客户，"锁价"就是在开盘前就把均价公示出来，但是这样操作风险较大，不利于掌控价格主动，除非价格非常有优势。

四、蓄客期营销策略

在蓄客阶段，往往采用活动营销＋媒体推广（全方位），活动及媒体推广有机地从积累客户向开盘强势推广过渡。

1. 活动营销

制造活动，创造新闻点，以点带面，带出项目卖点及优惠政策，持续提升市场关注度。也可开展业主活动，带动周边购买力。

总而言之，相关的蓄客活动与方式必须突出项目楼盘优势，市场接受程度、客户群定位、产品定位一定要一致，符合整体营销主题。

2. 开盘倒计时

给客户以紧迫感，优惠幅度逐日递减，直逼开盘。

3. 组织团购

以客户自愿组织团购，给予一定优惠（羊毛出在羊身上），吸引客户关注并组成团体。

4. 广告推广

配合其他媒体对项目进行多次曝光，还可以通过平面媒体向客户介绍工程进度、开发商品牌文化、项目理念与相关活动花絮等，可以采取短信、DM 邮寄、电视配合等。

五、蓄客过程的六大要点

第一，蓄客要充分考虑项目是否分期开发和推售房源体量，如没有很好的蓄客，匆忙开盘，风险相当大。

第二，蓄客期一定要保持项目的神秘性，让客户值得等待。

第三，针对同质化竞争楼盘的卖点，一方面对楼盘的说辞进行调整，并提出一定的促销方案，以留住客户。另一方面，找到合适的时间点，尽快开盘。

第四，充分考虑后期的开盘方式，留住更多后续临近开盘才加入的诚意客户。

第五，根据前期工程进度做好宣传工作，并适时释放信息，来探测客户购房意向、心理价位等，同时还有助于在开盘前期不断引起市场关注。

第六，在不同时期对客户进行价格区间预报，以此来摸查市场实际接受价格。

六、蓄客操作的四大策略

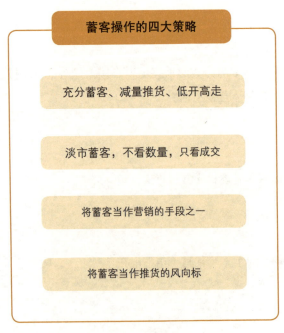

图2-2　蓄客操作的四大策略

策略一：充分蓄客、减量推货、低开高走

采取充分蓄客、减量推货、低开高走营销策略，最主要的作用在于可营造开盘即售罄的火爆场面。

开发商在一定时间内获得内部认购登记数量后，即以少于此数量的货量开售，造成供不应求的现象，而此后分批推货更采取价格不断走高策略，这样有利于开发商获得更好收益。

对于开发商而言，这一策略能有效试探市场对价格调整的承接能力，并确保楼盘持续畅销的印象获得强化。同时，在市场形势正向有利于卖方发展时，开发商已不急于短时间内迅速清货，而是寻求更高效、更多收益的推货技巧和策略，这也在一定程度上造成了市场缺货的现象。

策略二：淡市蓄客，不看数量，只看成交

很多项目的营销传统做法都是通过长期的蓄客，完成一定的客户积累，在开盘当日通过促销手段，集中客源，一次性释放销售能量，从而取得貌似的旺销场面。

但是，淡市背景下，这种方法是否还能有用呢？广州某盘前期蓄客600余组，开盘当日仅成交不足50户，开盘期完成后成交不足60户。因此，通过前期的蓄客登记数量来判断销售局面的做法在淡市环境中不可盲目套用。

总的来说，淡市环境下，各楼盘均会呈现访问量下降和成交率下降的趋势。针对淡市特点，需要迅速调整开盘和认购蓄客的策略，缩短或者取消蓄客阶段，在条件充分时即就全面开放销售。这样可以拉长开盘的时间周期，放长开盘优惠的实施时间，有助客户尽可能地快速落定。

其实，淡市环境下，只有交了钱的客户才是真正有意向的客户，只有收回款才是王道。

策略三：将蓄客当作营销的手段之一

很多人都将蓄客当作营销的目的，其实它也可以成为一种营销方式。蓄客在营销中发挥着重要的作用。产品是否适合市场，价格是否合理，都要通过蓄客来检验。一般的产品，从设计到施工到推出，都要一年以上，很多楼盘需要两三年。前一两年的产品思路，肯定与一两年后的需求趋势产生滞后性和差距，这个时候全面了解蓄客期客户对样板房、社区环境的反应，才能确定产品的优劣势所在，以便及时调整产品策略和营销策略。

如广州邦泰国际公寓就将蓄客作为营销重要的一环。该项目是开发商在广州的处女作，具有地点特殊（在琶洲会展中心旁边）、产品特殊（主打酒店式公寓）、客户特殊（客户以投资客为主）的特点。因此，市场对该项目的定位、设计、服务都需要一个较长的时间来了解和认识。

房地产项目入市与开盘

邦泰国际公寓没有将这三个特殊当作项目的劣势,而是利用一切手段,让客户加强对项目产品的了解和认识。让"特殊客户"认清适合他们的"特殊产品"的"特殊价值",把与顾客接触中的蓄客过程当作一个营销过程。最终,项目蓄客期间,没有做任何广告宣传,但蓄积1200多组来电,来访客人有274组。

策略四:将蓄客当作推货的风向标

蓄客期就是一个积累客户的过程,操盘人在此过程中就能决定产品销售的方向是什么,主流目标顾客群是什么。操盘人除了可根据主流顾客的购买力、愿意承受的价格,来进行定价外,还能根据蓄客量的多少来决定推多少货量。比如,一共有1000位登记客户,可能就推200~300套,这是因为有些认筹的客户不一定会来买,来了的客户也不一定就能挑到自己满意的产品。

七、蓄客实战运营案例解码

解码1:蓄客的时间如何确定?

蓄客时间不宜过长,一般以正式开盘前6~8周为宜。具体情况要根据项目规模以及首批推出的货量制定。总的来说,各个楼盘应该因地制宜。

如广州光大花园从2008年9月份就开始蓄客,当时刚好是楼市萧条期,一直蓄到2009年3月,一共积累了近3000组客户,半年的时间既保证了客流,又有足够的时间来改进产品。同样,在2009年水岸榕城组团开盘的时候,一开盘就卖了400多套,实现了"日光",这是厚积薄发的例子。

2008年的广州中海金沙湾则是另一种风格,开发商要求代理销售的合富辉煌用14天的时间,销售400套货量。为此,合富辉煌发动了一手、二手所有的客户资源,动员了几千位客户前往,短时间也完成了销售。广州花都的玖龙湖项目蓄客期也不长,但自开建以来就一直在引起客户关注,蓄客一个星期就开盘,首期推出的产品全部消化掉。

其实,蓄客在营销上实质是一种客户关系管理,与时间的长短没有必然的关系。最主要的还是,要做好来客登记、客户归类,进行客户引导和沟通,了解客户需求,还要做好意向客户回访电话工作,避免因认筹期过长丢掉客户。

解码2:蓄客比如何确定?

蓄客比不仅与项目定位有关系,同时受市场、产品、价格等各方面影响。普通住宅的蓄客比例相对较高,一般达到2∶1。而高端产品如别墅或豪宅的蓄客比相对要小许多,这里我们就以别墅项目为例。

一般别墅类产品蓄水量都比较深，具有高投入、高产出的特点，对客户群定位和心理把握要求较高。由于各项目的具体情况不同，下面仅结合营销的周期特点，来分析别墅项目各个阶段的蓄客比大致范围。

（1）参观期

从参观期来看，别墅项目第一期客户的来访量会很大。因为一个新的项目的开盘会受到客户和同行的极力关注，很多客户会先了解项目的情况再判断是否购买。一期也是别墅销售最有难度的阶段，周一到周五的来访量往往较少，周末相对多点。

参观期成交客户与积累的登记客户之比在1∶10左右。

（2）开盘前期

开盘前期很多开发商会集中打广告，来访量和来电量激增。这个阶段也是客户蓄水的最佳时机，这部分客户通过广告了解项目，对项目的构成、形态都有一定的认知，大部分客户是抱着购置心态前往，如果介绍深入、准确抓住客户需求心理，会留住一大部分客户。

开盘前期成交客户与积累的登记客户之比在2∶10左右。

（3）开盘期

所有资料、价格、占地数据出来，是抓住成交的最佳时期。

别墅是一个感性消费的产品，也算一个奢侈品。如果一个项目的现场打造得很好，很多客户当天就会下定。在开盘期的客户决定很快，如果决定购买，一般会一周内下定。

开盘期成交客户与积累的登记客户之比在3∶10左右。

解码3：同期怎样销售并蓄客同类型产品？

某项目位于北方二线省会城市，项目位处城市发展新区（不属于核心区），项目已销售一年，现进行到项目二期，采取分栋销售形式。现推楼座板楼一梯三户，主力户型为80m^2（中户纯南，客户群体较为接受），两周该户型去化50%（70套左右）。当月中下旬准备新推楼座点式楼一梯七户，主力户型80m^2（即有纯南又有纯北房）。新开楼坐价格策略与具体户型都没有办法确定的基础上，开发商要求：在三周时间内，一要保证现开楼座的80m^{2}户型的去化达到90%，二要保证新推楼座的蓄客达到100组。

那么这个问题怎么解决呢？

房地产项目入市与开盘

这边的还没消完,那边又面临蓄客,产品类型的差异又不是特别大。针对这个案例,本项目在一期的基础上,已经有不错的客户基础,两周去化50%表现基本正常。这个时候,我们就需要仔细分析产品差异化:目前的产品一个是一梯七户,一个是一梯三户,一个是板式,一个是点式,这个差异并不小。

那么接下来该如何操作呢?

采用价格策略?常规思维认为,一梯三户的楼座去化50%,当属强推的最佳时机,所以主要精力还是要放在现有房源的去化上,现有房源越卖楼层越高单价逐渐提高,接受不了的低端客户挤压到一梯七户的楼座上(价格低)进行认筹。

但是,他们忽略一点:那就是板楼和点式楼存在一定的价差。在同样的户型、面积不同的产品形势下,价格挤压带来的客户会向低价产品流动。如果工程进度相差不多,很有可能形成板楼销售放缓,而点式楼的认购工作相对较易完成局面。那么,通过价格调控更有可能加剧这种现象的出现。这是因为小户型项目的购房者对生活品质的追求实际上相比价格而言要低得多。

采用产品区隔策略?这不愧为一个较好的策略,结合项目的产品差异,通过概念炒作区隔两种产品的特性,同时在实现现有产品快速销售的基础上,为点式楼蓄水。要想做到区隔产品特性,就需要提出相应的匹配推广措施和手段,扩大宣传力度,制定对现有房源的促销政策,确定认筹的优惠条件,这样才能完成最终的解套。

解码4:没有售楼部怎样蓄客?

没有售楼部怎样蓄客?这个问题一点也不奇怪,实际上在很多三、四线城市的小项目,没建售楼部的不在少数。面对这个情况,如何完成蓄客,最终完成销售呢?

(1)首先信息登记

登录政府官方网站或当地主流媒体发布楼盘信息或在大型的房地产网站设项目基本的介绍、VI形象广告。这项工作的主要目的是尽量将项目信息释放出来。

(2)紧紧抓住电话咨询机会

抓紧时间给销售人员做好电话咨询培训,统一说辞为什么未设售楼部、售楼部装修为什么延迟。或直接上门派单,DM上附上售楼员个人联系电话(如行政单位,或私企)或公司电话。

(3)设立临时售楼咨询台或场所

在项目附近设临时售楼部,或在目标客户群较多的场所(如大的商场、百货、大社区)设咨询台，进行现场介绍登记。

（4）广告推广

先出广告，让客户先知道项目即将上市，以围墙、道旗、户外看板为主，尽量突出项目优势，避免区域产品同质化，吸引客户来电咨询。同时，进行有效的工地包装，突出包装氛围，以达到吸引眼球目的，并配上临时咨询处地址及电话号码。

（5）口头宣传形成口碑效应

不要刻意拉客户、尽量采用口头宣传。如开发商在同城已有一个项目，则应与前一个项目的已购房客户及无意向客户进行一次深刻回访，以达到口碑传播的目的。

（6）活动营销

举办小型活动（如棋牌比赛、元旦同乐会等）宣传造势。如请该项目社区的老年人表演，或本城老年的骑游队等，加强宣传造势。有条件可以搞一场晚会，请一个名演员来演出，制造轰动效应。

（7）故作神秘

制造犹抱琵琶半遮面的氛围，引起社会的好奇心理，可能有意想不到的效果。

八、客户分析

通过逐步释放价格区间，对储备客户进行量化统计分析，为开盘决策提供重要的参考依据。着重从以下四个方面进行分析：实际有效客户数量（≤认筹数）、储备客户的意向单位分布、储备客户的心理价位、储备客户特征调研（自身及消费特征）。客户分析表可参考表2-3~表2-8。

客户居住区域来源分析　　表2-3

序号	区域	人数	比例
1	A区		
2	B区		
3	C区		
4	D区		

续表

序 号	区 域	人 数	比 例
5	E区		
	合计		

客户信息来源分析　　　　表2-4

信息来源	报纸			户外广告			电视	网络	朋友介绍	DM直邮	其他
	A	B	C	A	B	C					
人数											
比例											

客户意向户型分析（X栋）　　　　表2-5

客户＼户型	A	B	C	D
A类客户				
B类客户				
C类客户				
合计				

客户心理价位分析　　　　表2-6

客户＼价位（元/m²）	4000～5000	5000～6000	6000～7000	7000～8000	8000～9000
A类客户					
B类客户					
C类客户					
合计（人数）					

客户对项目认识程度分析　　　　表2-7

程度	熟悉	一般	不了解
人数			
比例			

客户会的两种形式和特点　　　　　　　　　　表2-8

楼层	X栋			
	A		B	
	一选	二选	一选	二选
6				
5				
4				
3				
2				
1				
小计				
合计				

说明：

为便于分析，在模拟销控表中用不同的颜色大致表示选择某单位的客户数量，随着选择人数的增加，颜色逐渐加深。如下：

| 1 | 2 | ≥3 |

除以上所述的客户储备目标、周期、方式外，客户储备还需关注以下三个方面的问题：

第一，惜筹如金，建立长期的客户储备模式，不要让客户轻易流失。

第二，分期消化与长期储备的协调问题。

第三，利用前期客户资源促进后期客户储备。

房地产项目入市与开盘

案例 2　YGXR答谢酒会暨主流户型品鉴会蓄客操作模式

一、活动主题

YGXR答谢酒会暨主流产品户型品鉴会。

二、活动目的

（1）对前期积累的客户和部分重点客户进行挤压和集中转化。

（2）通过认购信息及其优惠政策的告知，制造市场和客户紧迫感。

（3）通过品鉴会深入的传递产品信息，提升客户忠诚度，加快其转化为成交。

三、参加人员及组织

1. 嘉宾邀请

（1）市里负责房地产项目的相关领导；

（2）景观规划及建筑规划公司相关负责人；

（3）代理公司负责人。

2. 媒体邀约

SQ日报、JJ晚报。

3. 客户告知

JJ晚报、SQ日报半版报广。

7月20日：半版软文前宣。

7月31日：销售部提前电话告知客户到销售部领取邀请函。同时短信平台配合现场告知客户品鉴会及将要认购的信息。

四、参加人数

（1）前期积累的意向客户：300人；

（2）嘉宾：若干人；

（3）主持人：1人；

（4）工作人员：若干人；

（5）礼仪小姐：若干人；

（6）总人数：自定。

五、物料准备

（1）签到本2本、签到笔4支；

（2）推介户型喷绘板8块；

（3）画架8个；

（4）投影仪一个；

（5）开发商总经理发言稿、销售经理认购政策及认购须知说明；

（6）折页、DM单页、户型单页、手提袋300份；

（7）礼品。

六、现场包装

1. 推介户型喷绘板

位置：大厅摆成一排，组成户型长廊。

规格：1.2m×0.8m。

材质：亚颗粒板加边框5cm，画面写真，画架支撑。

2. 横幅

位置：天宇门口。

内容及规格：自行拟定。

3. 彩虹门

位置：酒店大门口。

内容及规格：自行拟定。

4. 舞台背景板包装

（1）喷绘

内容及规格：项目LOGO和YGJR答谢酒会暨主流户型品鉴会。

（2）嘉宾席

位置：距离舞台的前排位置。

摆放物品：鲜花、水、水果。

（3）冷餐区

位置：在大厅最后边或者大厅右侧。

摆放物品：水果及特色小糕点，软饮料等。

七、活动流程

6:00——活动参与人员提前到位

检查现场布置完成情况。

参与人员包括：主办方相关负责人和活动公司工作人员，礼仪小姐，酒店服务生。

6:00~6:50——开始接待客户、登记并引导入场，来宾填写和投放抽奖券

位置：签到处。

用具：签到台，签名本、笔、抽奖券。

人员：礼仪小姐，销售人员。

程序：礼仪小姐引导来宾签到，销售人员引导来宾入场，协助来宾填写抽奖券（入场券左右两联，将有客户姓名及联系电话的作为抽奖凭证），并发放资料袋。

6:50~7:20——来宾用餐

位置：就餐。

用具：餐水台（包括相关用具和餐具）。

人员：服务生。

程序：主持人宣布用餐后，服务生提供配餐服务。

7:20～7:30——文艺表演一

位置：会场舞台。

用具：表演道具，扩音设备。

人员：由活动公司定。

程序：表演道具提前布场，表演可以提前进行，在表演的同时，服务生负责把餐具回收。

7:30～7:35——主持人开场，介绍开发商、项目规划及开发历程

位置：会场舞台。

用具：扩音设备。

人员：主持人，音响师。

程序：主持人开场，欢迎来宾的光临，介绍当天活动在场领导、活动内容和程序；主持人通过串词过渡，利用相关文件简单介绍开发商。

7:35～7:37——代理公司总经理致辞

位置：会场舞台。

用具：扩音设备，相关文稿，背景音乐带。

人员：主持人，公司相关领导，音响师。

程序：主持人邀请相关领导上台，在背景乐声中，领导走上台，背景乐停止，领导开始致辞。

7:37～7:45——文艺表演二

位置：会场舞台。

用具：表演道具，扩音设备。

人员：由活动公司定。

程序：表演道具提前布场。

7:45～7:50——抽奖活动一

位置：嘉宾席。

用具：印有项目名称字帖精美礼品3份。

房地产项目入市与开盘

人员：在场嘉宾，主持人。

程序：让在场的所有嘉宾找其座位下的项目名字帖，找到其字帖就为三等奖，共3人，并颁发奖品即精美礼品一份。

7:50～8:25——开发商总经理进行户型推介

位置：会场舞台。

用具：户型图喷绘板。

人员：礼仪人员。

程序：主持人邀请开发商总经理上台进行户型推介，同时礼仪人员手举户型喷绘板轮换上台。

8:25～8:35——抽奖活动二

位置：会场舞台。

用具：麦克风一个，印有项目名精美礼品2份。

人员：礼仪人员，音响师。

程序：主持人宣布游戏规则，并出题，由嘉宾来抢答。抢答正确的嘉宾就为二等奖，共2人。并颁发奖品即精美礼品一份。

8:35～8:40——销售部经理公布认购政策及认购须知

位置：会场舞台。

用具：认购政策及认购须知相关文字。

人员：销售部经理。

程序：主持人邀请销售部经理上台进行认购政策及认购须知说明。

8:40～8:50——抽奖活动三

位置：舞台。

用具：扩音设备，抽奖箱，抽奖券，纸花礼炮，印有项目名精美礼品1份。

人员：主持人，抽奖嘉宾，礼仪小姐，音响师。

程序：主持人宣布抽奖开始，邀请领导嘉宾为来宾抽取一等奖的中奖者。奖项产生时鸣放纸花礼炮，并颁发奖品即精美礼品一份

注，奖项设置如下：1等奖1名，800元精美礼品一份；2等奖2名，300元精美礼品二份；3等 奖3名，50元精美礼品一份。

8:50——主持人宣布活动结束,并告知客户认购现场已有客户排队的信息

工作人员到位,登记客户资料,进行现场认购。

八、费用预算

费用预算　　　　　　　　　　　　　　　　　　　　　　　　　　　表2-9

费用项目	金额计算	总计
场地租金(含鲜花、茶水)		
投影仪租金		
现场包装及户型喷绘(喷绘)		
酒店门前横幅		
茶水、水果		
礼仪小姐		
演员邀请		
礼品		
不可预计费用		
总计		约　　　元

九、工作计划

工作计划　　　　　　　　　　　　　　　　　　　　　　　　　　　表2-10

工作事项	具体内容	确定时间
方案	推介会方案确定	
场地租赁	场地选择	
	场地背景板设计	
	场地背景板设计制作、安装	
	场地横幅制作、布置	
	场地户型喷绘板的制作、布置	
准备入场券	请柬	
	请柬制作、派发	
	礼品采购	

续表

工作事项	具体内容	确定时间
发言稿	开发商代表发言稿	
	主持人串词	
推介会流程	撰写、修改、确定	
	打印、复印、装袋	
项目资料准备	折页、DM单宣传资料准备	
	会议场地水、水果购买	
现场物料准备	麦克2个	
	签字笔、签字本	
	项目名3个字帖	
	投影仪1个	
	项目名手提袋6个（装礼品）	
宣传报道跟踪	软文	

房地产项目入市与开盘

第三章 积极认筹，提纯客户

认筹是开发商或代理商在所开发或代理的房地产项目即将达到预售条件之前，面向购房者所采取的一种意向性认购行为。其实质是一种房屋认购意向，此时购房者所购房的价格、房号（甚至面积）等主要因素均处于不确定状态。对于开发商来说，是一种预售行为，其表现形式主要有内部认购、VIP认购、认筹等。

房地产项目入市与开盘

一、认筹的定义及相关概念

1. 定义

前面我们已经提到，现在很多项目都采用都VIP卡方式蓄客，这种方式的一个典型特征就是客户需要购买一个"筹"，这个"筹"类似一个购房的筹码，这就是认筹的由来。实际上，它是一个营销的概念。

在认筹过程中，开发商或多或少通过一些优惠方式，使意向购房者预先通过某种方式显示某种诚意，如依照付款时间先后顺序取得一个号码，开盘后消费者可凭号码的先后顺序摇号—挑房—购房，并享受排号时约定的价格优惠。

需要说明的是：凡是未取得预售许可证即收取相关诚意金的行为都属于非法。但是，经过市场对政策的消化，很多聪明的开发商开始采用其他显示诚意的方式（如买会员卡）。在第二章，我们提到的蓄客方式中，不收取现金，只对购房者登记，了解其明确购房意向后发给VIP卡的操作手法，就是一种合法的认筹方式，但这种模式对判断客户的真实度不够准确。

2. 认筹活动的法律界定

在房地产发展初期，认筹属于法律上的一种灰色地带，它是开发商在并没有完全达到预售条件时的一种预售行为，并没有完全界定为非法。但当房地产发展达到成熟期后，这种行为已经被明确地界定为一种非法的预售行为。即未依法取得商品房预售许可证或不在预售范围内的项目，房地产开发企业不得预售商品房，不得以定金、内部认购、发放贵宾卡、借款等任何形式变相、无证预售商品房，也不得以任何形式发布商品房预售广告。

二、认筹的六大价值

认筹是将意向客户转化为准客户的过程，这个过程重要性不言而喻。除此以外，他对营销政策的制定同样起到不可或缺的作用，主要表现在如图3-1所示的六个方面。

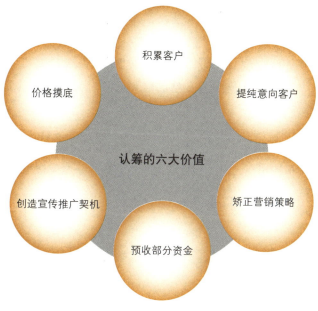

图3-1　认筹的六大价值

第一，积累客户

通过公布和展示项目的部分信息，引起客户的购买兴趣。提前锁定部分意向客户，发现和锁定潜在目标客户，为制造热销局面打下基础。

第二，提纯意向客户

开发商通过回访、调查职业及收入水平等方式分析认筹客户的真实购买力，并进行筛选，看到底有多少人有购买意向，通过收取诚意金，检验客户的购买诚意度，也有助于决定楼盘的推货速度。

第三，矫正营销策略

通过大量的收集客户资源，分析项目的市场定位以及客户定位是否准确，营销推广策略是否需要调整，营销推广重心是否需要调整。建立客户档案对客户进行管理，通过调查分析为以后的价格调整、广告传播、事件营销等提供准确可靠的事实依据。

第四，预收部分资金

提前回笼资金，缓解资金压力。

第五，创造宣传推广契机

以相当额度的增值空间及市场前景吸引目标群体提前参与，以互动式信息传递深层渗透。这些都可以为宣传推广提供良好的契机和足够的噱头。

第六，价格摸底

对目标客户进行试探性销售，避免定价时的盲目，为价格制定提供必要的依据，从而实现利益的最大化。

三、认筹活动政策

1. 认筹基本条件

（1）现场客户登记量达到认筹会员卡数量的最少两倍以上（别墅等高端项目和特殊项目除外）。

（2）认筹到解筹时间（达到预售条件）最长不得超过两个月，间隔时间最好在一个月之内。

（3）至少提前一周公开发布认筹信息，并要求电话通知所有客户在正式认筹前，亲临营销中心了解相关认筹政策。

（4）项目基本信息已经确定，如规划方案已经审批通过，户型、面积等已确定。

（5）相关物料准备完毕。

（6）销售人员已经全面掌握认筹相关政策和操作方法。

2. 认筹现场

（1）认筹当天需有银行专职收款员和严格的保卫措施，最好请当地派出所，配备警力，最好配备现场刷卡机。

（2）以现场广播、音乐的形式及时渲染现场认筹气氛。

（3）需对现场以空飘、气球、条幅等形式制造现场气氛，认筹当时和次日最好有演出活动在现场助兴。

（4）工程进度快、形象好，给人热火朝天的景象。

（5）及时报道认筹良好效果。

（6）为关系户预留一定数量的金卡。

3. 优惠措施

认筹的成功，一般都给予购房者比任何时候都优惠的认筹条件。主要表现形式有：几万抵几万、享受一定折扣优惠、给予抽大奖的机会、给予一定额度的等待金等。一般来说VIP购卡可享受的优惠政策包括优先选房和特别现金优惠。

（1）优先选房权

正式销售期间持有此卡者可优先选定房号进行认购。

（2）特别现金优惠

如某卡价值金额人民币2万元，正式销售期间签订《商品房买卖合同》后VIP卡所值金额将自动从总房款中以4万元扣除。

四、认筹预选房号的操作模式

最终的选定房号往往在解筹阶段才能确定，但是为了让客户早日下定，认筹方案制定时，有时也会将预选房号作为VIP卡的权利，如一个卡可以预选三个房号。

1. 认筹选房的本质

对项目充分了解并具有绝对诚意的客户，以充足的房源及相对多的展示促其成交，提高销售率和价格，奠定项目销售的基础。

2. 认筹选房的三大功能

功能1：广告传播

VIP卡对项目的最大价值并不在于诚意客户本身，而在于买卡客户具有传播功能，在卡量达到一定程度便具有了媒体特征。

功能2：蓄水旺场

每个户型单元，都引导、安排意向客户，从而保证相当比例成交，营造高人气。

功能3：客户摸排

通过选房的方式，可以摸清客户的购买实力、动机、意愿程度、产品偏好，最为主要的是可以检验每个户型、单元的市场反应。这样就为后期的销售策略调整提供第一手的情报。

3. 认筹选房的操作思路

如一个VIP卡号可以提前选定三个房号，每人限领1张卡。解筹的时候，采取高考填志愿的方式，按照排队先后顺序，针对某个房号，先排先选，选中就提前公示。未选中的话，针对具体房号排序的客户顺延。

这种方式，操作起来对销控的要求非常高，也很容易出错。所以，在解筹前期就需要非常细致地做好相关工作，做好跟客户的沟通。针对统计情况，提前对客户进行分流、引导。如某个房号已经排了十个购房者，让客户提前了解，造成急切感，引导其向未选定房号倾斜。这样，就为解筹当天奠定了良好的基础。

4. 认筹选房的三种方式

认筹选房实际上是认可客户交纳诚意金，即拥有客户优先购房的资格。由于认筹与后期解筹、开盘息息相关，所以，认筹选房政策的制定还要兼顾开盘的操作方式（表3-1）。

根据开盘方式确定认筹方式的三种操作方法			表3-1
认筹方式	优势	劣势	适用条件及选房方式
不排序认筹	①客户认筹先后对选房没有影响，利于后期客户的认筹；②所有客户认筹都不分先后，对外显示比较公平；③客户认购的筹码没有顺序，竞争对手不易判断客户储备情况	①由于客户认筹不分先后，对前期交筹的忠诚客户不利，可能影响此类客户的购房热情；②客户认筹没有紧迫感，要临近开盘才去交筹，可能造成部分客户流失	①需求＞供应；②摇号、抽签、排队选房（客户到场先后顺序选房）
排序不选房认筹	①筹码有先后顺序，对前期客户交筹有较大的促进；②客户认筹的诚意度较高，有效客户比例较大，开盘现场跳空情况较少	①由于筹码序号靠后的客户选到意向单位的机会不大，后期客户的交筹积极性不大；②客户的实际认筹数量对外透明度较高，若认筹效果不理想则不利于项目市场形象	①供需平衡；②按筹码先后顺序选房
排序选房认筹	①由于筹码与房号相对应，客户有明确的认筹目标，客户认筹积极性较大，诚意度较高；②有条件在认筹阶段对客户需求进行明确引导，对客户进行分流，促进不同户型单位的销售均好性，减轻开盘的销售压力	①房号已被筹码锁定，后来的客户可能由于没有可选房源而放弃认筹；②认筹金可退，若开盘时客户放弃购买，则前期的客户引导就前功尽弃，而且还浪费了房源；③若开盘时认筹客户放弃认购权，新客户现场购买操作比较困难，容易造成客户流失	①高端产品适合，替代性差的项目适合；②需求＜供应；③客户认购筹码所对应的房号：若筹码与房号是多对一的关系，则采取抽签形式确定客户购房顺序

针对排序选房认筹方式，我们这里需要重点强调如下六点：

第一，排序是指客户认购的筹码有顺序编号，并且此编号为客户选房的先后顺序。

第二，排序选房是指客户认购的筹码与意向单位有对应关系。根据对应方式的不同，主要有一对一关系和多对一关系，一对一关系是指筹码与房号一一对应，多对一关系是指有多个筹码与一个房号有对应关系。

第三，在不排序中，要防止部分客户为了中签而交纳多筹的情况发生。

第四，要避免开盘现场由于有效客户偏少、出现冷场的不利局面，具体操作时可采用控制客户认筹数量（一般在1~2个）及实名制进行规避。

第五，在排序选房中，要注意防止操作不当引起客户流失。

第六，此方式比较适用于个性化需求较高的高端项目，对于销售集中化程度偏高的中端项目要谨慎使用。

房地产项目入市与开盘

五、认筹的实战案例运用

运用1：如何跳出墨守成规的策划思维

某多层项目马上就要开始推广，总房源不足200套，之前积累有两千多组客户，已经积累了快半年。策划人员推出有两种认筹方式：

一种是推广三周的时间，然后售卡认筹，售卡不分先后，一周后解筹。选第一种方式，策划人员担心客户压力太大，熬不住转向其他项目，因为周边有不少多层项目近期都要开盘。

另一种是推广一周后开始卖卡，售卡不分先后，预选三套房源，三周后开盘解筹。选第二种方式，策划人员担心销售前景，那么针对两种方式，我们该如何抉择呢？

面对这个真实的案例，让我们首先想到的不是选择哪种认筹方式的问题，而是会马上质疑为什么积累这么多客户，还要等推广完毕才认筹？是的，我们看到这种案例，马上就会意识到问题的存在，但实战中，我们为什么又总会出现这种问题？

这一切都源于策划思维的墨守成规。

单就认筹的方式来看，如此多的客源为什么一定要先推广后再收筹？这显然是策划人员固守策划教条主义所致。事实上，完全没必要等到蓄2000客户开始认筹，推广不是认筹的必要步骤，而是认筹的辅助手段。当客户已经积累足够充分，完全可以一边推广一边立即组织老客源认购、解筹，甚至某些特殊时期解筹还可以走在推广前面，毕竟拥有充分客户资源保证。

单就这个项目来说，我们该如何处理呢？

首先，不到两百多套房子，积累了2000多个客户，这个比例已经很高。但是，存在的问题是由于积累快半年，能回笼的会很少。而且客户一看前面买卡的人这么多，选上房子的可能性小，积极性没了，会缺乏促动作用。所以，首先还是要对全部积累的客户进行摸底，这里面到底有多少真实客户，他们的购买意向如何。如果依然有超过2：1以上的意向客户，就可以完全提早进行认筹。

然后，直接对老客户进行回访，进行售卡，排号不排序，推广同时进行，根据VIP卡销售数量来决定开盘时间，两百套房子，收400张左右的卡就OK，怕风险过大就500张。不预选房源，摇号确定。这种方式的好处是速度较快，避免现场混乱，投入资金小，防止客户在这期间选择其他项目。但是，也可能导致客户流失过多，卡销售状况不好。

这里，我们需要强调的是：认筹过程中总有部分客户流失。销售回款才是王道，考虑得再细没有成交量等于前期工作白做。

运用2：客户想提早认购，但是房管局检查如何操作

有些项目操盘人可能确实严格遵守相关规定，在预售许可证未取得之前，不提前收诚意金。但是，这会出现两个问题：

一是有些客户担心开盘的时候选房，买不到房，想提早认筹。如果不实行，这部分优质客户流失将会非常可惜；

另一方面，如果收钱，又会面临当地房管部门的随时检查，一旦发现会受到严重的处罚。

这两个看似矛盾的问题，如何解决呢？

其实这个问题，非常普遍，大家也都找到了相关策略。无论出现什么情况，客户愿意出钱认购肯定是好事，这种积极性不能打消，但要讲究策略。

如果房管局查的确是严格，那么我们就尊重他们，不破坏与主管部门的关系。

但是，要想留住客户，可以采用我们前面已经说的那些方式，如办银行存折等，让客户拿出诚信，暂时把钱存到客户也能接受的第三方银行，而存折抵押在售楼处。答应开盘时给予优惠，不买房可拿走存折。这种方式，可以最大限度减少购房者顾虑，也等于变相地获得诚意金。

除此之外，还要做好与客户的粘性工作，如经常性地发发短信、组织一些活动等，把客户紧紧抓在手中。

运用3：认筹阶段无价格怎么收定金

认筹阶段无价格的情况不在少数，所以我们总是会面临这样的问题。客户说，你们价格都没有，怎么收我们诚意金啊？针对这样的问题，我们该如何组织说辞说服购房者呢？

第一，首先要让销售人员对项目充满信心，明确地告诉客户，认筹阶段没有价格很正常。但说辞上要讲究技巧，善于引导，强调认筹的优势，制造房源紧张气氛。

第二，告诉客户，如不收取诚意金，到时候大家一窝蜂地抢购，没办法控制。交诚意金实际上是客户给自己买了一个有限购买权。如果等开盘价格出来，即使有钱也买不到想要的房子，好的房子早被人家预定。

第三，告诉客户，诚意金是可以退的，有完整的退还政策，打消他们的顾虑。

第四，利益诱惑。如您确实看中了我们的房子，交了诚意金可以获得额外折扣。如采用"点点金"形式，告诉客户现在交5万元到开盘前每天可以赚100元，如果是三个月后开盘就等于是存5万送1万。

第五，如果客户始终对价格不放心，担心涨价，那么就给出一个价格区间。把预期的

房地产项目入市与开盘

价格说高点。这样等开盘之后,价格低于原来的报价,客户心理能接受。同时,高报价格,客户仍然愿意支付认筹金,说明他能接受这个价格范围,也能进一步检验客户的购买意向。

运用4:认筹当天推出一款还是两款VIP卡?

在操作项目过程当中,策划人员始终对客户的购买意向无法做出抉择。于是,有人就想到在认筹当天同时推出两款VIP卡,两款卡有价格差和优惠差,按前来认筹的先后顺序进行排序。这种做法可以在同一时间对客户进行不同层次的提纯,另外还可以刺激消费者购买价格较贵的VIP认筹卡,迅速锁定更多的意向客户。那么这种想法是否具有可行性呢?

我们先思考下,采用两款VIP卡会带来哪些困扰。

首先,由于都是提纯的目的,两种方式无法检验提纯的效果,因为诚意金都是可以退的,由于趋利的原因,大部分客户都会选择优惠多的卡。

其次,业务员介绍两种VIP卡显得比较繁琐,影响效率。客户购卡后可能会产生换卡的想法。虽然通过客户选卡的过程可了解客户的购房实力,但增加了后续销售人员的工作量和解释难度。

还有,容易引起一些意向客户的反感,会流失一部分游离客户。因为本身认筹就是一个准意向客户向购房转化的一个过程,没必要再分等级。

再有,开盘当天容易混乱,过程太过复杂,执行力较差。

最后,对价格折扣不好把握。

这五个问题会造成同一时间不同卡认筹的困扰。但是,如果我们确实想通过这种方式提纯,那么我们该如何操作,才避免造成这些影响呢?

第一,必须要通过购卡作为区分客户的手段,两种VIP卡必须有较大差异,最好没有可比性,且每种卡的针对性要很强。如按套型、面积划分不同购卡种类,享受不同的优惠。

第二,如果外部环境非常好,制定不同的退定政策。可退定的开盘当天选房,不可退定的交钱就选房。但是,这个需要很强的沟通技巧,并设计得非常隐蔽。

第三,分开认筹,第一次认筹可以考虑优惠幅度大一点,第二次则幅度小一点,第一次认筹和第二次认筹的周期在2个月左右。

第四,贵一点的VIP可以直接让客户锁定部分房源。为了不使开盘当天缺少人气,可以弄个冷餐会,款待贵宾客户,提升客户尊贵感觉。便宜些的VIP作为摇号选房客户,少交订金,如果没选上房,可以退定金。

实际上,无论是一种卡还是两种卡,市场上都有成功操作的范例。我们在选用的时候,还是需要结合上面提到几点措施及项目自身特点综合考虑。

运用5：是一次认筹还是多次认筹？

同样的问题，我们总是担心客户的意向不明。虽然积累了相比房源好几倍的客户，但是，最终有多少人会认筹呢？心里没有底。这个时候，就引出一个问题，我们是一次认筹还是多次认筹呢？

其实，我们可以针对客户群，进行两次以上认筹，如上午一次，下午一次。上午认筹的优惠多，下午认筹的优惠少。并让销售人员准确地向消费者传递认筹政策，这样可以有效挤压客户，给客户造成不提早下定，就会损失更多优惠的印象，从而达到提纯的目的。

同时，还有一种办法就是，先发普通的认筹卡，临近开盘前一段时间再将普通卡升级为尊贵卡，升级的条件可以自己设定。这样有利于对高诚意的客户情况进行一次摸排，预估开盘效果，也好根据开盘与评估之间的差距进行价格策略的调整。

运用6：大客户如何分流

某项目已临近开盘，VIP卡也即将发完。VIP卡的作用：开盘可享受抵款、折扣、相对优先选房权利；另外，购一张VIP卡可选购多套户型，VIP卡已发展到第三批，优惠还是和前两批一样，只是要等前两批选完房后再认购。

现在购买第三批VIP卡的大客户（需要整层或半层），如何让他们排到前面去选房，但又不会影响其他散户（需要1套或2套）的情绪呢？

一般来说，大客户主要有两大作用（图3-2）。

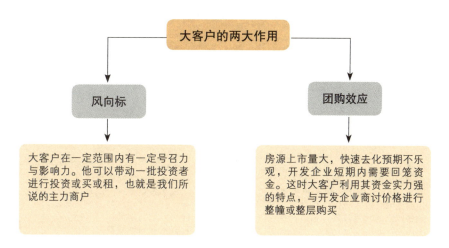

图3-2　大客户的两大作用

针对这种大客户，我们该采用何种策略呢？

房地产项目入市与开盘

一般来说，这个问题在制定开盘方案的时候就应与销控策略一同考虑好。如发放VIP卡时，根据推售量一定比例的VIP卡留作大客户或关系户使用。同时，减少推盘量，如减少某几个楼层的推盘。但是，有两个前提：第一是大客户的折扣已谈定，并签订合同；第二是大客户所选房源为非优质房源。

六、不认筹解套策略剖析

取消认筹与认购的销售环节之后，销售可控制的环节缩短，即在客户交纳购房定金到签约的这个过程环节扣紧。这一政策已经在各地正被严格执行。我们先假设这个政策得到全面严格的执行，在这种情况下，我们还有没有办法呢？

其实，这个时候，就需要让我们重新回到营销的本质上来，通过曲线救国的方式规避政策。如做好前期的产品定位和市场定位，做好项目的前期市场预热，做好项目的形象包装，制定合理的价格策略，制定完整的、合理的销售策略。

但是，面对如下六个具体问题我们该如何着手应对呢？

解剖1：不认筹，如何启动客户积累？

不认筹，如何在项目正式销售之前启动客户积累？那么我们就采取两种办法（图3-3）。

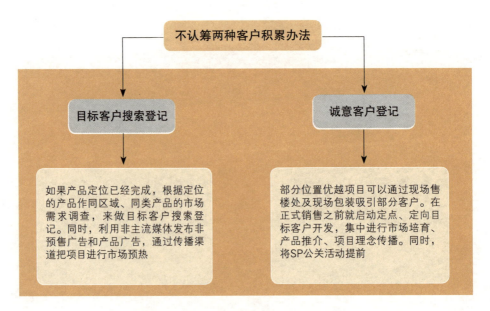

图3-3　不认筹两种客户积累办法

不认筹，采用这两种方式，我们依然能在前期蓄积不少客户资源。

解剖2：不收钱，如何检验客户诚意度？

收钱并不是检验客户诚意的唯一方式。如果不让收钱，那么我们可以提前启动一个基金计划，或者设计一个实物消费券，或者其他方式来蓄积客户资源。在客户最后实际购房后，全额返还，并支付相应利息。当然，我们还可以弄个网上购房预约登记，要求客户详细填写个人资料，需求房源等各种所需信息，按照登记先后，在实际开卖时享受优先购房权。

其实方法还有很多很多，最为主要的还是摸清客户的心理，并针对其心理制定合适的营销政策，从而挑选出有诚意的意向客户。

解剖3：不认筹，如何防止有效客户流失？

客户流失都属于正常现象，有的是客户自身原因，有的是项目本身的原因。因此，我们要做的就是针对这些问题，制定一些具有黏性的营销措施，和客户保持紧密沟通，把客户紧紧拽在自己手中。如采用"日日金"计划，或者根据等级时间长短，给出不同的实际购房优惠。

解剖4：不能发布产品销售广告，该怎么办？

不让发布商品房预售广告，并不一定是坏事，反过来想，至少首先我们节省了一批广告费。但是，我们要想打广告，那么该如何操作呢？其实，我们可以做形象广告或软文炒作。利用打擦边球方式，不发布产品形态、户型结构、园林风格等内容，而是做产品咨询、平面宣传物料展示等。

解剖5：不认筹，如何进行产品传播及价格试探？

有目的使用市场调查问卷，通过网络传媒的资料收集和登记，这些都可以进行产品传播和价格试探。并不一定非要认筹才能进行产品传播和价格试探。

解剖6：不认筹，如何保证项目入市前的持续热度？

不认筹，如何保证项目入市前的持续热度？那就需要我们制定更合理的媒体计划和媒体分布策略，采用更合理的传播重心诉求分布，重点把握推广时机。根据推广时间，调整推广的节奏和重心，我们同样能赢得开盘的超高人气。

七、变了味的认筹

认筹是来源于香港的一种房地产营销手段。本身这种营销措施,对于购买双方都是具有积极的意义。但是,认筹却在使用过程中越来越多地剑指偏方,成为一种炒作或欺骗行为。

认筹开始逐步偏离营销本质,发展成为一种欺骗客户的手段,导致购买双方的关系急剧恶化,国家也三令五申地制定各种政策加以整治。

为什么一个好好的营销手段会变质呢?现在的认筹手段究竟在哪些方面变质呢?

图3-4 认筹导致的三种劣行

第一种:设计优惠吸引购房——认筹设下"排队陷阱"

客户交了认筹费去排号,而且所排的号数也较前,最后却没买到想要的房子,这种认筹方式让消费者产生了极大的怨恨。这也为认筹营销留下了诸多污点。

因为认筹所形成的"排号费"不等同于定金。认筹对开发商没有任何法律约束力,只是购房者对售楼方做出的单方面购买承诺。如果开发商将预售的房屋卖给了第三方,或随意提高房价,开发商不承担违约责任。除了将认筹排号费返还购房者外,不用支付违约金或双倍赔偿,它不是履约的保证。

基于上述原因,所以我们在制定营销策略的时候,往往只站在自己角度想,100套房,排1000号,或者直接针对一套房,排10个以上客户。这种销售控制上的失误,很容易造就开盘大多数客户排队买不到房。

认筹本来对消费者和开发商都是一种互赢的营销手段,为什么在实际操作过程中会变质呢?归根结底,还是由于整个认筹政策的制定缺乏合理的规划以及对利益的短视行为。将本是对双方有利的营销模式变成了一种互相埋怨的对抗。

第二种：变相"无息集资"——开发商无偿占用认筹金

按照目前开发商的普遍做法，认筹金少则三五千，多则一两万，购房者以现金方式支付，由开发商出具收据，开发商占用认筹资金少则几百万元，多则几千万元，规避了国家财务制度对企业流动资金数额的约束。因此，招来社会的阵阵声讨。

而就在这种社会氛围中，有些开发商认筹诚意金的认筹额度却越来越大，甚至将其作为回款的理所正当的方式。其实，这完全是一种短视的方式。我们可以算算，即使全部客户都收诚意金，依然是无法收回成本的，反而容易戴上"奸商"的帽子，失去客户的信任而影响销售。这一得一失，到底怎样做才对自己更有利呢？

既然是诚意金，我们就当作其仅仅是表诚意的象征，而不能当作回款的手段。如果开发商自身实力充沛，完全可以向客户说明利息的处理方式，如直接返回给客户，或者当作慈善使用，或者用于小区的后续建设。或者直接告诉客户，所有的诚意金都可以想退就退，这样反而容易赢得客户的信任。

我们要真正站在客户角度，切实为客户着想，给予客户更多的尊重和考虑，这样才能有助企业树立形象和项目信心。

第三种：认筹助推炒房——制造"热销"抬高房价

从市场销售状况看，尽管自用或投资出租占了多数，但仍有相当一部分认筹是出于炒房目的。一些认筹者不仅"一盘多认"，甚至"多盘多认"，只要是新盘，通过关系先占个号，就有望从中获利。加上市场上部分房地产开发商、中介商也参与了楼盘炒作，从而造成一些楼盘认筹排长队、现场非常热销的假象，这些与开发商、中介商的推介、宣传、暗示有一定关系。这样势必造成相当一部分不明情况的消费者心里恐慌、头脑发热、跟风买房。

开发商发现认筹客户多、排号购买踊跃，就会适当提高房价，把房子按提价后的价格卖出去。而对于原先排号的那些购房者则采取退还排号费的方式，取消其优先选房、购房，享受优惠价格的资格。

保持房价上涨趋势无可厚非，但是，如果开发商自己也参与到炒房行列，不履行对客户的价格承诺，不切实际的盲目抬高房价，会给自己的产品和品牌带来严重的负面影响。最终的结果就是搬起石头砸自己的脚。

房地产项目入市与开盘

案例 3　住宅、商业综合项目的认筹策略
——XC项目前期认筹策略

一、XC项目认筹方式探讨

XC项目1号地块住宅与商业总体数量较大，前期认筹政策的制定直接影响着项目整体销售，所以一定要慎重考虑前期认筹策略，避免在未来整体销售中存在隐患，尤其是在当前房地产形势动荡的时期。

目前淮南西部地区在前期认筹阶段吸纳资金的项目仅有金宇地产的项目，此项目案例对XC项目前期认筹策略提供了一些参考。

1. 案例借鉴——金宇良园项目

（1）项目档案

地理位置：谢家集区人民商场对面、谢二西村。

住宅体量：2栋12层中高层、约100多户。

商业体量：2层连体底商、约70多间商铺。

销售价格：住宅：2900~3000元/m^2；商业1.2万~1.3万元/m^2。

销售情况：住宅仅剩111m^2以上的，商业已销售完一栋，另一栋刚推出。

销售策略：住宅10万定金、商业30万定金（最低15万，可与销售经理谈）。定金不退，5、6月份签订合同，下年初入伙。

（2）营销模式分析

1）具有一定的风险性。本项目之前，项目附近的家乐福项目就进行了一段时间的高定金认筹活动，认筹效果一般，同时传出可能被政府相关部门调查的风声。

2）总量较小，并且地理位置容易被投资群体认可，所以其采用此种认筹方式取得了一定效果，比如其中一栋商业已经全部定出。

3）直接销售，直接选定铺位，是开盘后的销售形式，并非实质意义上的"吸筹"。

2. 结合项目自身分析

XC项目1号地块体量大，并未进入销售阶段，所以，这个时候需根据实际情况做"吸筹"。采用的吸筹政策把握"定金数额小、仅能有提前选择商铺的机会、部分房价优惠、开盘后可以退款"四大原则。根据这四个原则制定的认筹政策如下：

> 定金数额：住宅30000元、商业50000元
> 承诺优惠：提前选房、购房优惠
> 操作要点：以限时、限量发行"钻石卡"的形式，在开盘后如未选中房可退订

（1）钻石卡的认卡数量和时间需要设有限制，并在开盘后如果客户未选中房则可以退订（一般为一周时间），避免在此过程中出现不必要的纠纷，影响整个项目全局销售策略的执行。

（2）与此方式同时进行的是普通认筹制度，即在指定银行存款，办理VIP卡参加解筹选房，普通认筹制度下的优惠政策相对较少。

（3）在未拿到预售许可证时进行"限时退定金"的销售模式确实存在一定政策上的风险，因此为避免更大损失，原则上不退定金，但根据实际情况，确定是否针对个别情况退还定金。

（4）根据市场的不同反应，分阶段、分批解筹，基本原则是吸筹量与销售房源量比例为1：2以上，最佳状态是1：3。

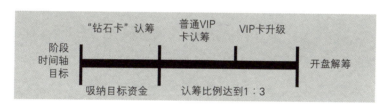

图3-5　总体认筹阶段时间表示意图

3. "钻石卡"认筹与普通VIP卡认筹优惠

钻石卡：享有其他优惠外2个点的优惠。

VIP卡：享有其他优惠外1个点的优惠。

常规销售策略下，会根据不同的付款方式等分别给予客户不同的优惠点数。

4. 1号地块认筹区域说明

住宅、临街商业提前公开认筹；"电子城"暂时不做认筹，具体认筹及销售时间根据市场情况另行制定。

房地产项目入市与开盘

5. 1号地块认筹阶段回收资金预计

根据实际情况：钻石卡住宅限量300个、商业限量50个。那么，认筹阶段回收资金为300×30000+50×50000=1150万。

二、区间价格的制定

认筹阶段的区间价格并不是物业的实际销售价格，区间价主要是根据市场基本情况制定出来的一种价格，用以试探市场反应，从而做出最贴近于市场的价格作为销售价格。与其相对应的是实际销售价格。

1. 项目区间价格制定原则分析

（1）略高于同期同区在售物业价格

因为本项目是淮南西部地区目前唯一的商业中心项目，无论住宅还是商业的基本价值都高于其他在售物业，但是目前整体房地产市场形势尚不明朗，本着谨慎、具有可调整性的态度，区间价格不宜过高。

（2）分类进行定价

因为本项目商业具有体量大、形式多样的特点，从而其价格也存在较多情况。所以，为了以后在确定实际销售价格时具有较大弹性空间，更准确的试探市场接受能力，需要将不同情况商业分为不同类定价区间。但是住宅可以根据市场反应情况适度调整。

2. 区间价格的制定

（1）住宅区间价格

西部在售楼盘价格列表　　表3-2

楼盘名称	产品类型	价格区间	均价
西都绿洲	多层、中高层	多层：2300~2800元/m² 中高层：2350~2800元/m²	多层：2550元/m² 中高层：2575元/m²
锦绣康城	全多层	2435~2935元/m²	2635元/m²
金宇良园	中高层	/	2900~3000元/m²

根据目前西部市场情况,预计项目多层区间价初步定为2700元/m²,高层、中高层区间价初步定为2800元/m²。

(2)商业区间价格

在售商业项目价格列表 表3-3

楼盘名称	产品类型	价格区间	均价
家乐福时代广场	街铺、内铺	—	−1层:1.5万~1.8万元/m² 1层:街铺(7万~8万元/m²)、内铺(3.3万元/m²) 3层:1.3万~2.4万元/m² 4层:1.3万~2.4万元/m²
谢家集在售楼盘较少,所以按照街区经营估计	街铺	—	谢二东村:1.2万~1.5万元/m² 香港街:1.4万~1.8万元/m² 蔡新路:1.6万~2万元/m²
西部金宇良园	1~2层连体底商	—	1.2万~1.3万元/m²

根据市场情况,初步预计区间价为一层1.2万元/m²~2万元/m²,二层7000元/m²。其中,一层大致分为3个档次:位置较差的1.2万元/m²~1.5万元/m²;位置一般的,主力铺型1.5万元/m²~1.8万元/m²;位置较好的1.8万元/m²~2万元/m²。

说明:以上区间价仅为认筹初期市场反应探试,非最终价格,具体价格结合一定时期的市场反应做出最终的价格评估。

3. 客户传达

主要通过广告宣传推广、售楼处现场包装、电话通知登记客户等。

三、前期认筹必备条件

1. 工程工期

根据工程工期初步确定开盘、签合同等日期。

2. 售楼处初步装修

根据项目体量、性质等特点,具有影响力的售楼处是必备的,但是由于认筹时间可能要先于完善的售楼处,所以需要把现有售楼处进行初步装修。

3. 销售人员到位

根据项目进展情况决定售楼人员的数量，在认筹初期至少应保证2名销售人员。

4. 项目认筹平面图

在认筹阶段，作为认筹的必备资料之一就是项目各类待售物业平面图，包括1号地块住宅各栋标准层平面图、商业平面图。

5. 其他

开发商财务、办公室、保安等人员到位，部分销售推广资料的印制。

四、认筹流程、细则及相关文本

1. 申请表格

淮南XC项目认购会员卡申请表格

申请人必须认真完整填写申请表格。填写申请表格时，除文字部分外，在选项前的 □ 内打对号，并对其他资料尽可能填写。我们十分感谢您的信任，您所填写的资料将完全保密。

会员基本资料：

个人/公司名称：

联系人姓名：_____ 性别：□男□女 身份证号码：_____

联系人通信地址：_____ 邮政编码：_____

联系电话：_____ 移动电话：_____ 传真：_____

电子邮件：_____

公司性质：□国营 □私营 □个体经营 □合资 □其他

申请会员卡类型：□钻石卡 □VIP卡

登记号：_____

签署：

本人声明以上各项填报资料均属事实、正确及完整。

申请人签章： 日期：_____年____月____日

2. 申请须知

淮南XC项目一期认购会员卡申请须知

一、申请方式

1.申请时间：从____年__月__日起，至淮南XC项目一期公开选房之日止。

2.申请类别及程序：淮南XC项目一期设有钻石卡和VIP卡两种类型。

申请钻石卡：申请人需在申请日交纳订金（住宅3万、商业5万），申请人可获得申请确认单，办理钻石卡登记，领取钻石卡及享有相关权益；

申请VIP卡：申请人凭指定银行存折（存款余额在10万元人民币以上）及本人身份证原件到淮南XC项目销售处填办入会申请，经审核确认后，申请人可获得申请确认单，随后在开发商指定时间内，参加会员确认活动，及享有相关权益。

3.办理VIP指定银行为_____（开发商确认）。

二、认购会员卡有效期

会员卡的有效期至会员公开选铺日止。

三、会员卡可享有的特殊权益

1.钻石卡会员

（1）可于该项目正式发售当日经抽签确认获得优先选房资格（第一轮选房）；

（2）所有成功办理钻石卡的客户凭会员卡在指定的公开选铺日成功选铺，并签订《认购协议书》，可享受付款方式优惠折扣以外的2%的折扣优惠；

（3）优先获取XC项目相关最新资料；

（4）优先参加XC项目的各类公开活动并可优先获取现场礼品；

（5）享有XC项目信息优先知情权；

（6）选铺日结束，会员卡的权益自动失效。

2.VIP卡会员

（1）可于该项目正式发售当日获得第二轮抽签排序选房资格；

（2）所有成功办理钻石卡的客户凭会员卡在指定的公开选铺日成功选铺，并签订《认购协议书》，可享受付款方式优惠折扣以外的1%折扣优惠；

（3）优先获取XC项目相关最新资料；

（4）优先参加XC项目的各类公开活动并可优先获取现场礼品；

（5）享有XC项目信息优先知情权；

（6）选铺日结束，会员卡的权益自动失效。

四、关于会员确认活动

会员确认活动是对前期申请登记的VIP会员的一个确认程序。只有参加确认活动并获取VIP会员卡的客户，才真正成为VIP会员，并有资格参加项目公开选房活动。钻石卡客户无需确认，直接具有参加公开选房活动的权利。

五、其他注意事项

1.若客户未在淮南KC房地产开发有限公司规定的时间内选中房并签订《认购协议》，则视为自动放弃优先选房权，期间相应优惠随之取消，如客户日后购买，则以当时销售价格为准，价格及优惠更改恕不另行通知。

2.客户在公开选房日之前，持所申办的会员卡到XC项目销售处办理退卡，视为自愿放弃一切会员权益。

3.选房日过后，会员卡当即作废，会员相关的所有权益自动失效。

4.钻石卡、VIP卡均为XC项目客户的权益卡，在领取时需在卡后签署本人姓名，一经申请确认不得更名转让或减名，但可增名，如个人转为法人则不限；本卡只限申请人本人使用，使用本卡同时出示相关身份证明（如身份证）。

5.每个客户只能申请一张钻石卡或VIP卡（住宅和商业分别统计），每张会员卡最多只能购买两个单位（住宅和商业分别统计）。

6.开发商会按照申请人在申请会员卡过程中所填的个人资料，以报纸告知或电话通知等方式通知会员卡客户参加后续相关活动的具体事宜。由于申请人个人原因错过会员确认或公开选房时间，责任由申请人自行承担。

7.本卡如有遗失，请第一时间携本人身份证原件到XC项目销售处挂失并补办，否则造成的一切损失由申请人承担。

8.若对本卡使用有任何疑问，请致电淮南XC项目或光临现场向工作人员垂询。

9.本卡的最终解释权归淮南KC房地产开发有限公司所有。

3.申请流程

图3-6　XC项目会员卡申请流程

案例 4　两种VIP卡的认筹执行策略
——XBM公寓一期认筹方案

一、认筹目的

认筹是本项目积累客户的重要手段，以优惠措施及相当的权益，保证认筹的数量，尽早地吸引竞争对手的客户，达到截留目的。同时，借势营造现场销售氛围，进一步接收客户反馈信息。当然，还能为项目快速进入销售期，减少后期压力。

二、认筹时间

2006年4月26日正式开始，所有准备工作4月24日全部完成。

三、优惠及权益

1.VIP金卡。认购金额为3000元，面向一期房源所有客户，享受相应的购房优惠（VIP金卡可以抵用人民币5000元）和项目活动的免费参与权。

2.VIP钻石卡（分批）。第一批认购金额30000元，第二批认购金额50000元，根据VIP会员的积累情况对VIP会员分两批升级成VIP钻石卡，并按照升级次序来确定选房顺序，升级当天选房的客户将享有2%的优惠。同时，VIP金卡停止办理。

3.如第一批升级客户没有选到满意的房号，其可以选择等待第二批升级或放弃，等待的同时除了可以享受第二批开盘当天选房时的优惠外，还享受额外的优惠。

四、物料的准备及制作单位

销售培训资料由开发商统一制作，并给予置业顾问详细讲解。VIP卡由广告公司设计，开发商统一制作。认购申请书和认购须知由策划代理公司提供内容，广告公司设计，开发商统一制作。

房地产项目入市与开盘

物料准备及制作完成时间表   表3-4

事项	数量	到位要求
销售培训资料	—	4月22日
VIP卡	钻石卡450张、金卡1000张	4月24日
认购申请书	1000份	4月24日
认购须知	1000份	4月24日

五、销售统一说辞

让客户选择一期的好处：

1.虽然我们开盘是一期的产品，但是无论产品在小区的位置还是户型，都是比较好的，并且价格肯定是最便宜的。

2.时间有限制，早交早享受优惠，并且我们的金卡数量有限，是限量版的。

3.在认购金卡的时候，不要告诉钻石卡的认购时间和认购方式，可以简单告知钻石卡的权益，优惠会更多，并且具有优先选房权；在促进客户认购金卡的时候，切记不要硬逼，让他觉得我们的产品会很便宜，一定让客户充分的了解产品后再认购，认购不是目的，关键是最后成交。

4.升级钻石卡的时候，一定要提前告知所有客户，确认他是否升级，尽量将客户约在同一天过来进行升级，利用现场的人气，促进金卡升级为钻石卡。

5.选房的时候一定要让客户有多个选择，做好买不到第一需求房源的准备方案。

6.第一次来的客户，不问就不提金卡，不要让他有心理不平衡，不在优惠多少，关键在于买到自己喜欢的房子，钻石卡具备的优惠还是有的，优先选房权也是具备的。

六、认筹流程

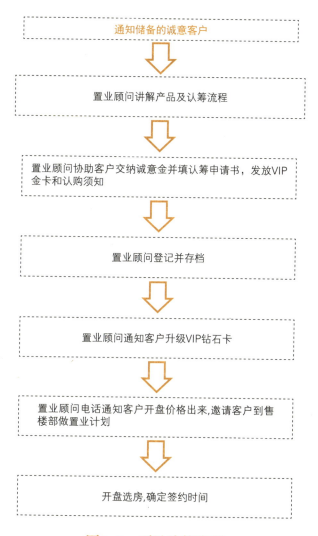

图3-7 项目认筹流程

房地产项目入市与开盘

附件1 XBM公寓一期VIP购房钻石卡、金卡申请表

杭州XBM房地产开发有限公司：

本人已经详细阅读了《XBM公寓一期VIP购房金卡申请须知》，并接受所有条款，自愿交纳人民币3000元作为诚意金，申请办理贵公司发行的VIP购房金卡。

一、客户基本资料

1. 您的姓名： 您的性别：□男 □女

2. 您的出生日期： 年 月 日

3. 您的联系电话： （手机） （住宅）

4. 您的居住区域：

5. 您的工作区域： 您的工作单位：

6. 您的家庭成员：

7. 您了解楼盘方式： □都市快报 □萧山日报 □其他报纸 □广告牌 □短信 □电台 □DM直邮 □朋友介绍 □路过 □其他

二、客户需求内容

8. 购买住宅的客户填写：

用途：□自住 □投资 □给亲戚朋友住 □其他

置业次数：□一次置业 □二次置业 □二次置业以上

意向楼栋：□T1 □T2 □T3 □T4 □T5 □T6

户型：□二房二厅一卫 □二房两厅二卫 □三房二厅二卫 □四房二厅二卫 □复式

面积：□90~100m² □100~120m² □130~140m² □160~170m² □170m²以上

楼层：□5层以下 □6层~10层 □11层~20层 □21层~33层

总价：□40万元以下 □41万~45万元 □46万~50万元 □51万~55万元 □56万~60万元 □61万~70万元 □70万元以上

VIP卡号：

申请人：

申请日期：

附件2 XBM公寓一期1批认购须知

XBM公寓一期1批认购细则如下：

一、认购方式

1. 客户交纳3000元诚意金即可获得XBM公寓一期VIP金卡，该卡可享有杭州XBM房地产开发有限公司制定的相关权益及优惠（VIP金卡可以抵用人民币5000元）。

2. 客户在规定的时间内补足30000元诚意金可将XBM公寓一期VIP金卡升级为针对特定房源的XBM公寓VIP钻石卡，该卡可按照升级次序来确定选房顺序，开盘凭钻石卡购房的客户将享有总房款2%的优惠和杭州XBM房地产开发有限公司制定的相关权益。

二、选房顺序安排

1. VIP金卡序号不作为选房顺序，但是可以享受杭州XBM房地产开发有限公司制定的相关权益及优惠；

2. VIP钻石卡序号可以作为选房顺序，并且享受开盘当日杭州XBM房地产开发有限公司制定的相关权益及优惠；

3. 开盘当天客户按照所持VIP钻石卡序号的顺序进行选房，每5人一组进入选房区域，每人选房时间最长为2分钟，若轮到卡号的顺序而持卡人不在现场，主持人宣布3次未到即为作废，不再享有优先选房的权益。

4. 开盘当日VIP卡客户选完房之后其他未认购VIP卡的客户才能选房。

三、开盘时间

一期每批项目开盘时间以电话通知或XBM公寓项目在媒体公示日期为准。

四、优惠权益

1. VIP卡客户享有杭州XBM房地产开发有限公司制定的相关的优惠权益，购房优惠在VIP权益卡登记有效。

2. 客户凭身份证认购VIP卡，每张身份证限购一张，一张VIP卡限购一套单位。

五、其他

1. 未选房的客户可以办理退卡或者选择等待第二批VIP卡升级；

2. 选择退卡的客户，之前缴纳的诚意金全额退还，不计利息，退款时间在开盘一周后开始办理；

3. 选择等待第二批VIP卡升级的客户在等待的同时除了可以享受第二批开盘当天选房时的优惠外，还会有额外的优惠。

房地产项目入市与开盘

本次认购活动本着公开、公平、公正的原则进行,最终解释权归杭州XBM房地产开发有限公司。

杭州XBM房地产开发有限公司

年　月　日

附件3　XBM公寓一期1批认购须知图示

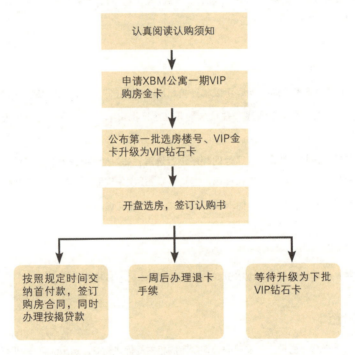

图3-8　XBM公寓一期1批认购须知

案例 5 两种VIP卡的认筹执行策略
——YS·东方明珠上市认筹蓄客执行方案

一、市场背景

1.随着利好政策一步步放开,逐渐增强了开发商和消费者对市场的信心,缓解市场观望气氛,刚性需求同时也在慢慢被激活。

2.本地市场一改往日的冷淡,各大楼盘争相面市,市场放量加大。

3.受资金压力的影响,各推出楼盘,大打价格战,降价已成为各楼盘主要的营销手法。但并不是降价就能促进销售,从各推出楼盘的销售情况来看,好的品质加上适当的价格才是成功的关键。

4.本项目竞争对手相继开盘,市场容量有限,在价格优势较弱的前提下,如何通过有效的蓄客策略,提前抢占客户,消化、稳住意向客户,争夺有效客源,将是本项目销售和有序运作的关键。

二、本项目营销目标

一期总体蓄客目标:到开盘前蓄客300组(VIP客户)。蓄客目标阶段分解:

1. 蓄客第一阶段

2008年12月15日~2009年1月20日(春节前),蓄积VIP客户60组。

2. 蓄客第二阶段

2009年1月21日~2009年2月10日(春节假期),蓄积VIP客户20组。

3. 蓄客第三阶段

2009年2月11日~2009年3月31日,蓄积VIP客户100组。

4. 蓄客第四阶段

2009年4月1日~2009年4月30日（开盘前期），蓄积VIP客户120组。

三、营销节奏安排

根据当前工程节点，开盘前项目营销推广节点调整如图3-9所示。

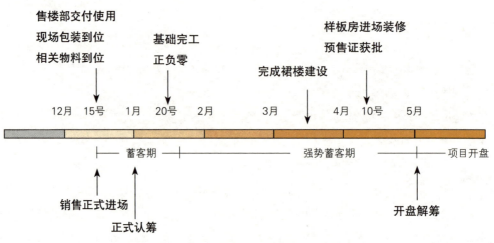

图3-9　营销节奏安排示意图

四、蓄客策略

1. 认筹时间

2008年12月15日。

2. 蓄客的策略

项目的竞争对手楼盘都争相面市，市场竞争加剧，有效的客户争夺战激烈。本项目作为即将上市的楼盘，市场认同度还较低，且其他竞争楼盘都直接采用价格作为营销手段，所以要想达到项目一定的蓄客量，保证项目的有序销售，除了要快速拔高项目形象外，还要制定一系列的针对目标客群的吸筹措施。

3. 蓄客策略具体操作方式

前期积累客户分为钻石卡客户和金卡客户两类：

（1）钻石卡客户为一类客户

办理条件：交纳3万元认筹金或者交纳1万元认筹金后介绍2位以上（包含2位）客户认筹成为金卡以上客户；享受3万抵5万或者1万抵2万的购房优惠，并按照卡号顺序优先获得项目解筹选房时的优先选房权。

（2）金卡客户为二类客户

办理条件：交纳1万元认筹金成为金卡客户；享受1万抵2万的购房优惠，并按照卡号顺序获得项目解筹选房时的选房权，但需排在钻石卡客户集中选房之后。

（3）金卡客户升级

升级条件：原定金卡客户（交纳1万元认筹金的客户）通过如图3-10所示的方式升级为钻石卡客户：介绍2位以上（包含2位）客户认筹成为金卡以上客户并申请升级为钻石卡客户获得批准后，换发钻石卡，享受1万抵2.5万（增加5000元优惠额）的购房优惠并享受先于金卡客户群体，按照钻石卡客户序号的优先选房权。

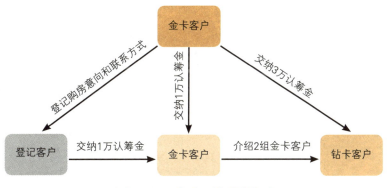

图3-10　客户晋级图演示

五、VIP卡发放安排

1. 公司关系客户：1~50号卡。
2. 项目VIP卡信息在广告发布后至51~500号卡。

六、诚意认筹活动期间跟进工作

1. 认筹期间，根据认筹客户的基本购房意向，置业顾问向其有针对性推荐3~4套房（不给客户确定具体房号及单价），以备开盘当天客户选择。

2. 认筹期间，销售部将每天认筹情况录入电脑，便于认筹结束后迅速汇总分析，以对正式开盘推出组团、房型、价格等策略做最终的微调。

3. 认筹期结束后，按照认筹选号数量，制订开盘解筹当天认筹客户具体的选房认购范围、选房认购流程，同时销售部做好提前7天通知认筹客户开盘解筹时相关事项的工作。

七、诚意购卡认筹活动流程

认筹客户详读并了解本次诚意购卡认筹活动须知，确定参与本YS·东方明珠诚意购卡认筹活动

销售部置业顾问带认筹客户按序在财务室交纳诚意认筹金，销售部经理按认筹客户交纳诚意认筹金时间顺序填写《YS·东方明珠VIP卡诚意认筹申请书》，按卡号编号（一式两份），置业顾问持已编号的诚意认筹申请书会同认筹客户填写，经销售部经理审核签字后，认筹客户再行签字确认

开发商、认筹客户留存诚意认筹申请书原件各一份，发放VIP卡（钻卡或金卡）

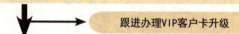

跟进办理VIP客户卡升级

开发商在项目开盘解筹前7天，以电话通知、短信等方式，通知认筹客户开盘解筹时的具体选房规则和时间安排

图3-11　诚意购卡认筹活动流程

八、诚意认筹活动物料

1. YS·东方明珠VIP卡诚意认筹申请书（附件1）。
2. YS·东方明珠VIP卡诚意认筹活动须知（见附件2），需复印备客户仔细阅读。
3. YS·东方明珠购卡认筹优惠细则（见附件3）。
4. YS·东方明珠推广宣传资料，包括宣传折页海报、项目现场宣传展板。
5. 销售现场相关登记表格（VIP发放登记，客户需求情况登记，客户信息登记等，见附件4）。
6. YS·东方明珠认筹期间统一说辞（附件5）。

附件1　YS·东方明珠VIP卡诚意认购申请书

（金、钻）卡号NO.

本人自愿参与湖南YS房地产开发有限责任公司开发的YS·东方明珠住宅单位的购卡认筹活动（由湖南YS房地产开发有限责任公司保留的单位除外），并交付￥____元（____元整），作为VIP卡诚意购卡认筹金。

本人确认：已经详尽了解了湖南YS房地产开发有限公司关于本次购卡认筹活动的一切公示、须知和规定，并愿意遵守下述所有规定：

1. 本申请书与VIP卡同时使用有效，认购住宅单位时，须与购卡认筹金收据、申请人有效身份证件原件同时使用，方可生效（为委托认购住宅单位的，须携带申请人亲笔签署的委托书以及委托人、受托人有效身份证件原件）。

2. 本申请书及VIP卡仅限于YS·东方明珠首次开盘使用有效。

3. 持本申请书及VIP卡可参加YS·东方明珠首次开盘优先选房活动，具体选房规则由湖南YS房地产开发有限公司给予通知并在现场公示。

4. 申请人申请认购VIP卡参与认筹活动，每人限购一张VIP卡，每张VIP卡仅限选购一套住宅单位，开盘解筹时，以所认购VIP卡编号顺序为选房顺序，且每套住宅单位仅可使用一个VIP卡编号及其对应的优惠及权益。

5. 若申请人在YS·东方明珠开盘时成功选购住宅单位的，应与湖南YS房地产开发有限责任公司签订《YS·东方明珠认购书》，同时将购卡认筹金收据更换为认购金收据，本申请书及VIP卡自动失效。

6. 申请人在开盘解筹时须出示本申请书及VIP卡，并在通知规定的选房时间段内进入指定的选房场所，参与选房活动。若申请人未能在规定的选房时段到达指定的选房现场，则视为自动放弃其认筹编号对应的优先选房权利，将被安排到实际到达时对应的选房时段内最末位选房者之后选房。

7. 申请人认购住宅单位的，仅可办理一次更名手续。

8. 申请人在开盘解筹时未能成功认购住宅单位的，可按湖南YS房地产开发有限公司现场公示之须知规定选择权益顺延或放弃排号并无息退还购卡认筹金本金。

9. 相关VIP卡认购须知以接待中心现场公示为准，湖南YS房地产开发有限责任公司保留最终解释权。

10. 本申请书一式两份，湖南YS房地产开发有限公司、申请人各持一份。自双方签字盖章之日起生效。

以下为申请个人资料，请详实填写，如因信息不详或有误造成相关信息传达不到的后果，由申请人自行承担。

申请人姓名：　　　　　；详细通信地址：　　　　　　　；
联络电话：　　　　　　；有效证件号码：　　　　　　　；

申请人：

年　月　日

房地产项目入市与开盘

附件2　YS·东方明珠诚意购卡认筹活动须知

一、本次购卡认筹活动仅针对YS·东方明珠开盘前的优先选房权获取而开展（仅限湖南YS·房地产开发有限责任公司提供开展优先认筹的住宅单位，公司特别保留的单位不列入优先选房范围）。

二、带有认筹编号的YS·东方明珠VIP卡诚意认购申请书及VIP卡（以下简称购卡认筹申请书）仅限YS·东方明珠开盘时使用有效。

三、YS·东方明珠开盘解筹时购卡认筹客户的具体选房规则，湖南YS房地产开发有限责任公司将在开盘解筹前7天，以邮寄信函、电话通知、短信等方式，通知认筹客户，所以请认筹客户在填写认筹申请书个人资料时，需保证资料的准确清晰完整。

四、参与购卡认筹的客户，每人限购一个号码，每个编号仅限选购一套住宅单位，开盘解筹时，以VIP卡编号顺序为选房顺序，且每套住宅单位仅可使用一个编号享受如下优惠及权益：

1. 认筹客户在YS·东方明珠开盘解筹时成功认购住宅单位的，与湖南YS·房地产开发有限责任公司签订《YS·东方明珠认购书》，购卡认筹金转作正式认购金；签订《商品房买卖合同》时在湖南YS地产开发有限责任公司公布的正常单价折扣基础上，还可额外享受优先认筹的特别优惠；详情请参见《YS·东方明珠购卡认筹优惠细则》；

2. 优先获取YS·东方明珠项目资料、咨询信息；

3. 优先参观YS·东方明珠项目样板房；

4. 优先获得YS·东方明珠项目各种现场活动信息；

5. 优先参加YS·东方明珠项目推介会；

6. 优先享受YS·东方明珠项目开盘前的置业计划服务。

五、认筹客户在开盘解筹时须出示经确认有效的VIP卡诚意认购申请书，并在规定的选房时段内进入认购场所，参与选购房活动。若购卡认筹客户未能在规定的选房时段莅临认购现场，则视为放弃其认筹编号对应的优先选房权利，按其实际到达时对应的选房时段内最末位选房者之后选房。

六、认筹申请书须配合意向诚意购卡认筹金收据、认筹人有效身份证件的原件（为委托购买者须携带委托人亲笔签署的委托书，另需提供委托人、被委托人双方有效身份证件的原件）同时使用，方可生效。

七、购卡认筹客户在开盘时成功认购的，仅可办理一次更名手续。更名双方须于开盘时持各自的有效身份证明原件共赴销售现场，同时办理书面的更名确认手续。

八、如开盘时选房不成功的认筹客户，可选择权益顺延或放弃排号并无息退还诚意购卡认筹金本金：

1. 权益顺延办理办法

客户需携带认筹申请书及有效身份证件原件，于湖南YS房地产开发有限责任公司统一安排的时间，至YS·东方明珠销售展示中心选购项目下一批推出产品。

2. 退还诚意购卡认筹金本金的办理办法

客户于开盘七日后，本人持有效身份证件、购卡认筹申请书及购卡认筹金收据原件前来销售现场亲自办理相关退还诚意认筹金本金手续，湖南YS房地产开发有限责任公司承诺将在购卡认筹客户签退筹申请后的5个工作日内，退还已交纳的购卡认筹金本金。详情请咨询现场工作人员。

九、若本须知有所变动，应以销售现场调整为准，恕不另行通知。

十、本须知的最终解释权属于湖南YS房地产开发有限责任公司。

湖南YS房地产开发有限责任公司

年　月　日

附件3　YS·东方明珠购卡认筹优惠细则

YS·东方明珠VIP认筹卡为1万元/套（金卡）客户、3万元/套（钻石卡）客户。

一、优惠项目及金额

（1）购卡认筹客户认筹成功的，一次性付款可享受1万元抵2万元、3万元抵5万元购房款优惠，但优惠金额仅在签订《YS·东方明珠商品房买卖合同》时候直接抵作所购住宅单位首期款，不可兑现现金；

（2）凡一次性成功认够5套（含5套）以上YS·东方明珠住宅单位的可视为团购，将获得额外3000元/套团购优惠。但优惠金额仅在签订《YS·东方明珠商品房买卖合同》时候直接抵作所购住宅单位首期款，不可兑现现金；

（3）本优惠项目实行累加制，即符合优惠条件越多，则享受优惠越多。

二、客户升级计划

原定金卡客户（交纳1万元认筹金的客户）通过以下方式升级为钻石卡客户：介绍2位以上（包含2位）客户认筹成为金卡以上客户并申请升级为钻石卡客户获得批准后，换发钻石卡。（享受1万元抵2.5万元的购房优惠并享受先于金卡客户群体，拥有按照钻石卡客户序号拥有优先选房权）

湖南YS房地产开发有限责任公司

房地产项目入市与开盘

附件4　YS·东方明珠VIP卡发放登记表

表3-5

序号	购卡时间	所购卡号	客户姓名	联系电话	意向产品	意向面积	联系地址	收据编号	备注

备注栏内填写：① 公司关系客户；　② 市场客户

附件5　YS·东方明珠认筹电话通知统一说辞

一、认筹信息的告知

××先生（女士）：

您好！我是YS·东方明珠的置业顾问××。打扰您一会！YS·东方明珠的VIP卡认筹活动于12月15日正式开始。请您在12月15日前到YS·东方明珠临时接待中心，交1万元购买YS·东方明珠的VIP金卡，可获得购房时1万自动增值为2万元的优惠，交3万元购买YS·东方明珠的VIP金卡，可获得购房时1万元自动增值为5万元的优惠，同时还可以享受YS·东方明珠开盘销售时的其他优惠：（一次性付款优惠，银行按揭付款优惠等等）。根据您购买的VIP卡卡号优先秩序，还可获得优先选房的特殊待遇，提前选中您满意的位置、单元。您买卡时间越早，获得的优惠就越多，期待您的到来。趁周末时间，您可带上您的家人到YS·东方明珠临时接待中心来参观一下，我们安排了专门的置业顾问接待您。祝您愉快！打扰了，再见！

二、YS·东方明珠VIP卡认筹后什么时候解筹选房？

您好！

YS·东方明珠VIP卡认筹后，我们会在2009年4月份左右通过电话、短信等方式通知您带上VIP卡和认筹协议、收据到销售现场，按照VIP卡卡号顺序进行选房解筹活动。您越早购买VIP卡，优惠就越多，越早选房，就越容易选到好位置、称心如意的房子。

三、YS·东方明珠销售价格会是多少？

YS·东方明珠最终的价格要在开盘时才能确定下来，目前预计项目销售价格在2800元/m^2。作为"首席一线江景智能化豪宅"的产品定位设计项目，而且在宁乡南门桥得天独厚的地理位置、配套完备，绝对值得您购买。

四、YS·东方明珠目前的VIP的购买情况怎样？

VIP卡的认筹时间是从12月15日正式开始的，您作为YS·东方明珠较早积累的重要客户，是我们第一批通知的客户，12月15日前是属于您这类客户的发放时间，仅在内部客户之后。YS·东方明珠由于本身的高品质产品定位设计得天独厚的地理位置、完备配套等优秀条件，青睐本项目的客户很多，我们期待您早日购买VIP卡，优惠多，越早选房，就越容易选到好位置、称心如意的房子。

房地产项目入市与开盘

案例 6 日进千金认筹实战
——A项目铂金卡活动方案

一、活动人群

本次铂金卡活动方案针对的人群主要包括两个方面：

一方面是购买过一区的VIP卡的老客户。这部分客户对项目A有过浓厚的兴趣，产生过强烈的关注，也见证了一区的热卖。他们有的已经购买了一区的商铺，有的因为种种原因暂时还没有购买。但是他们都有一个共同的愿望，就是希望能够在项目A后期推出的房源中挑选到位置相对较好的铺位。

另一方面是以前曾经关注过项目A，但是既没有购买VIP卡，也没有购买一区的商铺的客户。这部分客户对项目A有过怀疑和否定。一区热卖进而封盘的信息将对其产生巨大的心理冲击，这部分客户也将是本次铂金卡活动的主要对象。

在前期推广的202张老卡客户中，已经消化了近100张，也就是说还有约100位老卡客户。根据本次活动的目标，总共要达成约300张铂金卡的目标，在三周的铂金卡推广过程中，需要完成200位新卡客户的挖掘工作。

认筹目标一览表 表3-6

序号	项　目	老客户（组）	新客户（组）
1	数量	100	200
2	每周定额	34	67
3	每日定额	5	10
4	每日每人定额	1	2

二、优惠额度

本次活动的优惠额度为"日进千金"，主要包括以下四层含义：

1. 保底额

为了保证铂金卡在开盘前期仍能对未来及购卡的客户产生一定吸引力，因此在本次铂金卡的活动方案中特别设置了保底额。本次铂金卡活动的保底额暂定为人民币5000元整。

2.累进额

本次铂金卡最具吸引力的地方在于"抢到就是赚到",从购买VIP卡之日起开始计算,至开盘之日为止,每一天增加人民币1000元的优惠额度。

3.新老客户区别

曾经购买过一区VIP卡的客户,无论其是否购买了一区商铺,在其用VIP卡换铂金卡时,或者已退卡的老客户重新购买铂金卡时,均可比新客户多享受人民币5000元的优惠额度。

4.购买金额

对于用VIP卡换铂金卡的客户,可以直接换卡,不需要加钱。而对于退卡的客户再次认购以及新客户认购铂金卡时,需要交纳人民币2000元的认购费。这部分金额在二、四区开盘后未购买商铺的前提下,可以退还。

项目A铂金卡优惠额度　　表3-7

购买日期	优惠额度	
	老客户(元)	新客户(元)
2006年11月24日	32000	27000
2006年11月25日	31000	26000
2006年11月26日	30000	25000
2006年11月27日	29000	24000
2006年11月28日	28000	23000
2006年11月29日	27000	22000
2006年11月30日	26000	21000
2006年12月01日	25000	20000
2006年12月02日	24000	19000
2006年12月03日	23000	18000
2006年12月04日	22000	17000
2006年12月05日	21000	16000
2006年12月06日	20000	15000
2006年12月07日	19000	14000

房地产项目入市与开盘

续表

购买日期	优惠额度	
	老客户（元）	新客户（元）
2006年12月08日	18000	13000
2006年12月09日	17000	12000
2006年12月10日	16000	11000
2006年12月11日	15000	10000
2006年12月12日	14000	9000
2006年12月13日	13000	8000
2006年12月14日	12000	7000
2006年12月15日	11000	6000
2006年12月16日	10000	5000
2006年12月17日	10000	5000
2006年12月18日	10000	5000
2006年12月19日	10000	5000

三、优惠额度鉴别

为了对客户的优惠额度有所鉴别，在客户换卡或者购卡的时候，同时签发铂金卡优惠券，与铂金卡一同装在信封内，作为购房当天的优惠凭证（图3-12）。

```
铂金卡优惠券                      铂金卡优惠券
  （正券）                          （副券）
编号：×××                        编号：×××
_____（身份证号：_____）：
   您于____年____月____日，购买了项目A铂金卡一张，铂金卡卡     姓名：_____
号为_____，
   凭本优惠券及其对应的铂金卡，您将于开盘之日享受本次活动相     身份证号：
应金额的优惠额度。（具体优惠金额参见《客户优惠额度表》）        _____

财务经理签字：_____ 营销总监签字：_____
```

图3-12　铂金卡优惠券示样

房地产项目入市与开盘

第四章 解筹出货,制造热销

解筹是一种与认筹相对应的销售活动。即当开发商或代理商在所开发或代理的房地产项目即将达到预售条件时,对于认筹者购房行为的确认。其实质是商品房销售的第一阶段,其表现形式为签订认购协议。在这个阶段,购房者的房号、面积、价格等因素皆已全面确定。

房地产项目入市与开盘

一、解筹活动的法律界定

解筹活动的法律界定：它是建立在认筹活动基础上的一种相对应的预售行为。根据2004年《城市房地产预售房管理办法》，应该将其界定为一种合法的预售行为。由于各地出台了一些严于《城市房地产预售房管理办法》预售条件的规定，导致出现了一些符合《城市房地产预售房管理办法》预售条件但并不符合当地预售条件的情况。

二、开盘与解筹的概念区分

在营销过程中，"开盘"与"解筹"总是混在一起使用，这样做的目的是大部分项目都是开盘、解筹同时进行，这样方便通知客户，形成公开发售火爆人气。但是，开盘与解筹还是有相同点和不同点。

1. 从营销概念上区分

如果把开盘作为营销的概念，那么和解筹就是同样的功能，标志着客户可以签正式合同，产生购买行为。解筹就是确定房号、价格并认购，开盘必然解筹。

2. 从推广概念上区分

如果把开盘作为推广的概念，则主要是从造势的角度考虑，开盘时可能已经先签订认购协议，开盘只是为了让认购的客户领取开盘礼品，现场造势从而带动新客户成交。但是，解筹并不等同于开盘，解筹可以时间提前。

3. 从时间概念上区分

交定金之日，可以认为是解筹之日，仅可签订定金合同。开盘之日，可以签订预售、销售合同，当然也可以签订金合同。

三、解筹前的工作铺垫

解筹的成功实际上就是开盘的成功。所以解筹前，我们需要重新对客户进行摸排，制定科学合理的解筹政策。这里的工作包括：

第一，解筹前要分析外围客户（没有买筹的上门客户），了解意向客户数量。

第二，每天组织销售人员进行来访客户分析和认筹客户分析，狠抓客户购买动机。

第三，如果对客户解筹意向不明，可联系一部分关系户提前解筹，试探价格和买房心理。

只有这些基础工作做好，才能为解筹的顺利进行做好铺垫。

四、解筹的三大项工作内容

图4-1　解筹的三项工作内容

第一：选房号

解筹无论采用哪一种方式都需要客户选定房号。可能有些项目在认筹时，就会让客户预选房号，但是那时更多的只是了解客户购房意向。只有解筹的时候选房，才是真正将房子卖出去。

第二：定价格

以前的价格都是给出一个价格区间，解筹的时候，就明确告诉客户，价格是多少，客户必须以这个价格来成交。如果说前期的价格策略是虚招的话，这里就是实招。这时的价格是一户

房地产项目入市与开盘

一价,要想价格出来,不引起客户反弹,需要前期多做价格摸底和价格公布铺垫,让客户对解筹价格产生认同甚至是超出心理预期的感觉。

第三：签订认购合同

签订认购合同就意味着一个销售的基本完成,虽然也有些客户会要求退房。但是,大部分客户在这个阶段基本的购买决策不会变化。签订认购合同之后,一般在一周内要求客户签订销售合同。这样,一个销售流程基本走完,接下来只需签订销售合同即可。

五、开盘解筹模式的演变

开盘模式的演变与房地产的快速发展分不开。以前开盘解筹只是一个不可或缺的营销环节,现在的解筹已经发展成为一项营销策略。模式的演变进程其实就是营销策略的创新发展过程。

1. 开盘解筹模式的演变背景

开盘解筹是一场房地产市场营销的盛宴,是寄生在楼市上的一朵鲜花。因此,要寻找开盘解筹模式的演变密码,首先得寻找市场发展的轨迹。

（1）买方市场以直接开盘解筹为主

以前,很多城市的房地产项目,整体开发规模不大,但市场需求十分旺盛,市场处于供小于求的状态。此阶段市场不成熟,开发商的营销手段相对单一,同时也较少地借鉴沿海地区的先进理念,大多数项目均采用直接开盘的方式开盘。

（2）卖方市场以排号、卡序解筹为主

随着各大开发商纷纷走出去,安营扎寨,拉动了区域房地产的高速发展,也带来了异地先进的操盘模式。各地大多借鉴一线开发区域的排号、卡序解筹经验,大量沿袭及参考深港派、京派营销手法,在具备正式发售条件后,通常会在开盘前进行"优先诚意认购",即客户通过支付小额诚意认购金（可退）而获得优先选房或额外优惠的权利,以便于蓄客造成开盘热销。

这种方法既能通过诚意客户的购买情况试探市场反应,精确制导营销策略,又能通过适当加大的优惠幅度锁定众多早期关注项目的客户,还能在开盘日赢得爆棚的人气,便于营造旺销

的场面，因而被开发商无一例外地采用。

（3）摇号、抽签解筹方式出现

2005年后，随着房价的不断上涨，逐步过渡到卖方时代。大多品牌开发商的项目，更多的开始采用摇号、抽签的手段。即在具备正式发售条件后，通常会在开盘前进行"诚意登记"，开盘再在酒店或其他场所摇号的形式进行选房。

这种方法既能通过诚意客户的购买情况试探市场反应，又能增加公正性及客户的尊贵感。此种方式多用于认筹客户较多而推盘量较少的楼盘。

2. 解筹策略的选择

（1）各区域解筹模式的选择策略

郊区的项目多以直接开盘的模式为主，其次是排号、卡序方式，摇号的模式较少。因为郊区的项目往往房源多，认筹客户不足。而市区项目往往以摇号多，排号其次，直接开盘相对较少。这是因为市区项目往往更注重人气或项目品质，而且其推出的产品相对少，采用摇号、排号等容易造成热销景象。

这里还有一个普遍的规律，当客户的认筹量与推出的房源数量之比超过2∶1时，开发商通常采用摇号方式开盘。

（2）不同类型开发商解筹模式的选择策略

大多数品牌开发商会根据楼盘的不同选择不同的解筹方式，普通开发商几乎选择的是排号或卡序的解筹模式。

由于客户选择楼盘的部分缘由是因为开发商的知名度，品牌开发商会吸引大量的客户购买其产品，因此认筹客户较多，采取的方式也就会多种多样。如龙湖地产开发的翠微清波及三千里。这两个项目的客户量均为推出量的2倍以上，翠微清波排号900余号，推出房源360余套，三千里更是抢手，推出房源300余套，排号却达到了2000余号。

（3）解筹时间的选择策略

周六、周日一般为项目的日常开盘日，特别是周六，这样一来时间相对较为宽松，二来也是消费者的休息日。也会有些项目将开盘时间放在周六、周日的晚上，这种多在夏季，可以避免炎热的天气。同时，也有部分个盘将开盘时间分为2～3天，以便有效控制选房进程。

（4）各期或批次推盘量的选择策略

规模较大的项目通常会分期、分批次来推出房源，特别是分期、分批次频率较高的项目，同时会根据市场热度来确定解筹模式。

（5）不同物业类型解筹模式的选择策略

不同的物业类型其解筹模式会不同。普通住宅以排号、卡序解筹模式为主。别墅由于其物业的特殊性以及客户群的不同，解筹模式也有所不一样，多以办理VIP卡的直接选房方式为主，同时也兼有排号的模式。

六、解筹的四种方式

如果说解筹是为了找准客户，并提纯这些客户的话，解筹就是为了快速出货、销售控制、提拉价格、制造热销。认筹与解筹实际上是一个认购策略的整体。所以，解筹的方式往往需要结合认筹的政策来执行，以保持整个营销政策的连贯性。

解筹方式的确定，最主要的还是制定客户的选房规则。运用什么样的方式取决于前期客户的积累情况和项目的规模。面对市场多样的解筹模式，如何根据项目自身的特色及资源确定解筹方式，已成为销售最重要的一个环节，同时也成为开发商关注的重点问题。

一般来说，解筹主要有四种方式（图4-2）。

图4-2 解筹的四种方式

第一种：直接开盘解筹

直接开盘解筹是最原始的解筹方式，出现在房地产发展的初期，属于行业发展不成熟时的自然产物，且只适用于买方市场的年代。在卖方市场的时代，咨询客户量较大的情况下，直接开盘容易造成现场的混乱,不利于开发商现场的把控。

(1) 流程

图4-3　直接开盘模式的通常流程

(2) 优劣势分析

1) 优势

此解筹模式程序简单,开发商集中一次性通知客户到场,以聚集人气。同时,便于在客户第一次到达现场就进行逼定。

2) 劣势

第一,此解筹模式将压力转移到客户自行排队上,容易造成现场的混乱,一旦失控,开发商将很难把控住现场。

第二,解筹不利于解决开发商对房产销售、价格制订及营销推广等方面的疑虑,并容易造成解筹当日客户的流失。

第三,由于客户自行排队,容易出现现场混乱,过程中容易损失一部分诚意客户。

第四,在选房后期,排队靠后的客户,会存在"是否还能买得到"的心理疑虑,销售不能形成一对一的销售模式,部分客户会流失。

(3) 运用说明

1) 适合项目

买方市场主导的时代或部分远郊且非开发热点区域项目。

2）开发商组织能力要求

开发商需有充足的人力对现场秩序进行维持，同时具备对选房区内各区域规划及把控的能力。

3）运用区域

在如今的卖方时代该开盘模式已逐渐减少，但该模式适用于非开发热点片区的郊区项目，由于郊区项目交通及生活配套是阻碍客户购房的重要因素，该模式有助于客户第一次看房，就利用现场的氛围及项目景观打动客户，促其成交，减少客户在反复看房过程中的犹豫而导致放弃购买本项目。

（4）实践运用借鉴

成都花样年·别样城处于远郊且非开发热点片区，由于项目升值空间较大，前期短短2个月时间，客户累积量达到500号之多。特别是该项目通过巡展等通路迅速地打开了市场知名度，而每天增值100元的优惠方式对于客户有一定的吸引力，有效的留住了意向客户。

解筹当日，由于交通等问题，有部分客户放弃了该项目。当天采用排号顺序选房，现场选房氛围较好，但排号靠后的客户由于等待时间较长，部分意向单位已备选，只好选择放弃。

成都花样年·别样城从排号到直接发售这个过程可以看出，类似于别样城这类的远郊且不属于开发热点区域的项目，交通与人气是客户面临的最大问题，排号方式适用于该项目前期第一次开盘，因为项目初次亮相，无论产品还是价格对客户都具备相当的吸引力。在项目后期由于客户的视觉疲劳及交通等具体问题，销售务必在客户第一次到达现场就签订，客户一旦回去考虑，在这个过程中，很容易就放弃掉该项目，故该项目在后期开盘选择了直接销售的方式。

第二种：卡序解筹

卡序解筹就是按认购VIP卡的先后顺序安排解筹。

（1）卡序解筹的优缺点分析

1）缺点

开始认筹时，许多客户会提前一天甚至几天开始排队，现场组织工作难度较大，稍有不慎极易造成秩序混乱；一部分"客户"为谋私利雇人排队甚至炒号引发客户不满；后期VIP卡比较难卖，可能损失一部分客户；预选房阶段，容易流失部分客户；解筹日客户到场时间难以掌控，不利于营造爆棚场面。

2）优点

先认先选，促使客户提早认卡，解筹日不需提早排队。在正式解筹前安排预选房，解筹当天准时按照选房时间到场即可，有利于提高解筹率。

（2）如何处理保留房源

若项目解筹是采用按卡序解筹，那么我们就会面临一个问题，那就是通过各种关系的保留销控房源该如何处理呢？如何既处理好这些关系户，又让客户不产生抱怨？实际上，处理这样的问题，主要还是分如下四步。

第一，如果这个问题在认筹阶段就已经想到，那么在认筹前预留出足够的VIP卡，在解筹时安排人员去现场参加认购，这样对现场容易把握，也利于氛围的形成。较为有把握的就是开盘的前几天通知客户开盘时间，要求其按排队顺序进行选房。

第二，利用好销控。直接在销控板上贴红旗，或销控板上不出现销控房源，或当天采用高房价销控。比如1~100号，留前20个号，从21开始卖卡。弊端是客户口碑会传播，那里房子很贵。

第三，在认筹阶段前面空几个号，找人拿掉，对后面买号的客户解释：这是某地方的购房团一次性购买，造成团购热销的景象。

第四，将客户分为大客户和普通客户。大客户为同时认筹3套以上。尽量将预留房源放到一栋楼里，该楼即为大客户楼。销售人员在通知认筹时明确告知客户，大客户先进行，普通客户随后。并在电话里与客户确认该客户要选的房源，进行装户。装户的目的是尽量在有"大客户"的同时不损失其他客户。这样开盘时就会做到会心中有数。

（3）卡序解筹要结合认筹时间和推货量

认筹时间如果跨度超过一个半月，预计的价格就会有一个大的变化。前面认卡的客户期望值低，但是选房在前面，如果量还大的话，他们选房的时候会让后认卡的人产生厌烦心理，这样客户流失比例高。

所以，卡序解筹的时候需要保证这么两条：

第一，认筹时间不能太长，长了价格变化太大，对客户心理影响太大。

第二，推货量不能太大，太大的话，会让客户长时间排队，从而导致中途退场。

（4）案例演示

郑州金成国际广场3期就是采用卡序解筹模式。整个解筹过程分为解筹规则的制定、解筹流程、促销计划等内容。

房地产项目入市与开盘

1）解筹基本规则

① 参加优先选房的客户必须持有VIP卡；

② 严格按照"金成国际广场3期"VIP卡的卡号先后顺序进行选房；

③ 每张VIP卡限选1套房；

④ 选房以组为单位，每组5人；

⑤ 每组选房时间严格控制在8分钟以内；

⑥ 本组未能选中的客户可在当日机动时间内再选一次，选房的规则保持不变；

⑦ 选号经确认后，交回VIP卡和诚意金收据，诚意金自动转为购房定金，并于当日补齐正式定金，签订正式认购协议书。若不能补齐者，VIP卡过日即视为失效，所选房号立即放出，不再享有该房号的保留权；

⑧ VIP持卡人若不能在规定时间内到场，仍可在当日机动时间内参加选房，过日即视为放弃，不再保留优先选房权利；

⑨ VIP持卡人若解筹开盘当日未到达现场选房，即视为放弃，不再保留优先选房权；

⑩ 同一批客户中如出现两个或两个以上的客户同时选中同一单位的情况，则由VIP卡号较前的客户获得认购权。

2）开盘推售工作流程

① 基本流程

开盘推售工作流程计划表 表4-1

工作顺序	工作流程	负责人
1	客户凭VIP卡进入售楼处等候区，每卡限选购一套	保安4人
2	总控台叫号通知位于等候区的客户进场选购，每批5人，限时8分钟，售楼员1对1陪同客户进入选房区t	售楼员5人 机动售楼员2人
3	客户选定后，销控负责人贴销控点，并在点上注明VIP卡号，填写认购卡，集齐客户的身份证、VIP卡、认购卡（即三证）给有关人员；（如果客户未能在限时8分钟内选定单位，必须离开选房区，可参加机动时间选房，8分钟通知一批客户进场的原则不变）	总控1人 销控负责人1人
4	负责外场销控的人员马上到售楼处外的销控板贴销控（与上述第三步同步进行）	工作人员1人

续表

工作顺序	工作流程	负责人
5	工作人员持客户"三证",带领客户到交款处	工作人员2人
6	收款(定金)后,由财务开具(定金)收据,并指引客户至签约台	财务人员2人
7	签约人员检验客户"三证"及收据无误后,领取认购书,填写,复核后交客户签署	签约总控1人 签约人员4人
8	如客户有任何疑问或需要查询,则领至咨询处咨询并给客户提供相关帮助	销售员2人
9	客户签署认购书后由主持人唱号,全体工作人员热烈鼓掌,祝贺XXX先生成为XXXX房号的新业主	全体现场人员
10	客户凭认购书到领抽奖券处填写抽奖券一张,交由负责联络人员送往表演活动现场抽奖箱,并可领取精美礼品一份	工作人员1人
11	持VIP卡的客户完全选购后如有剩余单位,则开放散客选购,认购不分先后,先落定金先得,工作程序同上	各岗位负责人不变

② 注意事项

第一,每次选房成功,总控当即宣布定号,以增加客户的紧迫感,所有员工鼓掌表示恭喜,这样可以营造认购现场的热烈气氛。

第二,如有客户选不中房号,告知客户可在7天后到售楼处退款(诚意金)。

第三,注意客户的引导和现场秩序的维护。

第四,注意制造公开、公平的形象。

第五,为客户提供一些相关的服务,体现开发商对业主的关心和帮助,如停车,提供饮水、糕点、水果等(后勤保障,如饮水、工作餐等由金成公司负责)。

第六,注意控制人群的情绪,防止其他意外事件。

第七,开发商联系按揭银行,要求按揭银行现场办公,以方便客户。

③ 客户认购流程图

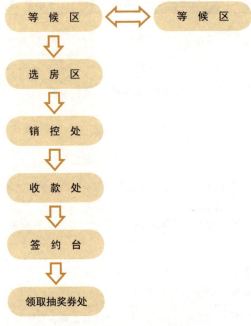

图4-4　客户认购流程图

④ 售楼处功能分区图

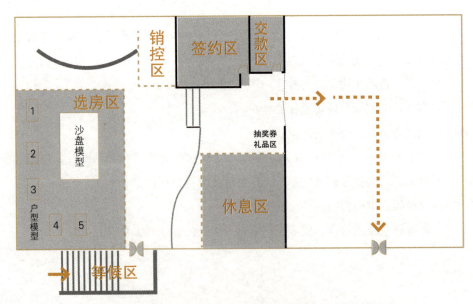

图4-5　郑州金成国际广场3期售楼处功能分区图

3）促销计划

① VIP卡优惠

成功选房的客户可在付款方式优惠的基础上享受额外"94折"的购房优惠。

计算方式：成交总价=表价总房款×付款方式优惠×额外优惠（94%）。

② 抽奖活动

解筹当天举行抽奖活动，选房成功的客户均可以参加抽奖，以每10个成交客户为一组，从中产生一名获奖者，中奖者可获得价值3000元的数码相机一部。抽奖操作流程如下：

第一，选房成功的客户签约完成后，到"领取抽奖券处"领取抽奖券一张，由"领取抽奖券处"负责人填好姓名、VIP卡号，由客户亲自送往表演活动现场抽奖箱内；

第二，表演活动现场主持人立即进行现场抽奖，并进行现场报料；

第三，经核对中奖者奖券副券后，奖品现场立即派出；

第四，中奖消息由联络员通过对讲机立即反馈售楼处解筹现场；

第五，解筹现场主持人马上进行报料，同时所有员工鼓掌表示恭喜。

③ 现场表演活动

活动主题：金成国际广场3期开盘庆典。

活动地点：金成国际广场4号楼前广场。

活动时间：与解筹同步进行。

活动目的：配合解筹活动的展开，制造足够的热烈气氛，使"金成国际广场"形成社会强烈关注的焦点。

4）物料配合

① 宣传资料及物品：楼书（折页）、户型单张、销控表展板、促销礼品。

② 销售道具：认购指引、价目表、付款方式、内部认购书（三联）、定金收据、胸牌、标示牌。

③ 活动道具：音响、音乐光碟、麦克风、照相机、导示牌、欢迎牌。

④ 销售文具：复印纸、信签纸、文件袋。

⑤ 家私用品：复印机、饮水机、点钞机。

⑥ 刷卡机（POS）。

5）时间倒计时表

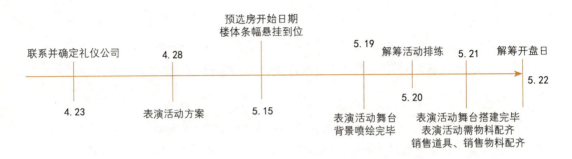

图4-6　郑州金成国际广场3期时间倒计时表

第三种：排队解筹

排队解筹就是按解筹当日现场排队顺序先后解筹。排队解筹方式出现最早，使用频率高，风险小，是开发商使用最常规的做法，但在人性化上不够周全，不利于客户的最大程度储备。特别是排号靠后的客户，选到适合自己房源的概率太小。因此，这种解筹方式显得相对陈旧。

（1）流程

开发商在取得销售许可证后，在指定时间、地点进行诚意排号申请，且会进行排号申请资格说明及申请流程公示

客户在指定时间内按到场先后顺序，交纳排号诚意金，开发商根据交款先后顺序，确定客户在开盘时选房顺序号，开发商同时开具诚意金收据

根据开发商通知，在指定时间、地点，客户按照开盘选房的先后顺序依次进入选房区选房（一般以5～10号为一组，迟到者自动轮为下组第一名进入选房区）

客户选中房号后，销控人员销控房号，客户与开发商将诚意金收据换签正式购房定金，且签订《认购协议》

图4-7　排号解筹的通常流程

（2）优缺点分析

1）缺点

① 客户集中认卡时段无法确定，调动客户认卡热情方面的工作较难开展。

② 与卡序解筹相反，解筹时许多客户会提前一天甚至几天开始排队，不够人性化，并且现场组织工作难度较大，稍有不慎极易造成秩序混乱，从而造成场面失控。

③ 一些客户花钱雇人排队，容易造成排队纷争，而解决这个问题及维持秩序等都要投入大量的人力、物力。

④ 由于客户有"排号靠后较难买到中意的房子"的心理，容易损失一部分比较有诚意的客户。当蓄客到一定程度，如300套房源已排号至350号，由于客户的心理疑虑，从而较难导致其产生排号冲动，不利于最大程度积累客户。简单地说，游离客户容易流失。

2）优点

第一，如果针对客户的是追捧的项目，相对较为公平。

第二，在解筹前排号，利于将开盘期的组织压力提前，形成项目未售即抢购局面。同时可较大程度把控客户情况，解决开发商对销售、价格制定及营销推广等方面的疑虑，便于开盘时现场操控。

第三，在开盘时，现场销售组织较为方便，开发商按时间段分批次通知客户，可人性化处理客户等待选房的急躁情绪（开发商也可视客户排号积累情况，集中一次性通知客户到场，以聚集人气）。

第四，按照已确定的选房顺序号选房，有利于开发商根据排号客户意向选房情况进行销售引导，可较大程度避免"多客选一房"现象，减少浪费客户资源的概率。

（3）卡序解筹和排队解筹的对比分析

排队解筹与卡序解筹这两种模式刚好相反。均有可能出现排队，但卡序解筹是在认筹时出现，而排队解筹是在解筹时出现。

严格来讲，这两种模式没有谁更好之说，主要是看项目的具体情况。对于客户积累较长时间的项目而言，采取卡序解筹更好；若客户积累时间较短的项目最好采取排队解筹。再者要结合认筹与解筹之间的间隔时间考虑，若间隔时间短，宜采取排队解筹的模式。

房地产项目入市与开盘

（4）运用说明

1）适合项目

在客户积累情况供不应求的情况下，通常采用排号方式，排在前面的客户有优先选房权。

2）开发商组织能力要求

开发商需对整个选房组织流程有良好的把控能力及人力支援。

3）运用范围

该方式适用于大多项目，但对于开发商整个选房流程的组织及人力支援提出了更高的要求。这更多的是一场人力战，需要对选房的各个流程及细节进行反复的演习，同时预见将面临的问题。特别是对排号较后的客户做到有效的引导，以防现场出现客户混乱或客户流失。

（5）实战运用借鉴

案例1：花样年·花郡

花样年·花郡一期采取的是传统排号的方式。其主要目的在于，一方面可以通过筛筹、算价，精确的预测市场，了解开盘当天的销售状况。另一方面，在项目不多的情况下，通过排号的方式可以更好地筛选出诚意度高的客户，营造火爆的现场气氛，建立起较好的口碑效应，保证一期的解筹率并为后期销售作铺垫。

花郡从2006年中旬进入成都城东这片新市场独领风骚，到2007年底在区域竞争非常激烈的市场环境中仍然实现3批次的热销，与其成熟的运用排号的开盘方式是分不开的。

但是，对于客户量较大情况下的排号，对场地和组织次序上要求非常高。同时排号认筹量一般情况下没有摇号的认筹量大，回收资金的速度弱于摇号方式。但排号具有认筹期限短，解筹率高等优势，对于销售有较稳健的促进作用。花样年·花郡项目开盘普遍运用排号方式具有很强的代表性。

案例2：晶蓝半岛

晶蓝半岛是龙湖集团在成都的第一个项目，通过这次排号，晶蓝半岛一期销售一空，但龙湖在认筹、解筹的过程中不仅仅要保证销售率，同时也要通过第一个项目的第一次开盘给市场树立较好的第一印象。龙湖在收取了足量的诚意金后依然采用了排号的方式，在售楼现场营造了很火爆的场面。龙湖为排号客户提供板凳、送牛奶、送早餐，并通过媒体对开盘的第一现场进行了报道，达到炒作目的。同时也通过成功解筹，火爆的排号场面传递着企业文化，进行品牌推广，为今后的项目打好市场基础。

案例3：香瑞湖·香草国际二期

该项目为近郊项目，在一定程度上来看，不容易形成开盘热销场面，所以其开发商将楼盘电梯部分分为4期，在前一批次卖出80%以上再推出下一批次，这样既便于其销售，也便于其产品随市提价。其解筹均采用排号，收取诚意金的式，有利于吸纳客户，形成抢购现象。

（6）安天·盛世名城一期排队解筹方案

1）解筹时间

解筹时间为2005年12月18日。

2）解筹前准备工作

① 现场销售人员提前一周（约12月11日左右）以电话形式通知客户解筹时间。

② 现场销售人员提前两天（约12月16日左右）以电话形式再次通知客户，项目具体解筹时间和流程，客户应于12月18日早9点携带有效证件及VIP卡认筹手续到达盛世名城销售中心，参加解筹活动。

③ 提前三天（约12月15日起）向客户公布销售价格。

3）解筹整体流程

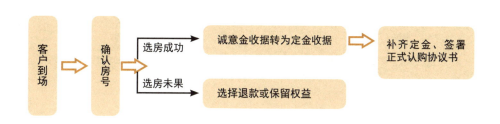

图4-8　安天·盛世名城一期解筹整体流程

4）解筹现场组织示意图

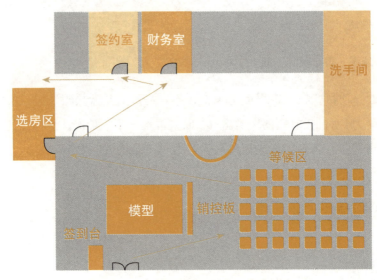

图4-9　解筹现场组织示意图

5）解筹日详细流程

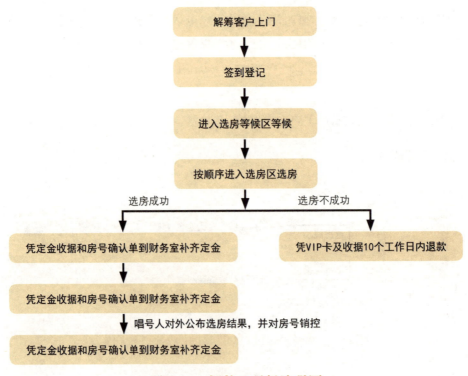

图4-10　解筹日现场流程图

6）流程具体安排

流程具体安排　　　　　　　　　　　　　　　　　　　　　　　　　　表4-2

事项	具体内容	现场布置	人员安排	所需物料
客户签到	客户签到，并贴上解筹客户标识	①入口处签到台；②入口处签到指引牌；③签到台旁边摆放解筹须知、购房须知、解筹时段安排表展架	①签到工作人员2名；②礼仪小姐四名；③保安2名	①签到条型台1张、签到笔4支；②签到指引牌1个；③解筹客户签到本；④解筹客户标识若干（用于识别客户，便于现场次序控制）；⑤展架3个
解筹客户进入选房等候区	①置业顾问接待；②置业顾问根据销控板上选房情况为客户调整置业计划，指导客户选房；③解筹客户按顺序进入选房区确认房号（1名工作人员指引）；④唱号人根据房号确认单唱号，销控人员进行销控	①等候席前设销控板，进行房号销控；②工作人员检查VIP卡号引领至选房区	①置业顾问5名；②销控人员1名；③礼仪引导工作人员1名；④保安2名	①销控板一个；②不干胶贴点若干（贴房号用）；③销控房号统计表及笔；④等候席椅子40把；⑤隔离线若干
客户进入选房区	①按顺序每次进入选房室1批，每批客户限时2分钟选房；②如选房成功，客户在选房确认表上签字，然后开具房号确认单（1式2份，客户持1份）；③选房成功后由引导人员带至财务室交款	①选房区域为客户配备椅子2把；②每批客户只能进入1~2人去选房室选房；③选房客户进入选房区及财务室由专人引导；④选房成功后由房号传递人员将房号确认表传递至等候区销控人员	①项目经理1名，负责房号确认及销控；②房号传递人员1名；③引导人员1名（引导至财务室）	①选房确认表；②房号确认单；③销控房号表
客户进入财务室交款	①成功选房客户由引导人员领至财务室；②客户出示选房确认单、VIP卡、诚意金收据办理交款手续；③财务人员收回VIP卡、诚意金收据，收齐定金后给客户开具财务收据	①财务人员核对VIP卡、诚意金收据，负责收款、现金、刷卡管理；②向客户开具财务收据	①财务人员4名；②保安1名	①POS机、保险柜；②定金收据（独立3本，将能够事先填写的内容填好以加快速度）
客户进入签约室签约	①客户由引导人员领至签约室；②客户凭借定金收据、房号确认单签署认购合同；③签约人收回房号确认单	①签约人员负责核对房号确认单、定金收据；②签约人员负责指导客户签订认购合同	①签约人员5名；②保安2名	①认购协议书；②签约统计表；③预售许可证张贴；④计算器2台、签字笔5支、便笺纸；⑤价格表

7）选房时段安排

选房时段安排表　　　　　　　　　　　　　　　　　　　　　　　　　表4-3

日期	时间段	内容
12月18日（周六）	8:30～9:00	认筹客户到场签到
	9:00～10:00	1～50号
	10:00～11:00	51～100号
	11:00～12:00	101～150号
	2:00～3:00	151～200号
	3:00～4:00	201～250号
	4:00～5:00	250～300号

8）人员安排

人员安排计划表　　　　　　　　　　　　　　　　　　　　　　　　　表4-4

所属单位	地点	人员	数量	工作范围	备注
开发商公司	签到台	签到人员	2人	①负责登记解筹客户到场情况；②签到完毕后将签到表交递选房区项目经理处；③指导礼仪小姐为解筹客户贴上标识	
	选房区	选房工作人员	2人	①负责核查客户证件；②项目经理确定房号并做销控；③负责请客户在选房确认表上签字，并开具房号确认单，并由项目经理复核；④负责将房号确认单交给销控传号人	
	财务室	财务人员	2人	①负责核对回收VIP卡诚意金收据；②负责收取正式定金	应同时能够办理2批客户业务

续表

所属单位	地点	人员	数量	工作范围	备注
开发商公司	签约室	签约人员	5人	负责成功选房客户办理正式认购合同	应同时能够办理5批客户业务
	电话台	置业顾问	1人	①负责接听电话； ②维持等候进入选房区的客户秩序	
	观众席	置业顾问	4人	①负责接待解筹客户； ②根据销控板可选房号的变化为客户调整置业计划，指导客户成功选房	
策划代理公司	销控区	销控人员	1人	①负责贴房号点销控； ②负责收集房号确认单	
	销控区	唱号人员	1人	①负责唱号，让选房等候区的客户进入选房区； ②负责公布成功选房房号； ③负责和对房号销控版； ④根据传号人员了解选房室情况，安排客户进入选房室的节奏	
	选房区到舞台销控板	传号人员	1人	①负责将成功选房的客户传递至舞台唱号人员（主持人）； ②负责衔接内外部信息通知，控制节奏	
礼仪公司	签到台	礼仪小姐	4人	2人负责迎宾，2人负责为解筹客户贴上标识	身高1.68m以上，着旗袍
	观众席到选房区	礼仪小姐	1人	在主持人叫号后负责引导客户至选房区	
	选房区到财务室	礼仪小姐	1人	在客户成功选房后负责引导客户至签约室	
	全区域	保安	场内6人	—	—

9）物料安排

物流安排计划表　　　　　　　　　　　　　　　　　　　　　　　表4-5

	物料	用途	数量	负责单位	备注
销售物料	签到台	签到	1个	开发商	条形台
	签字笔	签约及签到	2盒	开发商	
	财务POS机	解筹客户交定金、新客户交诚意金	1台	开发商	
	资料台	楼书、解筹须知等资料	—	—	暂时用售楼处接待台代替
	预售许可证	张贴在签约室	1份	开发商	
	饮水机2台、纸杯、纯净水	—	—	开发商	
	签到本	签到	1本	开发商	
	解筹须知	给客户	若干	开发商	
	销控房号统计表	销控人员及项目经理用	1式3份	开发商	
	房号确认单	确认房号及销控	若干	开发商	
	选房确认表	确认客户选房（1式3份）	若干	开发商	
现场装饰及活动物料	区域标示牌	区域标示	4个	礼仪公司	
	签到标识（胸花）	区别客户身份	400份	礼仪公司	
	X展架	现场展示	3个	礼仪公司	认购须知、解筹须知、解筹流程
	椅子	等候席	40把	礼仪公司	
	隔离线	区域划分	若干	礼仪公司	
	销控板	房号销控	1块	礼仪公司	广告公司设计制作
	不干胶房号贴点	房号销控	250份	礼仪公司	
	现场气球（及落地气球）	装饰气氛	若干	礼仪公司	
	解筹条幅	解筹信息放送	1条	制作公司	代理公司提案、广告公司设计、制作公司制作
	售楼处门前地毯	装饰	1块	礼仪公司	
	音响及无线麦克风	唱号及主持活动	1套	礼仪公司	
	充气拱门	室外宣传	1个	礼仪公司	
	街道充气拱门	对外宣传	3个	礼仪公司	提前3天制作布置

第四种:抽签、摇号解筹

抽签、摇号解筹就是根据解筹当日现场抽签、摇号顺序决定选房顺序。

(1)流程

抽签摇号是市场理性发展的必然产物和要求,目前此方式已经被一些开发商广泛采用。

> 开发商在取得销售许可证后,在指定时间、地点进行诚意排号申请,且会进行排号申请资格说明及申请流程公示

> 客户在指定时间内按到场先后顺序,交纳排号诚意金,开发商同时开具诚意金收据及相关协议书

> 根据开发商通知,在指定时间、地点,开发商在公证人员监督下进行摇号,根据协议书编号进行摇号,以此确定客户选房顺序号(一般以5~10号为一组)。未摇中或连续唱号三次未到者,开发商一般视为自动放弃权利者

> 客户按开发商摇号摇出的先后顺序进入选房区选房,选中房号后,销控人员销控房号,客户与开发商将《诚意金收据》换签正式购房定金收据,且签订《认购协议》(连续唱号三次未到者,开发商一般视为自动放弃权利者)

图4-11 抽签、摇号模式的通常流程

(2)优缺点分析

1)缺点

① 认卡前期动力不足。解筹占用时间较长,容易导致前期诚意客户在摇号时未摇中号码放弃本项目,造成客户流失。

② 在购卡过程中,会有部分客户为提高被提前抽中的机会而购置多张卡,难以准确判断诚意客户数量。

③ 在解筹时未被抽到的选房客户会有少许的抱怨,容易造成客户煽动。或对抽签、摇号解筹方式受到客户质疑,公正性得不到保证,可能引起现场混乱。

④ 不便于销售员开盘前对客户进行意向疏导。

⑤ 需要开发商及其营销团队有十分强大的现场控制力。

2）优点

① 解筹日不需排队，可营造爆棚场面，相对较为人性化。

② 解筹时分批抽签分批选房，客户机会均等。公开摇号，并请公证员进行现场公证，保障摇号的过程和登记过程全都公开透明。给购房者树立开发商以公开、公证的社会形象。

③ 现场火爆而有秩序，并可以提高解筹率。

④ 可以利用一人认多卡、爆棚解筹等事件进行造势。

⑤ 每位客户的机会均等，现场控制上工作量比较小，便于同时聚集大量客户，营造现场气氛。

⑥ 降低预选房阶段客户放弃率，能最大程度的蓄集客户。

⑦ 给客户造成一种购买机会难得的尊荣感，从而促使客户快速下单。

（3）如何处理非VIP卡客户

大多数项目采用VIP卡认筹，抽签解筹选房。但是，这会造成一个问题：解筹当天如何处理非VIP卡客户？

如果解筹时叫号入场，等VIP客户全部认购完毕，再让非认筹客户进入购买，就会出现非VIP客户等待时间过长的问题。

同样，如果让VIP客户和非VIP客户一起解筹，VIP客户的成交意向肯定比非VIP客户高，还有可能因非VIP客户而导致VIP客户的流失。

所以，针对非VIP客户，可以分两个半天进行，上半天VIP解筹，下半天非VIP解筹，否则会丢失一些非VIP客户。

但是这有个前提：VIP客户必须达到一定的量，并且客户梳理做得比较好。

（4）运用说明

1）适合项目

品牌开发商及开发热点片区的项目。

2）推盘量与客户量比

诚意登记客户量需达到至少是推盘量的2倍。

3）开发商组织能力

开发商需对整个摇号流程有良好的把控能力，保证现场摇号的公正性。

4）适用范围

适用于品牌开发商的项目，但需确保其公正性。它对于项目前期咨询客户量的要求相对是比较高的，其咨询诚意客户登记量至少不低于推盘量的2倍。该模式需要开发商对其各个环节做到精准，人力资源要求相对前两种方式低一些。

（5）实战运用借鉴

案例1：　龙湖·三千里一期

龙湖·三千里一期是龙湖地产在成都的第三个项目。摇号当天龙湖摇出1868个号（600余个虚号），就把三千里一期的874套房子售罄，这不仅跟楼盘超高的性价比和成熟稳健的营销推广有关，跟它采用与自身项目相适应的认筹、解筹方式也有很大关系。

从开盘结果来看解筹当天的摇号活动非常成功，不仅通过认筹积累了3000余批客户，缓解了资金链压力，同时也为开盘的热销奠定了基础。

但从摇号现场来看，还是暴露出一些细节上的弊端和隐患。3000多客户对维护秩序的要求非常高，而现场人流量非常大，闲杂人员可以轻易进出。龙湖在摇号程序上也未能考虑到诸多细节。比如，现场是由工作人员摇号，虽然有公证人员在场，但摇出的号只显示序号，而且客户信息不予以公示，使许多客户产生了怀疑，以致于摇号活动开始不久由于客户的群体骚动使摇号活动终止。在现场派发食品时也未充分考虑到如何处理在很大客户量的情况下维持好秩序的问题，以致于出现打架事件。

总的来看，龙湖·三千里一期所采用的解筹方式与其自身的实际情况是相适应的，但在组织局部细节上还需要更多地思考和改进。

案例2：　万科·金域蓝湾

金域蓝湾策划的认筹活动跟其自身的产品结合得非常紧密，根据不同产品针对不同的客户群办不同卡的策略，为后面的解筹活动做好铺垫。

房地产项目入市与开盘

金域蓝湾的四类产品形态　　　　　　　　　　　　　　　　　　　　　　表4-6

产品	物业类型	面积	特点
水漾雅居	临河高层	约120~170m²	部分户型客厅两层挑高
亲地洋房	多层电梯洋房	约170~230m²	带私家花园，4~5层，仅24套
临院高阁	临中庭高层	约120~150m²	送35m²
城市寓所	临中庭高层	约80~90m²	隔层露台，部分户型有内飘窗

多层在一期同时推出，其产品主要有三类，所以在品鉴会的时候推出了城市卡、临院卡、水漾卡三种卡来区分出三类不同的客户群。

在品鉴会之前由于龙湖·三千里、首创·爱这城的相继推出，金域蓝湾通过临时售楼部已经拦截了大量的客户，所以在品鉴会当天办卡人数非常多。为了摇号的公平性，金域蓝湾将诚意客户进行了区分。品鉴会当天办的卡为A卡，之后办的卡为B卡。A卡在开盘当天享受优先选房的待遇，B卡在A卡摇号客户选完后才能进行选房。

从结果来看，8月25日为城市卡和临院卡客户选房，中午之前，共有200批客户进入选房区选房，共销售约149套。8月26日为水漾卡客户选房。两天共销售约655套，销售率接近97.3%。

虽然总体均价达到8623元/m²，但选择了切合项目特征的认筹、解筹方式促使万科·金域蓝湾依然热销。

万科·金域蓝湾是整个片区品质最高端的产品，其解筹方式也是有许多创新。万科采用摇号和选房分离方式，即整个开盘过程分为摇号当天和选房当天，共两天进行。选房当天被分为上、下午两个时段。依照客户的购房类别和诚意度区分了不同的选房时间顺序。所以，选房当天选房时间充沛，各个环节安排得当，秩序、节奏控制得很好。

但这种方式也有一定不足之处：由于选房顺序依诚意度和购房类别划分，部分客户想购买不同类别的户型时，如临院类别和城市公寓类别，必须分上、下两个时段选房造成时间浪费。

摇号需要客户量比较大，其不足之处是虚号出现较多，在不能很好筛除虚号的情况下，不利于解筹当天的预测。同时对于摇出号来的客户，无法鉴别其诚意度，解筹率也就没有保障。而通过万科的摇号过程我们可以看出，通过在诚意登记、认筹细节和时间安排的妥善处理可有效避免以上问题的出现。通过A、B卡方式既能保证高诚意客户的优先选房权，又能通过B卡客户吸取足够的筹量保证销售。通过发放并收回不同产品类型的优惠卡，便于统计分析，也有效地控制了虚号的出现。而收取高达5万的诚意金，摇号采取实名制一次性摇出等比较新颖的方式也取得了较好的市场效果，值得思考和借鉴。

深圳各项目的解筹方式一览　　　　　　　　　　　　　　　　　　　　　表4-7

项目名称	解筹方式	认筹解筹情况
福民佳园	卡序解筹	入场当天就有人提前认筹，提前一天就有人开始排队，反应较好，共认筹200多个。解筹推出150套单位，来了100左右客户，解筹率80%
布吉中心花园	卡序解筹	有400多认筹量，解筹推出大概60%的单位，当天到访量200多，基本全部解筹
茵悦之生二期	抽签解筹	认筹前期表现不是很好，量较少，后期有所上升，总认筹量200多个，解筹推出单位200套，当天认筹客户来了90%，有80%的客户解筹
日出印象	抽签解筹	从始至终比较火爆，总认筹量700多个，解筹时推出单位340套，解筹当天来了400多位客户，解筹280套，剩余单位1个月销罄
东门天下	抽签解筹	项目共认筹近1000个，总量957套，第一批推出400套左右，解筹当天成交310套
可园	抽签解筹	认筹情况较为理想，总认筹量700多个，解筹当天全部推出564套单位，到场客户300多人，解筹近300套单位（含提前解筹70~80套单位）
城市天地广场	排队解筹	项目认筹情况尚可，共认筹800多个，但解筹情况不理想，仅有约30%客户解筹
东方新地苑	排队解筹	认筹1个月时间只认了约为140个筹，解筹当天来了100多人，解筹88套单位，情况较差

七、解筹过程两大常见问题的处理策略

我们用一个案例来引出解筹过程中两大常见问题。

某项目2009年12月份能拿到预售证，11月份能出地面，11月月底建到2层，开发商要求11月底完成解筹、选房。但是无法提供《预售证》，也就是说不能收取首付款，要让客户选定房屋，同时价格比原来承诺的要高出一些，开盘解筹不想再追加优惠。

内部认购阶段推盘600套，认筹阶段内销400多套，其中：内部关系户150套、排队买好150套、降低优惠后100多套。项目被众多人看好，源自于本项目起点高、规划好，同时认购区间报价处在当地中档水平。

那么针对这一案例，如何解决关系户和排队人的选房矛盾？已报价格区间如何规避客户对价格上涨的抵制心理？

房地产项目入市与开盘

1. 如何调整关系户与排队购房者的矛盾

关系户与排队购房者是一个非常普遍的矛盾，遇到这个问题一般采取如下策略：

第一，一旦开盘要注意利用成交客户的口碑传播和内部关系户认购的宣传价值。

第二，和所有外部客户说清楚，公司有一批内部关系户，所以选房的时候你中意的房子不一定能够买到。其次，统计所有关系的意向房源集中在哪几栋楼里，或者选出预售证里位置较好的几栋楼出来，集中所有的内部关系客户做一次集中认购，和外部客户分开处理。时间可以放在正式开盘前，也可以放在正式开盘后，但需要注意的是要事先和关系户沟通好，说清楚，如果他们参加了正式外部客户的开盘就不能参加内部选房活动。

第三，如果前期的客户摸查，发现到时候无法控制现场，关系户可以提前一天把手续都给办理。第二天开盘的时候过来走个过场就行。

第四，如果内部关系户量过大，必须分开选房，分类通知客户选房，既然蓄客政策明确了选房顺序，只能按客户交纳诚意金的先后顺序选，现场喊控选房，做足气氛。

2. 报了价格区间如何规避客户对价格上涨的抵制心理

在这个案例中，首批推出的房源数量过多，600多套客户选择的余地太大，如果想达到好的解筹效果，认筹400组是不够的，至少要在800～1000组才能保证开盘当天70%以上销售，显然这个认筹数额是不现实的。

所以，减少推盘数量，推200套，让400人选，造成紧迫感，不给客户有考虑房源和价格的时间。如果销售员承诺是全部拿出来选，可以分批次的形式，本次没选到的转到下一批次，多给点优惠。

然后，根据开盘当天的销售情况决定后续房源的加推情况，注意的有两点：一是要让部分购房客户保持适当的饥饿感，确保推一批卖一批；二是要后续房源的价格适当上涨，让前面的人觉得房子升值。

案例 7　深圳东方·ＺＹ抽签解筹方案

深圳东方·ＺＹ，东临梧桐山隧道口，西接仙桐体育公园，南靠罗沙路，与香港隔岸相望，北为深圳第一高峰——梧桐山，其海拔944m，总面积31.8km^2，是一个以山体和自然植被为景观主体的城市郊野型自然风景区，空气质量达国家一级标准，是深圳特区内唯一的省级风景名胜区。由此登高西可俯瞰深圳市区，南与香港大雾山对望，向东南远眺，烟波浩渺的大鹏湾海面及美丽的大鹏半岛尽收眼底。

一、项目解筹前提条件

除了其他条件之外，有两个条件是重中之重。那就是预售许可证的取得及价格的确定。解筹时间确定在2006年11月19日。

二、媒体准备

整个媒体发布计划分为三个部分。

1. 报纸

选择《深圳特区报》、《深圳商报》进行公开发售公告及广告诉求。

2. 短信

主要为更换信息内容，针对买卡客户和登记客户，发布公开发售信息。

3. 现场包装

（1）售楼处包装

具体见现场礼仪包装方案。

(2)户外广告牌

广告牌信息更换:"东方·ＺＹ11月19日公开发售"。

三、有效积累客户:预选房

地点:正式售楼处。

时间:11月14日至11月17日。

对象:所有已领取VIP卡的客户。

主要物料:价格表。

实施内容:再次通知所有VIP卡客户在现场算价格,现场销售人员将对客户进行删选。

四、现场解筹

1. 选房说明

(1)选房时间

2006年11月19日上午10:00开始。

(2)选房地点

东方·ＺＹ销售现场。

(3)选房总原则

本着公平公开的原则,所有VIP卡客户参加抽签选房。

(4)选房当日优惠

可享受除正常优惠外的额外2%折扣。

(5)样板房参观

正式选房日不再专门安排看房。

（6）VIP卡选房认购程序

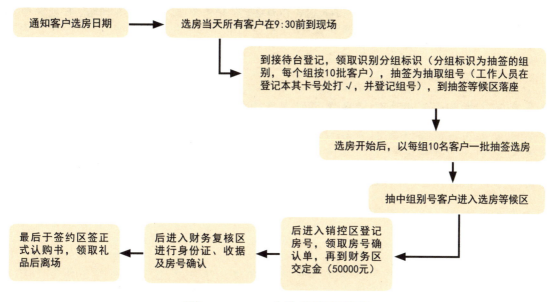

图4-12　VIP卡选房认购程序

2. 现场主要内功能分区

VIP卡客户选房时在选房区驻留不可超过10分钟，未选中房的客户需到指定区域考虑，或从指定通道离开选房现场。整个现场共分为十一区，各区功能如下：

（1）签到区功能

所有VIP卡客户进行登记，发放分组号。

（2）抽签等候区功能

当日准备参加选房的VIP卡客户等候区。

（3）选房等候区功能

专人接待已抽中组别号的客户于选房等候区落座，并核对身份（组别号及卡号），组内按客户VIP卡卡号先后顺序排序。

（4）销控区功能

VIP卡客户10人一组进行确定选房的区域，按卡号先后顺序选房，选中者由主销控填写房号确认单，销控复核人复核，以先定者先得为原则。

（5）游离区功能

在销控区的犹疑客户应安排其到游离区，由有经验的销售经理劝说成交，问题客户到贵宾室（现网络室）解决问题。

（6）财务区功能

客户交定金5万元，由财务人员收款，财务人员8组16人，承担收钱开收据功能。

（7）财务复核区功能

审核客户交款收据及房号单，防止重复销售的同时真实反映销售情况。

（8）签约区功能

已选定房子的客户签订认购书。

（9）签约复核区功能

认购书复核，防止认购书签错。

（10）礼品区功能

已选房客户领取纪念品处，指导客户离场。

（11）新客户接待区功能

接待新客户。

3. VIP卡客户选房流程

本次选房按照现场抽签顺序，估计当天客户人数会相当多，并且都将在10:00前到达现场。因此相关准备工作及人员配备需在8:30之前完成。

（1）8:00

在罗湖体育馆由保安开始组织客户坐中巴车到现场。

（2）8:30

罗湖体育馆客户和将步行与现场停车客户（用电瓶车）引入"客户签到区"登记，并安排客户到客户等候区落座，同时发放选房流程。中原项目组人员进客户行登记，统计到场人数。

（3）9:55

1）主持人开始抽签。

2）专职人员按主持人报出的组别号在登记表上登记，在核对客户组别号后，按客户VIP卡号先后顺序依次排队。

3）销售人员引导客户按流程进入相应接待区，工作人员提醒客户随时留意广播员的通报，引导其进入相应的各工作区域。

（4）10:00

1）选房正式开始。专职人员报"选房等候区"前十名客户为一组进入"销控区"，按照抽签顺序在"销控区"进行选房、后到财务室交款，该批客户限时为10分钟。下一组客户进入"选房等候区"等候前批客户选房后依次进入选房区。

2）按10人一组进入"选房等候区"的VIP卡客户，卡号优先者先选房，先定者先得。每销控一套单位，由主销控人员出具"房号确认单"给认购客户，并销控该房号。由销控复核人复核，工作人员收回VIP卡。主持销控播报员用扬声器播报被销控房号。

3）已选取满意单位的客户凭"房号确认单"在财务处交纳定金、领取定金收据，复核后及时到"签约区"签订认购书。

4）在规定的10分钟内未选到合适单位的客户，可要求销售人员提供帮助并考虑其他单位或直接离场。

5）当日未成交者，VIP卡未成交者选房权益当日作废。

6）每组客户的动线图如图4-13所示。

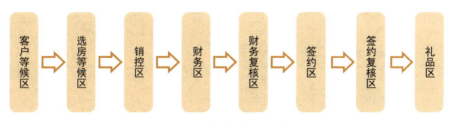

图4-13 解筹客户动线图

4. 注意事项

（1）销控区销售人员要时刻注意销控状态，而且要随时沟通，基本清楚进入"销控区"的客户购房意向，注意自己的客户的房号是否被销控，并及时和客户反馈意见和建议，以便更好地向客户推荐，提高成交率。

房地产项目入市与开盘

（2）工作人员和媒体人员一律佩带工作牌，保安见工作牌者方可进出。

（3）注意销售人员和现场工作人员对客户的区分，分工明确，提前作现场部署及预演，协作配合，不要造成客户怨言。

（4）物料清单（礼仪公司物料及开发商筹备物料），如表4-8所示。

物料清单 表4-8

序号	名称	数量	备注
1	收据	800份	财务
2	房号确认单	800份	
3	认购书	1000份	
4	价格、面积汇总表	50份	需编号，当天用完即收回
5	红、绿圆贴纸	各1000份	
6	销售五证复印件	各1份	
7	销售五证悬挂件		正在制订中
8	卡号胸贴牌	1500张	150组，每组10张
9	签到表	1本	
10	销控板	1块	制作
12	选房流程板	1块	
13	摇号箱	1个	建议采用六合彩票的摇奖箱
14	组合音响	1套（外场）	内、外场无线麦各2个
15	公告牌	2套（4个）	流程、选房须知
16	导示牌	11块	1客户签到区\2抽签等候区\3选房等候区\4销控区\5财务区\6复核区\7签约区\8礼品派发区 \东方·ＺＹ选房客户停车场3块
17	合同公示	1张	
18	价格公示	1张	
19	签到台及椅子	1套	礼仪公司提供
20	签约台及椅子	16套	礼仪公司提供
21	复核台及椅子	8套	礼仪公司提供
22	签字笔	100支	
23	主持人	1个	要求男，有过经验，现场反应及时灵敏
24	舞台背景板	1个	内容：东方·ＺＹ公开选房
25	车辆	5台	预定（五辆中巴）
26	资料袋	1000个	

续表

序号	名称	数量	备注
27	信封	1000个	
28	签盖（销控及复核）	2个	
29	礼品	500份	采购（红酒）礼品装
30	计算器	10部	财务部及使用（签约区备用）
31	瓶装水	1000小支	
32	食品（早餐）	1500份	采购（糕点）建议用盒装，内加牛奶一支
33	午餐	300个	工作人员
34	停车		罗湖体育馆
35	抽签区电线	200米	具体以实际为准
36	流动厕所	2个	抽签选房区
37	礼品发放登记表	1份	复印
38	POS机	5部	财务部
39	点钞机	3部	财务部
40	购房须知	1000	复印
41	电瓶车	4辆	从现停车场送客户到2、3楼之间
42	工作人员牌	150个	用东方·ZYLOGO和工作人员内容即可.
43	销控表	4份	主销控\复核三人
44	大白板	1块	标示已选完组号
45	对讲机	4台	协调选房人员

（5）选房流程图公示。

（6）财务部把银行账号印盖好和购房须知一起给客户。

（7）销控板在前100名VIP客户结束后，视情况再摆放。

（8）因抽签与选房相隔比较远，故需要配备4台对讲机来协调。

5. 解筹日人员配备明细及岗位职责

（1）保安人员配备50名（物业提供）

公司所有保安人员必须时刻谨记，作为公司之代表，应在工作中表现出适当的职业素养，以免有损公司形象。

1）车辆指挥员8名

岗位地点：罗湖体育馆、现停车场。

房地产项目入市与开盘

岗位职责：负责到访车辆的停车路线指引、进出指挥及车辆安全。指挥人员需精神面貌良好，指挥手势标准、服务意识较强。

2）等候区秩序维护员10名

岗位地点：选房等候区（现园林广场）及左右两侧。

岗位职责：负责选房等候区域人员就座秩序维护及突发事件的协助处理，抽签等候秩序维护

3）签到处准人员2名

岗位地点：签到处（园林广场入口处）。

岗位职责：负责签到处之签到客户的准入指引。

4）售楼处3楼到2楼准人员8名

岗位地点：楼梯口和转角处。

岗位职责：负责选房客户按顺序先后（参照胸牌）的准入及客户的通道指引。

5）选房销控区秩序维护员4名

岗位地点：销控处及现接待区。

岗位职责：负责选房秩序的维持及特殊吵闹客户的协助处理。

6）选房销控区中途退场出口准出员2名

岗位地点：现接待区旁。

岗位职责：对选房销控区未选中房号而退场的客户准予出场，并收回胸卡号贴。

7）交款排队处秩序维护员4名

岗位地点：现时VIP贵宾室。

岗位职责：负责前往财务处交款客户排队秩序的维持。

8）签约秩序维护员4名

岗位地点：现大厅。

岗位职责：负责签约人员的指引及安全保卫工作。

9）现场车辆阻挡员2名

岗位地点：项目广场。

岗位职责：项目广场拦住非工作车辆进入现场。

10）礼品区2名

岗位地点：礼品区。

岗位职责：离场客户通道指引。

11）机动人员4名

以备机动使用。

（2）签约员及审核员共22名

1）策划代理公司提供16名签约员，负责认购协议书的签订。

2）策划代理公司提供4名复核员，负责认购协议书的复核。

3）开发商提供2名签约最终审核员，负责认购协议书的最终审核，对认购书的客户联加盖公章并交予客户，并发放《购房须知》给客户。

（3）财务收银及开具定金收据员共16名（开发商提供）

财务室设8名收银员及8名收据开具员，其中设置5台POS机、3台点钞机。负责收银及定金收据的开具。

（4）签到员2名及协助员4名（策划代理公司提供）

负责客户签到记录、身份确认、《选房流程图》及线路指引，将客户到达信息及时反馈。

（5）销控员1名及协助员4名（策划代理公司提供）

负责销控板记录、唱号、房号表销控、销控复核。

（6）传单员6名（策划代理公司提供）

负责引导客户签约、反馈信息、收送销控单。

（7）复核销控（开发商1人和策划代理公司2人）

负责复核房号和收据，避免销控重叠。

（8）礼品派发员2名（开发商提供）

负责对每位成功认购的客户派发红酒（客户凭认购书客户联领取）。

（9）1对1选房区

工作人员4人，销售代表11名，外借销售人员4人。

（10）选房准人员

工作人员4名，策划代理公司提供。

（11）抽签区指挥人员

工作人员2名，策划代理公司提供。

（12）游离区逼定人员

工作人员3名，策划代理公司提供。

（13）食品派发人员

工作人员3名，开发商提供。

（14）清洁工配备

工作人员8名，物业公司提供。

人员合计：保安50名（现有+外借），增加保洁8名，工作人员：开发商8人、策划代理公司65人，财务人员16人，共147人。

附件1 东方·ZY VIP卡客户选房流程公告

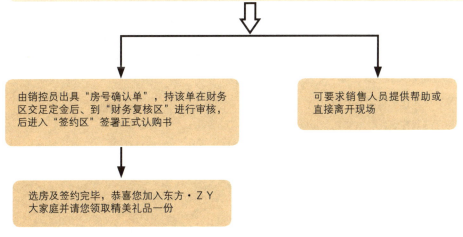

图4-14　东方·ZY VIP卡客户选房流程图

温馨提示：

1. VIP卡客户享受选房当日优惠额外2%需满足以下条件
   （1）凡申请"VIP卡"的客户在选房当日成交；
   （2）且开盘当日交足定金5万元人民币；
   （3）且必须在规定时间交清首期款项并签订房地产买卖合同。
   　　1）按揭付款客户需在签订认购书7日内交足首期款并签订合同；
   　　2）一次性付款客户需在签订认购书25日内交足所有房款并签订合同。

房地产项目入市与开盘

2.VIP卡客户请带齐VIP卡、身份证原件、购房定金50000元或银行卡等。

3.VIP卡客户如果未能在10：00前到达指定签到区并成功登记，则视自动放弃VIP卡权益中选房日的权益，请在签到台登记，在抽签选房结束后，按照先后顺序选房。

4.非VIP卡客户，等候VIP卡客户选房结束后，即可参加选房认购。

附件2 东方·ＺＹ购房须知

尊敬的客户：

签署认购书后，您还需陆续办理签约、银行按揭（以银行按揭方式付款客户）、入伙、房产证等手续，具体所需资料及相关费用请您详细阅读以下内容：

第一步：签约及办理银行按揭

请阁下按所签认购书规定的时间，即签订认购书后七日内，付清首期款或全款，同时签订《深圳市房地产买卖合同（预售）》，签约同时须提供如下资料及费用：

（1）身份证原件及复印件二份。

（2）港澳人士须提供回乡证或身份证（交复印件）。

（3）如公司购买则需要提供：营业执照或登记证、董事长或法人代表证明、授权委托书或董事会决议，法人代表身份证、经办人身份证（交复印件）。

（4）交款收据原件及复印件一份。

（5）如您不是国内居民，须交纳公证费=购房金额×0.3%。

（6）如您选择银行按揭方式付款，签署买卖合同后，请按我司专人电话通知时间如约办理按揭手续。

（7）如果您选择银行按揭方式付款，必须符合以下条件：

　1）年满18岁，具有完全民事行为能力的国内人士（包括港澳人士）；

　2）年龄与按揭年限之和不超过65；

　3）具有稳定的职业和收入来源；

　4）银行规定的需提供的其他条件等。

（8）签按揭合同前阁下还需提供以下资料：

　1）身份证复印件（验原件）；

　2）收入证明原件（加盖公章且不少于月供50%，港澳台及境外人士提供最新的薪俸纳税证明）；

　3）首期款收据复印件（验原件）；

　4）银行需要的其他资料。

（9）办理按揭手续时您需交纳以下费用：

　1）抵押登记费=按贷款金额的万分之一收费（不足100元按100元收取，财政局收）；

2）保险费=楼价×贷款年限×保险系数（保险公司收）；

3）合同印花税=楼价的万分之零点五收费（银行代税局收取）。

第二步：办理入伙

项目入伙前，您将收到《入伙通知书》和《项目入住指引》，请按该入住指引办理入住手续，并提交所需资料及交纳相关费用。

第三步：办理房地产证

房地产证按《深圳市房地产买卖合同（预售）》规定时间办理，具体办理时间请以我司发出的《办证通知书》为准。

第四步：办理房地产证时需交费用

产权登记费=50元（财政局收）；

契税=购房金额×百分之三（税务局收）；

印花税=购房金额×万分之五（税务局收）；

印花票=5元/本。

附件3 房号确认单

东方·ZY11月19日认购单位确认单　　　　　　　　　　　　　　　　　　表4-9

栋号	座号	房号	VIP卡号	姓名	销控	财务

特别说明：本房号确认单在销控签字后仅视为保留房号。逾时未交款，本房号确认单即时失效，开发商有权将本房号另行出售

房地产项目入市与开盘

案例 8　深圳中信·HSW别墅提高解筹率技巧

一、背景资料

1. 别墅基本情况

项目位于南山区，是一个65万m²滨海大社区。项目地处市政高起点规划的深圳湾填海区，北望华侨城世界之窗景，南眺深圳湾，西接沙河高尔夫，东连红树林自然保护区，在城市中心拥有海景、高尔夫景等稀缺景观。中信地产联袂顶级设计团队，进行了创新式的规划设计及产品设计，历时五年，逐渐实现了生态与人文环境的完美结合，开创了中国的湾区物业。本案例提到的别墅T6位于项目北区，共10席，是红树湾片区唯一在售的别墅产品。

图4-15　T6别墅外立面

下层院落别墅	上层阔景别墅
共3层，6房3厅5卫，410~420m²，3车位，送200m²超大前花园，120m²生态地下空间；前后独立入户门，主仆分道	共2层，3房2厅3卫，390~410m²；2车位，送90m²屋顶大露台，125m²生态地下空间；私家电梯直接入户，尽享尊贵

2. 客户积累情况

自2008年9月初以来,对T6别墅媒体推广少且不够集中,物料和展示也没到位。

媒体推广:线上两次报版和户外释放项目形象及卖点,线下短信释放项目的卖点。

物料:楼书、户型图、DM均没有到位。

展示:样板房工程整改中,花园没有成形,仅有几间清水房供展示。

截至2008年10月25日样板房开放日,别墅总共认筹6套(交50万元诚意金即可认筹),诚意客户10多批。

3. 解筹原因

在各种准备工作都不到位的情况下,为什么T6别墅样板房2008年10月25日一定要开放?这是因为:

第一,前期积累的诚意客户已经接近2个月。

第二,近期政策出台异常快,市场变化迅速。

第三,其他高端项目别墅产品陆续发售,万科·兰乔圣菲首批别墅产品近期也开始算价。

……

为避免客户流失和抢夺市场,因此中信·HSW项目组决定2008年10月25日开放T6别墅样板房,并同时消化认筹客户。

二、活动基本信息

1. 活动基本情况

时间:2008年10月25日(星期六)。

地点:湾区会馆缤纷西岸餐厅。

到场客户:约20多批,其中诚意客户有11批。

活动目的:造场造势,最大化地消化前期的诚意客户,确保销售目标的完成。

2. 活动流程

活动当日上午邀请南方都市报、深圳特区报、新浪等媒体参观样板房;下午邀请认筹客户及诚意客户参观,并设家宴盛情款待客户。

房地产项目入市与开盘

| 活动流程表 | 表4-10 |

时间	事件
10:00~10:50	媒体人员到达售楼处,开发商营销部安排专人接待
10:50~11:30	销售代表带领媒体集中参观样板房,仅对媒体开放
11:30~11:50	媒体参观其他院子,并在神秘花园参加PARTY
11:50~13:00	媒体人员陆续离场就餐
13:00~15:00	工作人员布场,包装缤纷西岸餐厅
13:00~15:00	客户陆续到达白石二道,保安人员指引客户到地下停车场停车
15:00~17:30	客户出示邀请函签到,礼仪小姐引领客户签到,并进场就座
15:00~17:30	安排客户分批参观样板房和他意向房号的清水房
15:00~17:30	带客户进各自包厢,销售人员为其算价
17:30以后	客户签约,享用特别定制的家宴,工作人员离场

三、如何提高成单率

按照以往经验,认筹客户的成单率为30%,即6个筹只能成交1套左右。认筹客户少,展示不充分,中信·HSW如何可以最大化地消化认筹客户、提高成单率?

技巧一:体验式营销,突出价值点

(1) 工程展示

背景:本次别墅样板房开放的时间较紧,工程整改力度大,开放前两天现场还是尘土飞扬,绿化没有到位,路上都是烂泥。

1) 分组检查

按照展示区域分为三组,分别负责样板房、清水房、白石二道三个区域的工程整改监督,以及落实整改的全面清洁工作。

2) 各方参与

每组都由工程部、营销部和策划公司、物业管理人员组成,确保最终能准时高品质地展示。

3) 定期沟通反馈

每日各组对负责的区域进行工程检查并及时督促,下午5点各组开会沟通当日工程进度和存在问题,及时反馈。

工程的全方位配合提高了工程整改的效率，同时定期沟通反馈也有助于保证工程最终展示质量和效果。

（2）场景营造

通过生活化的情景展示突显项目的差异化优势。不同空间营造不同的生活情景，突显其功能，营造闲暇的生活氛围。

1）院街前广场营造

外请老外坐在室外休闲椅上看书、喝茶、聊天与来宾打招呼，营造国际化的生活氛围。

图4-16　广场气氛营造

2）院街

安排保安作为院街的巡警，对来宾敬礼，在院街中巡走，营造管理有序的氛围。

图4-17　院街

3）花园主题

不同花园不同生活主题，突显前花园N重生活想象。

聚会　　　　　　　　园艺

运动　　　　　　　　休闲

图4-18　不同生活主题的花园

4）样板房

结合样板房装修风格，外请管家讲解样板房，细节之处营造出浓厚生活氛围。

茶艺师　　　　　　　调酒师

图4-19　不同风格的生活氛围

洒满花瓣的浴缸　　　　　　　　　弹古筝

图4-19　不同风格的生活氛围（续）

5）屋顶大露台

通过绿化和秋千椅，丰富其功能，突显屋顶大露台的闲暇生活氛围。

6）神秘花园

外请五星级酒店安排英式的室外小party，配合外籍音乐家拉大提琴，调动氛围。

7）展示牌

通过导示牌标识项目赠送的位置和面积，突出项目的高附加值。清水房中的花园、内庭院均用导示牌标示赠送的空间及面积，突出项目的赠送空间面积大且实用。地下储藏室和车位、电梯都设置小标示牌，注明地下附送空间的面积，突显项目的高附加值。

技巧二：流程缜密，层层推进

（1）人员培训

背景：园林大幅度整改，增加了大量的古树，样板房别具特色的设计理念，深圳最大的精装院落。如何让销售人员尽快了解项目差异化优势？

专业培训帮助销售人员尽快熟悉项目价值点，统一说辞，将产品的讲解融入故事情节，更能打动客户。

1）园林、产品培训

邀请园林设计师对销售代表进行了园林的现场讲解，帮助销售代表更熟悉园林的整体规划和优势。

2）产品培训

邀请设计部从专业的角度对销售代表进行了紧急培训，帮助销售代表更熟悉产品的优势。

3)样板房设计理念

策划访谈样板房设计师,了解装修理念及装修用材。

4)统一话述

策划人员整合园林、产品、样板房的几部分内容,整理各个区域的统一话述,方便销售人员在讲解过程中能融入情节打动客户。

(2)看楼路线

如何通过设置看楼路线,最大化扬长避短,规避高层带来的影响?如何通过几个关键节点设置,让客户体验到足够的尊贵感?

通过合理设置看楼通道,最大化地展示别墅的差异化价值(院街、院子、神秘花园),并降低高层带来的影响。

1)区别T6与高层的看楼路线,既体现尊贵感,又规避高层带来的压抑感;

2)小区入口安排保安登记访客,对访客敬礼放行,显示小区管理有序;

3)16栋、18栋、19栋前各安排一名保安,对访客进敬礼、指路,提升项目品质感;

4)通过在T6前广场设置导示牌,营造别墅的私家领域感。

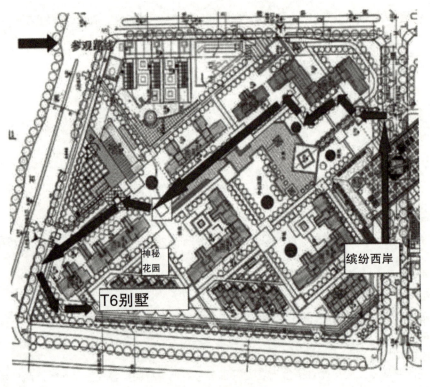

图4-20 看楼路线

技巧三：氛围营造，敲定成交

（1）推售安排

在认筹数量少，几乎一房一筹的情况下，采取何种形式才能顺利消化前期认筹客户？

分批推售，首推下层5套院落别墅，同时营造出稀缺、紧迫的感觉。这是因为，认筹客户共6个，且意向都为下层单位。而下层院落别墅共5套，且有精装修样板房和近200m^{2}的花园可以做情景展示。

（2）营造尊贵

高层、别墅同台销售，如何通过流程安排和细节设置营造与高层不同的尊贵和看楼氛围？

区分高层和别墅的客户接待处，特设别墅专场，通过整个选房流程和细节方面的设置提升客户的尊贵感。

1）为突出诚意客户的尊贵感，将媒体开放与对诚意客户开放安排在同一天，并提前预约诚意客户，安排专人将邀请函送至客户手上。

2）预留贵宾停车位，专人指挥停车，并将车牌用"中信·HSW"专用牌子遮挡，让客户感受私密性。

3）精心包装缤纷西岸餐厅的包厢作为别墅客户专场，并安排礼仪小姐接待，突显别墅客户与高层的不同。

4）所有的成交手续在包厢中进行，并准备高品质的物料，如万宝龙签字笔……提升别墅客户的尊贵感。

（3）制造卖压

邀请中信、策划公司和广告公司的领导营造出高人气的氛围，制造紧迫感。

有效协调真假客户，既保证了尊贵感，同时也营造出了高人气的氛围，给A类客户紧迫感，促进成交。

1）认筹客户为A类客户，诚意客户为B类客户，参观客户为C类客户，每类客户都安排专人接待，分清各类客户在活动中的角色：B、C类客户是充人气，A类客户是成交主力。

2）提前安排地下停车场中提前停入车辆，保证A、B类客户感受到的高人气。

3）在参观样板房前制造紧迫感，将缤纷西岸安排两间包厢打通，客户到达后集中等候，分批去看样板房。

4）安排工作人员专门负责清水房、样板房的人员调配，与现场经理联系，根据A类客户的认筹意向调配B、C类客户参观地点，给A类客户造成紧迫感。

（4）逼定成交

采用家宴的形式盛情款待客户，令到场客户不买都不好意思。

1）设置独立的别墅专场，用鲜花精心包装缤纷西岸小包厢作为别墅算价的地点。

2）现场仅安排销售人员和客户单独沟通，各客户之间彼此不知道对方情况。

3）采用家宴的形式邀请客户集中参观样板房，盛情款待客户，令到场客户不买都不好意思。

四、达成结果

第一批5套院落别墅推出即售罄，应客户要求加推上层单位5套售出2套。

现场的展示有效的坚定了客户的购买欲望，最大化地突出产品的差异化特点。

现场的高人气配合和制造卖压，顺利地消化了前期的认卡客户，6个认筹客户有5个购买，未购买客户仍表达了购买后期的意愿。

房地产项目入市与开盘

第五章 内部认购，实战预演

我们常说的内部认购来源于早期的"内部认购价"这个词。即开发商在尚没有获得《商品房预售许可证》等有关证件之前，在小范围内推出一种"内部认购"的方式销售商品房。内部认购的最重要前提是具有一定幅度的购房优惠，如果常规价格策略是低开高走，内部认购价应该是该商品房销售过程中的最低时段价。所以，它具有较大吸引力。

房地产项目入市与开盘

一、内部认购的演变

1. 内部认购的原始概念

内部认购原来是开发商把一些房屋供自己公司的职员优先选购，以慰劳职员的辛劳。基本上内部认购的对象是公司职员以及与开发商业务、管理有关系的相关人士，例如负责楼盘建筑的建筑公司、负责策划发售事宜的专业机构或有来往的政府部门的部分人士。但行业政策对内部认购一直并没有明确规定。因此，内部认购由原来的"慰劳"很快演变成开发商检验市场的试金石和操纵销售气氛的营销技巧。

同时，开发商为了保证尽可能多的赢利，会严格地限制和控制内部认购的销售量和时间。

2. 内部认购的营销延伸

既然内部认购能通过一定的优惠折扣，吸引大量的消费者。所以，内部认购就开始由内部转为公开，原始的内部职工和关系户纷纷联系自己的亲戚朋友，这样内部认购范围就得到进一步扩大和延伸。

作为一种营销手段，开发商发现内部认购的策略具有重要的价值。于是，很多开发商就不再遮遮掩掩，直接由内部认购变成公开认购。就这样，内部认购登上了历史的舞台，目前内部认购已经成为整个营销过程中一个必不可少的环节。

所以，今天的内部认购早已超过并偏离了原来的方向。现在的内部认购实际上已经是提前的开盘，其流程大致与开盘集中认购的流程差不多。但是，内部认购的差别就在于，往往在开盘的时候才知道真实价格，前期要么不知道价格，要么只是知道一个价格区间。其次，内部认购期间由于没有取得销售许可证，所以必须等开盘的时候才能签订销售合同。

二、内部认购、蓄客、认筹三个概念的区分方法

这三个概念,大部分人搞不清楚。但是,他们之间又有紧密的联系。我们该如何区分呢?

其实,内部认购的原始功能其实也是认筹、蓄客的一种形式。但是,目前我们说的内部认购主要还是指一个营销区间。一般来说,从形象推广期到公开发售期,这段时间我们都可以称为内部认购期,在此期间大部分的蓄客、认筹、解筹都属于内部认购的工作。但除此以外,还涉及一系列的营销推广策略,一系列的产品包装工作。内部认购期长短需要综合工程进度以及经营推广进度确定。

蓄客往往处于内部认购期,但是实际上形象导入期也可以蓄客,公开发售期同样可以蓄客。一个项目的整个营销过程,其实都是一个蓄客的过程。

认筹也往往处于内部认购期,它是一种更高级的蓄客手段,它对客户的提纯更为有效,锁客能力更强。

三、内部认购的名词新解

内部认购衍生出许多的名词,这里我们对这些名词逐一进行注解。

1. 订金

《最高人民法院关于适用〈中华人民共和国担保法〉若干问题的解释》第118条规定:"当事人交付留置金、担保金、保证金、订约金、押金或者订金等,但没有约定定金性质的,当事人主张定金权利的,人民法院不予支持。"所以,除非合同作明确约定外,合同履行的"订金"作为预付款的一部分,只能抵充房款。无论哪一方不履行,只要将其如数返还给付订金的一方即可。

订金是开发商进行"内部认购"收取的款项之一,也有买家主动提前给的。根据双方的协议规定,会有不同的预订内容。

2. 定金

定金指合同当事人为保证合同履行,由一方当事人预先向对方缴纳一定数额的钱款,是一种担保方式,也是一种违约责任形式。买家在看中某套单位后,交纳定金来确保买到该单位,是更为正式的形式,若买家没有履行约定进行买卖交易,无权要求返还定金。

3. 诚意金、意向金

同样是开发商收费的又一名目，用以彰显买家购房的"诚意"，提前给的钱越多，证明你就越有诚意，它与订金没有区别，只是主要用于认筹阶段的一个新名称。最早诚意金是中介公司在收取客户诚意金后才会用心为买家寻找和"暗定"买家看中的房子。以前，诚意金、意向金少的只需几百元，多的也就是两三千元。可是，现在诚意金已经变成开发商变相回款的手段，少则上万元，多则5万元、10万元，引来市场怨声载道，反而显示开发商的缺乏诚意。

4. 提前品鉴、VIP品鉴

提前品鉴、VIP品鉴是一种很有文化的诱惑形式，比内部认购还要发展一步，往往用作蓄客、认筹手段。开发商会将老业主或相关专家、名人，通过海报、邀请函等形式组织在一起，在"品鉴"的氛围下，让他们提前参观，或登记客户或售VIP卡或一步到位让客户签下认购书。目前，这种形式相当普遍，外表上是参观与鉴赏，与金钱、违规并不挂钩。

5. 诚意登记

诚意登记也是内部认购之前的认购形式，开发商没有取得预售证情况下的行为之一。实质与"提前品鉴"等形式相同，可以起到蓄客、造势的作用。

6. 内部认购、公开内部认购

与内部认购相似的说法还有内部认筹、内部登记等。早期的内部认购是针对旧业主和本公司员工，现在的内部认购、公开内部认购实际上都是开盘前的公开认购。

7. 提前公开发售

以前在项目没有拿到预售证前，开发商想早点回款，会堂而皇之称提前公开发售。现在这种概念，很少出现。

8. 楼王、压轴单位

随着出货量的逐步消化，不少楼盘都纷纷推出其楼王单位或者压轴产品。楼王、压轴，本应该是最好的产品，数量也应该是极少数，才能称得上物以稀为贵。但是，在一些大楼盘，上半年高调推出楼王单位，声称一周内卖完；数月后，又称推出第二批楼王单位，接着是压轴单位。楼王、压轴单位完全成为推货的概念产品，由产品手段提升为营销手段。

9. 保留单位、珍藏单位

所谓的保留单位、珍藏单位也是开发商的营销概念。其产生的根源无外乎以下几种：

第一种，内部认购期间先留一些房源备用，如用于关系户或大客户。后来这些关系户或大客户没有达到预期销售目标，然后将其以保留单位、珍藏单位名称上市。

第二种，起初就想到控制出货量，先隐藏一部分出货量，等价格节节攀升，然后把这些房源以保留单位、珍藏单位名义推上市场。

第三种，前期内部认购或开盘之后，出现很多滞销单位，为了快点消化它，打上保留单位或珍藏单位旗号。

第四种：那就是到了尾盘阶段，大部分尾盘以保留单位、珍藏单位作为宣传口号借机上市。

10. 加推

加推其实就是分批推货，预售证上显示可以销售的单位有一栋200套，开盘时只推出100套，如果销售火爆，还有大量客户没有认购到房，就以加推名义，顺势推出第二批。第二批的价格相比第一批就会出现节节攀升。加推的目的，其实就是为了调价、调货。

四、项目内部认购的主要内容

内部认购时间一般都会很长，为配合项目的推进，打好后期销售市场基础，需了解内部认购操作的主要内容。

1. 内部认购的八大价值

正式发售前的内部认购对整个项目的作用是不可低估的，主要表现在如下八个方面：

第一：试探与反馈

能从内部认购中获取客户，从而更清楚掌握客户的购房意向、市场需求以及对产品的认同程度，为调整、优化、设计营销策略提供条件。

第二：蓄水笼客

客户资源都是稀缺的，在区域市场就像零和游戏，只有先把一部分客户掌握在自己手上，笼络在自己麾下，才掌握了市场竞争的主动。

第三：树立楼盘形象

期房阶段，没有现房、没有样板房不能让客户品鉴实体产品，只得通过内部认购、开推介会等营销手段，让客户认识项目、了解项目。有利于客户在期房阶段就形成产品的良好形象，使某项目在区域市场中预热，扩大楼盘的市场知名度，建立项目的基本品牌形象。

第四：宣传造势

只要有足够的人交了定金，开发商就可以宣称开盘之日即售出多少，制造一片热销的大好氛围。这样可以为项目起到初步宣传的作用，达到为项目造势目的。

第五：实战演练

为售楼员提供实战培训时机，有助于售楼员运用所学的知识、方法、技巧去接待客户，回答客户的提问，从而不断锻炼售楼员，提高其业务水平和业务素质，为以后走向正式销售打下坚实的基础。

第六：促进工程建设

以最优惠的价格聚集人气，奠定购房者信心。为吸引外部资金介入项目开发进程创造条件，有利于加快整个项目开发建设速度。

第七：回笼资金

在正式取得预售资格前，边建设边取得部分销售收入，争取使项目在最短的时间内回笼资金。

第八：择机推货

以价格策略消化部分层次、朝向较劣势的单元，减轻预售期价格回调幅度过大带来的市场压力。

2. 项目内部认购的必备条件

条件1：地盘包装

地盘包装的目的是树立初步工程形象，完成工地现场的形象包装。其主要工作包括：

1）项目围墙绿化；
2）售楼中心装修布置完成并投入使用；
3）完成售楼中心周围的绿化及景观建设；
4）项目围墙广告完成；
5）样板间装修完毕；
6）项目工地大门路段实现全面绿化包装；
7）前期广告顺利引导，已达到广泛的社会认知。

条件2：设计基本定型

项目详规及方案基本确定，使客户对将来建成的楼盘总平面、单体及房型有一个完整的认知。

条件3：取得有关文件，符合有关法规

向客户出示项目批准、规划、勘察和用地的有关批文。主要有土地使用权证、建设用地规划许可证、建设工程规划许可证、开工许可证、投资许可证、销售许可证等。确保认购行为、有关认购文件与现行法规基本一致。

条件4：宣传工具制作完成

宣传工具制作主要包括如下内容：

1）现场包装体系完成；
2）销售道具全面投入使用（包括楼书、宣传册、现场指示牌、户外广告牌、路牌、展板、气球等）；
3）报纸、杂志广告设计完成，电视广告拍摄制作完成；
4）销售文件全面制定；
5）税费明细、购房政策明确；
6）模型、沙盘制作完成。模型、沙盘可以更为立体的展示产品形象，在楼盘形象得不到充分展示之前，模型可以起到很好的补充作用。

条件5：确定装修标准及设备标准

如室内和公共面积的装修标准，消防、通信和保安系统。

条件6：确定服务内容及内部会所设施

如确定物业服务内容、聘请物业管理公司、确定会所的生活和娱乐设施。

条件7：确定各类收费

物业管理费、会所设施使用费、其他有偿服务收费标准、入伙费。

条件8：销售人员培训完毕

对销售人员进行统一说辞和沟通技巧培训。通过科学的系统培训，使置业顾问不仅要具备产品推销能力，更能成为消费者"投资理财的顾问"，为实现内部认购工作及将来的销售工作目标打好基础。

条件9：制定销售规章制度

制定严格规范的管理制度，建立现场销售管理制度，充分提高员工的工作效率，保证销售工作有条不紊地进行。

条件10：规划炒作模式，建立价格体系

各项广告推广计划及促销策略准备就绪。根据前期市场反馈，调整并完善推广策略。制定有利于资金回收又对客户存在一定利润空间的转让规则，使认购带有实惠和投机的双重机会点。

确定价格体系、制定付款方式、准备好认购书。为客户提供预期投资增值方案以增强认购吸引力。

3. 内部认购时机

内部认购时间应综合工程进度以及经营推广进度来确定，一般认购条件的初步具备应在取得预售许可证前三个月。

4. 内部认购人员安排

（1）售楼员：负责内部认购期间客户推广、接待及项目介绍，签订认购书，收集楼市住

处并及时向上级汇报，记录客户档案等工作。

（2）销售公关：开发客户，跟踪目标客户，整理客户档案，收集内部认购期间销售信。

（3）其他人员：配合工作，协助售楼部推进销售。

（4）财务人员：负责收款。

（5）保安人员：维护现场秩序。

其他人员还包括销控人员、保洁人员等，可根据需要灵活设立。

5. 内部认购推广策略

（1）推广条件

项目展示中心、各接待点启用，形象出街。灯箱、广告牌到位，认购物料备妥。

（2）销售价格

内部认购价一般较开盘价多5个点优惠，但不公开，作为市场价格试探。

（3）销售预测

制定内部认购销售计划，达到既定销售量可适当加推。

（4）风险应对

如果认购不到推货量15%，迅速分析，找出原因，对症下药，调整供应单位或认购策略。同时，也要制定超出市场反应热烈的应对方案。

（5）推广目的

塑造项目基本形象，引发市场注意，通过公司内部关系，建立基础客户群。

（6）广告诉求

形象推广、项目启动信息、项目基本情况、主题品牌形象确立。

（7）媒体选择

大型户外广告牌、车身、软性新闻炒作、片区炒作。

五、内部认购方案的三种形式

根据项目的实际进展状况和认购方式的差异，内部认购方案主要有三种形式。

形式1：松散型

认购者在初步了解房型、总体布局、价格区间和面积范围后支付定金，签订认购协议书。认购者有优先挑选权及小幅价格优惠。如认购者不接受开盘价或有其他任何不满意，可在开盘前全额退还定金。认购者不得将权益转让。

（1）松散型优点

对开发商准备工作及工程进度要求不高（简单的项目介绍资料、大致的价格范围）。认购的同时可获取较广泛的客户反馈信息，开发商可以自行调控已认购单元的分配。

（2）松散型缺点

由于对认购者基本无约束，可能造成认购水分较大，对真实意向客户把握不准。基本无资金回笼。

（3）松散型应用

主要目的是获取较广泛的客户反馈信息，对双方基本无约束，因此方案多采用表格的形式。

形式2：紧密型

认购者在基本认同小区总平面、单体及房型的基础上认购具体单元，确定开盘、交房预计日期、单价及总价、交房基本标准和付款方式。认购者支付定金，签订认购书，享受一定的价格优惠。如认购者在接到签订预售合同及交纳首期款的通知后未按时签约付款，开发商有权终止协议，将房屋转售他人，定金不再退还。若开发商逾期30天以上获取预售证，将退还定金，不再承担其他任何赔偿。如开发商未经认购者同意将房屋转售他人或对项目进行重大调整，将承担违约责任并双倍返还定金。认购者不得将权益转让。

（1）优点

对实际认购总量及预期的销售收入均有较大把握，能少量回笼部分现金，相比松散型能回笼更多的资金。

（2）缺点

开发商至少在确定或完成初期阶段设计后，才易于实施。如设计、施工方面的后期调整过大，致使开发商自身违约，将承担一定的风险责任。

（3）应用

认购接受面较广，对双方的权利和义务有一定的约束，尤其对开发商的时间有期限要求，协议的制定对开发商赔偿责任作了规避。

形式3：参建型

基本条件类似紧密型，价格折扣不低于10%（较开盘价）。要求认购者在认购时支付30%房款，正式预售时依工程进度付款或办理贷款手续。开发商承诺认购者可以将认购权益转让，并配合其办理有关手续。

（1）优点

参建型是实现早期回笼资金的最佳办法，同时能够通过权益转让的炒作手法吸引一定房地产炒家，将整个项目的价格水平抬升。

（2）缺点

对购房者来说虽然回报丰厚但投资风险较大。如果对开发商信任度不足，则订购者难以树立在早期即投入较大量资金的信心。因此，对项目和开发商的前期包装要求较高，认购协议也需要相应的法律保障。否则，这种最佳方案最不易实现。另一方面，对客户手中的权益转让问题亦须慎重规划操作方案，以免这部分房源干扰整个价格体系。

（3）应用

有利开发商资金回笼，可制定出既对认购者有一定利润空间又不影响开发商的项目价格体系，也有利于开发商制定转让规则。

我们以一个案例来进行说明，如某项目1号楼10层B单元的面积为100m^2，内部认购单价为5000元/m^2，总价500000元，认购人以首期支付30%的房款认购，计150000元。具体流程为：

可能情况1：认购人自住

认购人选择1号楼10B单元，签订认购协议并支付首期款150000元。开发商开具收据，于正式预售前一周内发函，要示认购人履约。认购人签订合同、交纳房款、交易正常结束。

可能情况2：认购人投资

认购人在预售前以单价5500元/m^2自行物色到该单元的转让对象（受让人），并要求终止原认购协议，改由受让人与开发商签订新的认购协议，并享受差价收益。

六、针对投资客的转让处理策略

1. 投资客转让可能出现的问题

第一，开发商开具给受让人收据金额与实际收入不符，由此会产生额外税费。

第二，如认购人再以认购协议形式转让，而受让人也有可能要求继续以认购形式转让。如不加以约束，增加了开发商的管理难度。

第三，认购人的转让价格低于预售价格会对项目的价格体系有一定的冲击。

2. 对策

第一，认购价与受让价之间的价差，由受让人按照一定比例承担税费。

第二，受让价与预售标准价之间的价差，由受让人与认购人协商按照一定比例承担税费。

第三，认购人不得再以认购协议形式转让，应让受让人直接签订预售合同。

第四，转让收益的给付：转让收益的给付依照预付款的比例支付。如认购人以30%的房款认购某单元之后又将其转让，受让人的付款形式如按建设进度付款，则认购人的收益按照受让人的实际付款比例，收回投资并取得利益回报。如受让人一次付款或支付首期款后余款按揭完成，认购人即可按照全部价差扣除获得转让利益。

第五，认购人的权益转让时限至预售开盘一定时间内，如20日内。

案例 9　快速回笼资金的内部认购方案制定模式
——BJZ项目街铺内部认购方案

一、目标和背景

1. 目标

为尽快回收资金，开发商决定首先推出沿建设北大街街铺进入市场认购，希望在4月30号之前回笼资金500万元。

2. 背景

（1）工程形象进度

项目住宅3月底开工，沿街街铺4月底开工，6月15日街铺与住宅同步封顶。这样街铺内部认购时街铺建筑主体尚未建设，住宅主体施工到第二层。

（2）项目营销推广

根据《BJZ项目销售准备工作时间表》，内部认购期内，4月初项目形象墙完工，项目的模型、户外广告、楼书、广告文案等形象包装工作正在进行中，尚未完成。售楼处正在施工，卖场不具备营销推广条件。

（3）人员组织

已有销售人员7名，能够满足内部认购人员要求，销售代表招聘、培训与内部认购同步进行，为项目公开销售作准备。

房地产项目入市与开盘

二、定价方案

1. 定价思路

商业物业价格确定的方法有市场比较法和收益还原法。从项目的综合品质比较，本项目位置比周边在售街铺具有明显优势，建筑产品在目前石家庄市场没有供给，近400m的商业街在石家庄市场也是开创先河。因此，本项目与区域内在售街铺的可比性一般，在确定价格时：

第一步：首先选择市场可比案例，通过区域因素、楼宇本体因素、营销等因素调整确定物业比准价格；

第二步：通过市场租金资料，确定本项目未来可实现的租金，采取收益还原法确定物业收益价格；

第三步：分析市场比较法和收益还原法得出的结论，确定街铺可能实现的市场均价；

第四步：结合认购条件、市场环境及街铺内部认购策略，确定街铺内部认购价格。

2. 采用市场比较法确定价格

（1）市场调研资料

市场调研情况汇总　　　　　　　　　　　　　　　　　　　　　　　　　　　表5-1

楼盘名称	商业特点	销售情况	价格	状况
燕都花园	一层街铺，26间；位于住宅裙楼，退红线较深，形成人行广场。门面一般为7m，进深约12m，门面进深比1:1.7，层高约4m，带独立卫生间，面积54~92m^2	早期定价偏低，形成抢购热潮，后来调整为购买街铺搭卖一套住宅，目前26个街铺剩1个，实现96%销售率	开盘价6000元/m^2；现销售价10000元/m^2	准现楼。靠建设北街街铺尚未建设，推出时间不确定
宏业花园（一期）	一层街铺，22间，位于住宅裙楼，人行道与街铺间有5级台阶，门面3~3.5m，进深约12m，门面进深比1:3.7，层高约3.5m，带一房间，面积27~63m^2，商铺与住宅独立	现已全部售完并处于经营状态	开盘价6000元/m^2；后期为8500元/m^2	已经入伙主要有经营汽配、五金。从客户访谈中了解到客户对街铺的设计不满意，房间面积太大，经营门面太小

续表

楼盘名称	商业特点	销售情况	价格	状况
宏业花园（二期）	一层街铺，20间，位于住宅裙楼。人行道与街铺间有5级台阶，门面3.5m，进深约12m，门面进深比1：3.4，层高约3.5m，房间可以从住宅入口进入，面积56~63m²	销售不及一期好，目前售出12间，实现60%销售率	目前售价9200元/m²	准现楼
博雅花园	一层街铺，位于住宅裙楼。门面3m，进深约11m，门面进深比1：3.7，层高约4m，带独立卫生间，面积56~63m²	推出街铺全部售出	销售价格6500元/m²	期房。街铺受上部住宅限制大，门面偏小，进深比相对较大
冀兴花园	二层街铺，每个铺独立设置，没有形成商业街。独立于住宅主体，门面约3.5m，进深约5.5m，门面进深比1：1.6，层高约3.5m，带卫生间，有室内楼梯上二层，楼梯偏陡	开发商自用办公	无	新近入伙

从以上调查可以看到：

1）区域内街铺销售情况比较理想，街铺供应压力较小。
2）区域内已售和在售街铺均位于小区道路沿线，城市主要干道没有街铺出售。
3）区域内在售街铺均位于住宅首层，受住宅的限制较大，因此平面布局相似，没有突破和创新。
4）区域内街铺销售价格一般采取"低开高走"策略，目前一层街铺售价在6500~10000元/m²之间。

（2）比较案例的选取

选取原则：同类型商业物业、同一商圈、位置接近、成交时间相似、成交价格为正常实现的交易价格、经营方式相似。

根据以上选取原则，选取项目周边的燕都花园和宏业花园（二期）临街街铺作为可比案例。

（3）确定商业物业价值的基本因素

因素一：区域比较因素

位置：包括街道类型、区域功能、距商业中心距离、商业级别、商业配套、规划前景等。
交通：交通限制、交通便捷度、服务时间等。
人流：临街人流量、人流环流、人流类群、居住类型、人流集散等。

业态、业种：分布情况。

其他：治安状况、相邻建筑等。

因素二：楼盘本体品质比较因素

①规模。

②平面设计：实用性、门面进深比、层高、前广场、使用功能。

③装修设备：装修材料、设备。

④外观：立面设计、广告位置、通透性、形象。

⑤车位。

⑥开发商。

⑦承建商。

因素三：工程形象进度因素

包含潜在风险。

因素四：营销因素

市场时机、营销包装等。

以上因素具体比较详见表5-7《楼盘比较表》和表5-8《楼盘比较记分表》。

（4）市场比较法结论

通过比较分析得到项目可实现价格：一层均价8300元/m^2。

在确定二层价格时，主要考虑：

（1）目前石家庄市二层租金一般为首层租金的50%；

（2）根据对临街商铺专业经验，在垂直交通便捷情况下，如：

一层外部有直接通往二层的公共扶梯的，二层商铺价格一般为首层商铺的70%；

一层内部有公共扶梯到二层的一般为60%，每间商铺自带室内楼梯的一般为50%。

结合本项目特点，确定二层商铺是一层街铺的50%，即：一层均价8300元/m^2、二层均价4100元/m^2。

3. 采用收益还原法确定价格

（1）市场调研

周边商业租赁情况表　　　　　　　　　　　　　　　　　　　　　　　表5-2

位置	租赁情况	租赁价格	状况
建设北大街东海花园裙楼	租赁一般，原作汽配市场，现改为保健药品市场，建设银行入驻	80~100元/m²	大面积商业裙楼招租
建设北大街沿街街铺	以汽、汽修、五金为主基本没有空置	85~100元/m²	统一业态街铺
建设北大街和华新路交叉口汽配经销市场	6排2层临时建筑租赁者多为原八家庄生意人，上下两层捆绑租赁，铺面150m²	35~55元/m²	集中专业市场
建设北大街与光华路交接处（北面）	汽配市场经营	85~110元/m²	统一业态街铺
建设北大街与光华路交接处（南面）	机电公司五金街铺经营	140~170元/m²	集中专业市场
胜利北街天河街铺	只租不卖	一层60元/m² 二层30元/m²	业态分散自设楼梯
华新路街铺	汽配经营集中地带	50~60元/m²	统一业态街铺
胜利北街冀兴花园街铺	只租不卖	50~70元/m²	业态分散街铺

从以上调查可以看到：

1）区域内街铺租赁情况良好，出租率高。

2）区域街铺租赁价格差异较大，最低50元/m²，最高170元/m²。

3）建设北大街沿线是该区域街铺租金最高区域，租金在80~170元/m²。

（2）租金预测

从市场调查资料显示，石家庄市二层街铺租金一般是首层街铺租金的50%，本项目二层租金初步拟定为首层租金的50%。

参考租金的选取和确定时，还要结合考虑：同类型商业物业、同一商圈、位置接近、价格为正常实现的交易价格、经营方式相似、经营业种。

根据以上选取原则，项目未来可实现租金可直接参考的临近物业是建设北大街临街街铺，从项目的品质比较，预计项目未来租金情况：首层租金85元/m²、二层租金43元/m²。

（3）收益还原法参数选定

计算公式：（假设未来租金基本稳定）

房地产项目入市与开盘

$$V=a/r [1-1/(1+r)n]$$

其中：V—物业价格、a—年纯收益、r—还原利率、n—收益时间（年）。

参数确定：还原利率r：根据石家庄银行定期存款利率+行业风险系数，确定为0.08；收益时间n：考虑商业物业土地出让年限和建设期，取39年。

以上公式演变为：$V=a \times 11.88$。

年纯收益a=（月租金-空置-相关税费）×12。

一层年收益=734元/m²·年（空置率10%，税费20%）。

二层年收益=372元/m²·年（空置率10%，税费20%）。

计入公式，可以得到街铺价格：一层街铺价格，8720元/m²，二层街铺价格4400元/m²。

4. 确定价格

确定价格时，考虑市场目前供需情况和客户对价格承受心理，结合两种方法得到的价格，确定街铺可实现的价格：一层街铺价格8300元/m²，二层街铺价格4300元/m²。

三、内部认购策略

1. 总纲

考虑项目街铺虽然所处地段好，但单位面积大，总价高，而且在认购前并没有进行任何宣传推广和形象展示。所以，在价格上采取"低开高走"、快速回收资金的销售策略，同时推出南北段街铺，通过价格与总价差异引导客户购买北段街铺。

2. 具体认购策略

在确定认购策略前，先分析一下同区域内燕都花园街铺销售情况：燕都花园早期以低价入市，造成抢购现象，后来开发商对购买街铺采取了一项措施：买街铺必须购买住宅，采取1（街铺）+1（住宅）方式销售，在大幅提高街铺价格的条件下，街铺实现近100%销售率，销售价格见下：

竞争项目1+1方式的价格策略 表5-3

街铺		住宅		总价（元）
面积（m²）	单价（元/m²）	面积（m²）	单价（元/m²）	
85	8000	140	2400	约100万

从销售总价和销售情况反映出，目标客户对该区域认同度高，100万元的街铺+住宅，市场承受力依然很大。

如果本项目在内部认购期内，街铺采取上下铺捆绑销售，总价在100万元左右，总价与燕都相似，但却是一套住宅和一间街铺的差异。而且不论位置和商业聚集度都比燕都优越，项目的投资价值远远超过了燕都花园，对投资客户有很大的吸引力。因此，采取以下认购策略：

（1）认购期内，北段街铺采取低价入市方式，而南北段街铺总价拉开明显差距（通过计算约20万左右），南北街铺销售压力不大。这是因为：

第一，客户对南段街铺不接受，对北段影响不大，可以通过认购期内形成的人气和知名度，加上后期工程进度、广告宣传、形象展示等营销手段，实现南段街铺价格。

第二，客户对北段街铺市场认同度高，可以采取每次2%～3%幅度向上调价，当南北街铺价格趋近，客户自然会接受南段街铺。

（2）认购期内，推出街铺只采取以下两种组合方式推出：

组合一：复式铺1+1型（上下铺）；

组合二：复式铺1+2、1+3（一间上下铺+相临第二层街铺）。

（3）引导客户购买第二种组合方式街铺。

（4）考虑如果首层街铺卖出，二层街铺无卖点，销售会非常被动，因此对于只购买首层的客户，先登记，保持电话联系，为后期销售积累客户源。

3. 价格策略

策略1：价格要根据认购期市场反应及时调整。

策略2：考虑街铺数量不多，开发商快速回笼资金的目标，认购期推出单位价格采取统一单价。

以一次性付款计，要实现500万元回款，推出单位数量如下：

街铺内部认购推售计划 表5-4

假设推出位置	数量	总价（万元）
北段	共5	540
南段	共4	510
南、北段	共5	600

街铺内部认购计划 表5-5

街铺位置	入市阶段	销售阶段	公开销售阶段
北段	1~6号铺	7~12号铺	13~17号铺
南段	5~10号铺	11~14号铺	1~4号铺，15~17号铺

房地产项目入市与开盘

内部认购期价格建议　　　　　　　　　　　　　　　　　　　表5-6

北段（一层）	入市价	7500元/m²
	向上调整150元/m²	7650元/m²（实现500万元回款时）
	向上调整150元/m²	7800元/m²（具体根据销售情况调整而定）
	最终实现	7700元/m²均价
北段（二层）	入市价	3780元/m²
	向上调整100元/m²	3880元/m²（完成500万元回款时）
	向上调整100元/m²	3980元/m²（具体根据销售情况调整而定）
	最终实现	3977元/m²均价
南段（一层）	入市价	8880元/m²
	向上调整180元/m²	9060元/m²
	向上调整180元/m²	9240元/m²
	最终实现	9100元/m²均价
南段（二层）	入市价	4400元/m²
	向上调整100元/m²	4500元/m²
	向上调整100元/m²	4600元/m²
	最终实现	4500元/m²均价

四、内部认购实施方案

1. 内部认购具备条件

（1）必备条件

1）设置固定内部认购专线。

2）现场形象墙完工（写明专线电话）。

3）确定内部认购负责人。

4）确定内部认购销售人员（需具备销售素质）。

5）确定认购工作场地。

6）销售文件（认购合同、电话登记本、客户接待登记本）定稿。

（2）协助条件

1）街铺单张、海报印刷完毕（广告公司需配合），海报要有主题。
2）街铺效果图定稿并制作完毕。

2. 付款方式

由于内部认购期街铺限量发售，为保证销售回款速度和有效，内部认购期内采取以下付款方式：

（1）一次性付款方式：（98折）

1）2万元定金，签署《认购合同》。
2）5天内付总楼款50%（含定金）。
3）10天内付总楼款的40%。
4）签署正式《房地产买卖合同》时付清10%余款。

（2）建设期分期付款：（99折）

1）2万元定金，签署《认购合同》。
2）5天内付总楼款30%（含定金）。
3）30天内付总楼款30%。
4）签署正式《房地产买卖合同》时付总楼款的20%。
5）入伙时付清20%余款。

（3）按揭付款：（最长5成5年按揭、无折扣）

1）2万元定金，签署《认购合同》。
2）10天内付总楼款30%（含定金）。
3）签署正式《房地产买卖合同》时付总楼款的20%。
4）办理银行按揭手续。

3. 市场反馈

为了解市场承受力和销售第一线情况，开发商必须每天记录、总结销售情况及客户购买心理调查，并及时反馈到顾问公司，便于调整销售策略，确保商铺内部认购成功。

房地产项目入市与开盘

楼盘比较表（商业） 表5-7

项目	楼盘名称	指标	权重	BJZ项目	燕都花园	宏业花园
区域因素（50%）	位置29%	街道类型	7%	100	70	70
		区域功能	7%	100	95	95
		距离商业中心距离	7%	100	101	101
		商业级别	4%	100	70	70
		商业配套	2%	100	100	100
		规划前景	2%	100	95	93
	交通5%	交通限制	2%	100	100	100
		交通边便捷度	3%	100	80	80
	人流12%	临街人流量	4%	100	85	83
		人流环流	2%	100	100	100
		居住类群	4%	100	95	95
		人流集散	2%	100	90	90
	业态、业种2%	业态分布	1%	100	98	98
		业种	1%	100	98	98
	其他2%	治安状况	1%	100	100	100
		相邻建筑	1%	100	95	95
楼盘本体品质（35%）	规模3%		3%	100	93	95
	平面设计20%	实用性	5%	100	100	75
		门面进深比	8%	100	90	70
		层高	3%	100	100	96
		前广场	4%	100	100	90
	装修、设备2%	装修材料	1%	100	95	90
		设备	1%	100	100	100
	外观6%	立面设计	2%	100	98	80
		通透性	2%	100	100	80
		广告位	1%	100	70	70
		形象	1%	100	90	70
	车位2%		2%	100	100	90
	承建商1%		1%	100	100	90
	开发商实力1%		1%	100	100	100
工程形象进度（5%）	潜在风险5%		5%	100	110	110
营销（10%）	市场时机、营销包装		10%	100	90	80
影响因素折扣合计			100%			

楼盘比较记分表（商业）

表5-8

项目	楼盘名称 / 指标		权重	BJZ项目	燕都花园	宏业花园
区域因素（50%）	位置29%	街道类型	7%	7	4.9	4.9
		区域功能	7%	7	6.65	6.65
		距离商业中心距离	7%	7	7.07	7.07
		商业级别	4%	4	2.8	2.8
		商业配套	2%	2	2	2
		规划前景	2%	2	1.9	1.86
	交通5%	交通限制	2%	2	2	2
		交通边便捷度	3%	3	2.4	2.4
	人流12%	临街人流量	4%	4	3.4	3.32
		人流环流	2%	2	2	2
		居住类群	4%	4	3.8	3.8
		人流集散	2%	2	1.8	1.8
	业态、业种2%	业态分布	1%	1	0.98	0.98
		业种	1%	1	0.98	0.98
	其他2%	治安状况	1%	1	1	1
		相邻建筑	1%	1	0.95	0.95
楼盘本体品质（35%）	规模3%		3%	3	2.79	2.85
	平面设计20%	实用性	5%	5	5	3.75
		门面进深比	8%	8	7.2	5.6
		层高	3%	3	3	2.88
		前广场	4%	4	4	3.6
	装修、设备2%	装修材料	1%	1	0.95	0.9
		设备	1%	1	1	1
	外观6%	立面设计	2%	2	1.96	1.6
		通透性	2%	2	2	1.6
		广告位	1%	1	0.7	0.7
		形象	1%	1	0.9	0.7
	车位2%		2%	2	2	1.8
	承建商1%		1%	1	1	0.9
	开发商实力1%		1%	1	1	1

房地产项目入市与开盘

续表

项目＼楼盘名称	指标	权重	BJZ项目	燕都花园	宏业花园
工程形象进度（5%）	潜在风险5%	5%	5	5.5	5.5
营销（10%）	市场时机、营销包装	10%	10	9	8
影响因素折扣合计		100%	100	92.63	86.89
销售价格				7500	7600
调整后价格				8097	8747
案例权重				0.65	0.35
本项目价格	8324				

说明：本项目与燕都花园位置最接近，楼宇品质接近，因此取其权重为65%，宏业花园为35%

案例 10　2008年西安GJ广场2期内部认购方案

一、项目背景

根据公司要求2009年1月15日前需回款8000万元，营销中心暂定2008年11月8日正式开始内部认购。目前项目进展情况如下：

（1）工程进展：GJ广场2期项目已动工（会先行具备销售条件），GJ广场4期项目正在拆迁阶段。

（2）设计方案：两个项目设计方案目前均处于调整中。

（3）销售条件：根据两个项目目前现状，在11月8日前均不能取得预售证。

二、概念定位

根据两个项目地段特性、园林规划、户型配比以及集团的项目分布情况等，初步建议定位如下：

1. 推广概念

将两个项目合为一个玉祥门板块的概念推盘，以大概念推出，小概念（地铁、GJ广场城市公园、西咸门户、机场门户等）辅助。

2. 主题定位语：GJ广场生活街区

定位于GJ广场生活街区主要通过如下五点卖点支撑。

（1）品牌优势

① GJ广场地产在玉祥门地区多年来积累的知名度。

② GJ广场地产在玉祥门多个成熟项目不辨的事实。

③ GJ广场地产作为社会公民对玉祥门地区所做的公益性投入（GJ广场城市公园、张骞使西

域雕塑）。

（2）地段优势

① 世界通往西安市的迎宾门户，地理位置的重要性。
② 连接西咸一体化的枢纽地位。
③ 地铁一号线玉祥门站点的交通便利性。
④ 地段周边成熟的生活配套。

（3）产品优势

特色的园林景观、合理的户型设计、多元化的户型配比、多媒体光纤入户（需经各相关部门最终论证）、多元化的购买属性（GJ广场2期可办公、居住、投资）。

（4）生活配套优势

GJ广场城市公园近在咫尺，紧邻人人乐大型超市，西安市第三人民医院，建设银行、商业银行、工商银行。

（5）教育配套优势

市一中、大庆路小学、潘家村小学。

三、推广策略

（1）根据GJ广场地产在玉祥门地区的发展现状，结合新项目的启动，将这些内容整合为"GJ广场生活街区"的概念重新打包推广，消除掉单个项目、单打独斗、形象较弱的弊端，提升片区整体形象，拉高项目品质，整合GJ广场地产实力，打消客户对无预售证销售模式的风险疑虑。同时积极开拓销售渠道，将团购、外销和现场销售相结合，扩大了项目的知名度，缩短销售周期，加速回款。

（2）在售楼部没有搭建完成的情况下，从8月初开始在国际A座大堂设立临时咨询处，在时代酒店大堂设立形象展示区进行前期蓄水。新售楼部建成后除保留时代酒店大堂形象展示区外整体迁移至新卖场。

四、宣传策略

宣传策略采用媒介宣传及SP活动宣传相结合方式，开展事件营销模式，增强市场关注度。

1. 媒介宣传

（1）由于没有取得预售证，在项目的前期推广宣传上主要以报纸软文、DM软文、房展会、户外广告等形式广而告之。

（2）重新开辟玉祥门板块专题网站并链接至各大相关网站，扩大网络宣传的覆盖面。

（3）发动电视媒体展开玉祥门板块的讨论话题。

2. SP活动

（1）房展会宣传

参加9月4日房展会，扩大项目知名度，广泛引起媒体关注，拓宽蓄水渠道。在房展会上，项目正式开始排号蓄水。

（2）项目前期座谈会

9月中旬，与商业管理公司联手召开GJ广场2期商业、住宅项目座谈会，广泛听取老客户对产品、销售等方面的反馈意见，根据客户的意见进行分析，及时调整产品、推广和销售策略，发展潜在客户。

（3）项目推介会

10月中旬，组织国际机电广场、印象老业主、华泰工业品批发市场意向客户、现场蓄水客群和各方媒体召开玉祥门板块项目专项推介会，巩固客群稳定性，扩大项目市场知名度。

（4）集团老业主宣传

针对集团的老业主与及集团本部员工进行专项宣传，利用集团短信、小区内的展板、单元海报等途径，及时、有效地将项目信息进行发布，扩大老业主重复购买和推介购买的影响力。

3. 包装

（1）工地包装

包装GJ广场2期、印象4期工地围墙，统一板块形象。

（2）售楼部包装

在临时售楼部将区域规划图、项目总平图、户型图等进行展示，让到访客户对项目有一个全面的了解。

房地产项目入市与开盘

五、价格体系

1. 定价策略

确定楼盘的价格要考虑到诸多的因素,对于本案来说应从市场角度进行分析,简单地说就是通过动态的分析将价格定在一个最合理的位置。而市场因素的变数很大,市场因素具体体现在客户对区域内价格的一个认可程度,所以要利用市场比较法对本案进行价格分析。

通过以上的分析会得到一个合理的价格,最重要的是在保证了利润的同时也能够有一个较快的回款速度,并使整个项目保持一个良好的发展态势。

(1)市场比较定价策略

本方法所制定的价格是依据相近物业及附近区域竞争状况而定。在市场竞争较为激烈时,条件相当的两个物业,定价较高的项目会被客户舍弃。因此,本案在与玉祥门住宅区、西稍门住宅区及地铁沿线住宅开发的项目比较时,只有推出相比竞争者更优化的方案,并具有独特的功能设计及卖点的项目,才可能在市场竞争中脱颖而出。

采用市场比较法进行价格定位,需要对周边乃至区域个案销售价格作以比较。由于本案位于玉祥门区域(城西版块),为了进一步确定本项目的价格,便于今后的销售,本报告选择位于本案所在区域、西稍门区域以及地铁沿线的楼盘的项目作为参照。

1)玉祥门相关楼盘价格修正及计算

玉祥门相关楼盘价格修正   表5-9

序号	评估项目	满分	庆阳·观邸		华豪丽都		安达·百花明珠	
			评分	备注	评分	备注	评分	备注
1	交通位置	10	8	较好	8	较好	6	一般
2	周边环境	8	6	尚可	6	尚可	5	一般
3	周边配套	8	6	尚可	6	尚可	4	一般
4	教育配套	6	3	一般	3	一般	4	尚可
5	规模	10	4	建筑面积3.3万㎡	6	建筑面积5.3万㎡	5	建筑面积4.3万㎡
6	景观	9	5	基本无	5	基本无	5	基本无
7	户型结构	12	10	大众	9	偏大	10	大众
8	内部规划设施	10	7	一般	8	规划细节处理较好	7	一般

续表

序号	评估项目	满分	庆阳·观邸		华豪丽都		安达·百花明珠	
			评分	备注	评分	备注	评分	备注
9	开发商荣誉	6	5	开发业绩较少	5	开发业绩较少	6	有一定认可度
10	工程进度	8	8	2008.8.8交房	8	已交	8	2008.8.1交房
11	交楼标准	5	3	清水	3	清水	3	清水
12	物业管理	8	5	一般	5	一般	6	中等偏上水平
	总结	100	70	—	72	—	69	—

参考均价计算   表5-10

参考条件 \ 项目名称		GJ广场2期、印象4期	庆阳·观邸	华豪丽都	安达·百花明珠
均价（元/m²）		P_x	P_a=4500	P_b=4550	P_c=4350
位置交通	10	8	8	8	6
周边环境	8	6	6	6	5
商服配套	8	6	6	6	4
教育配套	6	3	3	3	4
规模	10	8	4	6	5
景观	9	5	5	5	5
户型结构	12	11	10	9	10
内部规划设施	10	9	7	8	7
开发商荣誉	6	6	4	4	5
工程进度	8	2	8	8	8
交楼标准	5	3	3	3	3
物业管理	8	7	5	5	6
合计	100	Q_x=74	Q_a=69	Q_b=71	Q_c=68

注：因华豪丽都项目为2006年中开盘，2007年底清盘，按西安是近两年价格增幅20％计（3800×1.2），特调整价格为4550元/m²。

修正后各相关楼盘价格P_i'计算如下：

$P_i' = (Q_x/Q_i) = P_i$ 注：P_i为均价。

$P_a' = (Q_x/Q_a) \times P_a = (74/69) \times 4500$元/m²=4820元/m²。

$P_b' = (Q_x/Q_b) \times P_b = (74/71) \times 4550$元/m²=4740元/m²。

$P_c' = (Q_x/Q_c) \times P_c = (74/68) \times 4350$元/m²=4733元/m²。

房地产项目入市与开盘

各相关楼盘权重取值为W_i'，$W_a=30\%$，$W_b=35\%$，$W_c=35\%$。

$P_x=\sum P_iW_i=P_a'\ W_a+P_b'\ W_b+P_c'\ W_c=4820$元/$m^2\times30\%+4740$元/$m^2\times35\%+4733$元/$m^2\times35\%=1446$元/$m^2+1659$元/$m^2+1656$元/$m^2=4761$元/$m^2$。

2）西稍门相关楼盘价格修正及计算

西稍门相关楼盘价格修正　　　　　　　　　　　　　　　　　　　表5-11

序号	评估项目	满分	柠檬宫舍		西城品格		御笔华章	
			评分	备注	评分	备注	评分	备注
1	交通位置	10	10	优	8	一般	10	优
2	周边环境	8	7	较好	6	一般	7	较好
3	周边配套	8	8	优	4	一般	8	优
4	教育配套	6	3	一般	3	一般	3	一般
5	规模	10	4	建筑面积3.2万m^2	3	建筑面积1.6万m^2	8	建筑面积8万m^2
6	景观	9	5	基本无	5	基本无	5	基本无
7	户型结构	12	10	大众	10	大众	10	大众
8	内部规划设施	10	7	一般	7	一般	7	一般
9	开发商荣誉	6	5	有一定认可度	4	开发业绩较少	4	开发业绩较少
10	工程进度	8	7	2009.3交房（准现房）	8	08.10	3	10.6（地基阶段）
11	交楼标准	5	3	清水	3	清水	3	清水
12	物业管理	8	5	一般	5	一般	5	一般
	总结	100	74	—	66	—	73	—

参考均价计算　　　　　　　　　　　　　　　　　　　　　　　　表5-12

参考条件	项目名称	GJ广场2期、印象4期	柠檬宫舍	西城品格	御笔华章
均价（元/m^2）		P_x	P_a=4800	P_b=4400	P_c=4800
位置交通	10	8	10	8	10
周边环境	8	6	7	6	7
商服配套	8	6	8	4	8
教育配套	6	3	3	3	3

续表

参考条件 \ 项目名称	GJ广场2期、印象4期	柠檬宫舍	西城品格	御笔华章
规模	10	8	4	3	8
景观	9	5	5	5	5
户型结构	12	11	10	10	10
内部规划设施	10	9	7	7	7
开发商荣誉	6	6	5	4	4
工程进度	8	2	7	8	3
交楼标准	5	3	3	3	3
物业管理	8	7	5	5	5
合计	100	Q_x=74	Q_a=74	Q_b=66	Q_c=73

修正后各相关楼盘价格 P_i' 计算如下：

$P_i' = (Q_x/Q_i) = P_i$，P_i为均价。

$P_a' = (Q_x/Q_a) \times P_a = (74/74) \times 4800元/m^2 = 4800元/m^2$。

$P_b' = (Q_x/Q_b) \times P_b = (74/66) \times 4400元/m^2 = 4930元/m^2$。

$P_c' = (Q_x/Q_c) \times P_c = (74/73) \times 4800元/m^2 = 4865元/m^2$。

各相关楼盘权重取值为 W_i'，W_a=35%，W_b=30%，W_c=35%。

$P_x = \sum P_i W_i = P_a' W_a + P_b' W_b + P_c' W_c = 4800元/m^2 \times 35\% + 493元/m^20 \times 30\% + 4865元/m^2 \times 35\% = 1680元/m^2 + 1479元/m^2 + 1702元/m^2 = 4861元/m^2$。

3）地铁沿线相关楼盘价格修正及计算

地铁沿线相关楼盘价格修正　　　　　　　　　　　　　　　　　　　　　　表5-13

序号	评估项目	满分	南门国际		赛高国际街区		吉祥凤凰	
			评分	备注	评分	备注	评分	备注
1	交通位置	10	10	优	8	一般	8	一般
2	周边环境	8	8	优	7	较好	7	较好
3	周边配套	8	8	优	6	一般	8	优
4	教育配套	6	6	优	5	较好	3	一般
5	规模	10	6	建筑面积5万m²	9	建筑面积24万m²	4	建筑面积3.6万m²
6	景观	9	5	基本无	5	基本无	5	基本无
7	户型结构	12	10	大众（办公）	10	大众（住、办公）	10	大众（住、办公）

房地产项目入市与开盘

续表

序号	评估项目	满分	南门国际		赛高国际街区		吉祥凤凰	
			评分	备注	评分	备注	评分	备注
8	内部规划设施	10	8	规划细节处理较好	8	规划细节处理较好	7	一般
9	开发商荣誉	6	5	有一定认可度	5	有一定认可度	4	开发业绩较少
10	工程进度	8	6	2010.4.1（主体18F）	7	2009.4.30（已封顶）	6	2009年底（主体7F）
11	交楼标准	5	5	全装修	3	清水	3	清水
12	物业管理	8	7	较好	7	较好	6	一般
	总结	100	84	—	80	—	71	—

参考均价计算 表5-14

参考条件 \ 项目名称		GJ广场2期、印象4期	南门国际	赛高国际街区	吉祥凤凰
均价（元/m²）		P_x	P_a=5800	P_b=5400	P_c=5000
位置交通	10	8	10	8	8
周边环境	8	6	8	7	7
商服配套	8	6	8	6	8
教育配套	6	3	6	5	3
规模	10	8	6	9	4
景观	9	5	5	5	5
户型结构	12	11	10	10	10
内部规划设施	10	9	8	8	7
开发商荣誉	6	6	5	5	4
工程进度	8	2	6	7	6
交楼标准	5	3	5	3	3
物业管理	8	7	7	7	6
合计	100	Q_x=74	Q_a=84	Q_b=80	Q_c=71

修正后各相关楼盘价格P_i'计算如下：

$P_i' = (Q_x/Q_i) = P_i$，P_i为均价。

$P_a' = (Q_x/Q_a) \times P_a = (74/84) \times 5800元/m^2 = 5109元/m^2$。

$P_b' = (Q_x/Q_b) \times P_b = (74/80) \times 5400元/m^2 = 4995元/m^2$。

$P_c' = (Q_x/Q_c) \times P_c = (74/71) \times 5000元/m^2 = 5210元/m^2$。

各相关楼盘权重取值为W_i'，$W_a=35\%$，$W_b=35\%$，$W_c=30\%$。

$P_x = \sum P_i W_i = P_a' \ W_a + P_b' \ W_b + P_c' \ W_c = 5109元/m^2 \times 35\% + 4995元/m^2 \times 35\% + 5210元/m^2 \times 30\% = 1788元/m^2 + 1748元/m^2 + 1563元/m^2 = 5099元/m^2$。

（2）最终均价

根据以上版块价格分析GJ广场2期与印象4期最终实现均价为4868元/m²（因地铁沿线项目为住宅、办公，建议权重取值20%）。

各相关楼盘权重取值为W_i'，$Y_a=40\%$，$Y_b=40\%$，$Y_c=20\%$。

$P_x = \sum P_i Y_i = P_a' \ Y_a + P_b' \ Y_b + P_c' \ Y_c = 4761元/m^2 \times 40\% + 4861元/m^2 \times 40\% + 5099元/m^2 \times 20\% = 1904元/m^2 + 1944元/m^2 + 1020元/m^2 = 4868元/m^2$。

（3）结论

楼盘均价暂定为：4868元/m²。

此价格是在现有市场基础上，结合本项目目前的特征通过市场比较法得出。由于市场及项目所在片区的逐步变化，项目本身所具有的素质资源也将随之变化，因此影响项目定价的因素是一个定值。随着本案开发的不断深入和发展，本案的价格将有较大的提升空间。但针对目前的市场情况以及项目自身情况，建议以符合市场现状、利于竞争的价格入市，随着本案工程的进展和推广的深入人心，再把价格不断的调高，实现利润的最大化。这种价格策略不仅利于本案前期传播推广，同时可以在更大程度上规避项目的风险。

2. 价格体系点评

通过市场比较计算方法得出，本案的阶段定价区间应在4200~5600元/m²（均价）范围之间。成本是定价的根本所在，但在追求利润的同时，也要考虑到市场的承受能力。综上所述，对本案的首期推盘平均价格为4200元/m²。这样一个价格既可以保证利润目标，又能保证整个项目的销售、回款速度。

3. 本案的价格策略

（1）低开高走：低价入市，逐渐攀升

项目在刚刚入市时的销售成交均价略低均价，同时，拿出几套素质较差的单位作低价宣

传，以便快速占领市场。随着工程进度的深入以及市场热度的积累、开发价格逐渐上扬。入市阶段销售均价计划为4200元/m^2左右，总价控制在一定的范围之内，这样才能保证所预期的销售速度。

（2）分期、分阶段定价

考虑到虽然本项目首推的为GJ广场2期项目，因此在定价策略上不能够一成不变，应该合理地利用地块的位置、环境、户型面积等各个方面进行划分，使价格更具有弹性。进一步试探客户的接受程度，同时要对市场上的宏观环境、政策变化以及竞争对手的变化采取不同的价格策略，使本项目的价格策略更具变化性，在保持较快销售速度的前提下，争取更大的利润点。

（3）销售回款计划

具体阶段划分销售回款计划详见表5-15。

销售回款计划表　　　　　　　　　　　　　　　　　　　　　　　　　　表5-15

项目阶段	时间	价格范围（元/m^2）	均价（元/m^2）	销售面积（m^2）	合同金额	回款金额	备注
内部认购期	2008.11~2009.1	4200~4600	4300	4.3万，40%	1.85亿	8000万	手续不齐全情况下
开盘期	2009.5~2009.7	4600~5200	4900	2.16万，20%	1.06亿	2.11亿（+1.05亿内认余额）	具备网签
强销期	2009.8~2009.12	5200~5600	5400	3.74万，35%	2.02亿	2.02亿	具备网签
尾盘期	10.1	4800~5200	5000	5342，5%	0.27亿	0.27亿	具备网签
合计	项目收盘		4868	106830，100%	5.2亿	5.2亿	

备注：

①以上为住宅销售面积（地下车库及商业面积不计在内）；内部认购期回款金额约按合同金额的45%~50%计。

②根据推广策略建议GJ广场2期与印象4期为分别作价，达到整盘均价。

③以上销售回款为预估值，具体价格走势需根据工程进度及市场增幅情况做具体调整。

4. 优惠幅度

优惠幅度一览表　　　　　　　　　　　　　　　　　　　　　　　　表5-16

付款方式	优惠额度	GJ广场2期面价（元/m²）	优惠后单价（元/m²）	印象4期面价（元/m²）	优惠后单价（元/m²）
一次性	10%	4665	4200	5110	4600
30%首付按揭	5%	4665	4432	5110	4855
50%首付按揭	7%	4665	4339	5110	4752
建筑分期付款	5%	4665	4432	5110	4855
公司关系、公司员工自购、公司领导留房	根据公司规定		4200		4600
备注	注：以上优惠额度仅为项目内部认购期间使用，GJ广场2期成交均价按4200元/m²计，面价为4665元/m²，印象成交均价按4600元/m²计，面价为5110元/m²（回款8000万元为基础）				

六、推盘策略

根据项目体量与公司所定回款任务情况，建议依据前期蓄水情况，做到三次销售集中放量。销售控制建议先销售高楼层，再销售低楼层，最后销售中间楼层策略。

项目技术指标　　　　　　　　　　　　　　　　　　　　　　　　表5-17

项目	GJ广场2期		印象4期	
	1号楼	2号楼	1号楼	2号楼
面积	701×33=23133m²	701×33=23133m²	790×30=23700m²	1156×32=36864m²
	合计：46266m²		合计：60564m²	
	合计面积：106830m²			
户数	8×33=264	8×33=264	10×30=300	12×32=384
	合计：528套		合计：684套	
	合计：1212套			

1. 首次蓄水

首次蓄水时间定在参加房展会之日起（2008年9月4日至2008年11月8日），先将GJ广场

房地产项目入市与开盘

2期项目全部推盘（528套，总面积约4.63万m²），去化量约在70%左右（370套，面积约为3.24万m²），成交价约为4200元/m²，成交合同金额约为1.36亿元，回款金额约占合同金额的45%~50%，即6100万~6800万元。

2. 二次放量

第二次放量时间以2008年12月中旬为宜。货量组成为GJ广场二期剩余房源30%，包含158套，面积约为1.39万m²，保证去化量为总货量的10%，即销售面积4630m²，销售53套。和印象4期第一批房源100套，面积约0.9万m²，约占印象4期总盘量的15%，去化量约为50套，面积约为4400m²。

两个项目放量共计258套，面积约为2.3万m²，去化量约为40%（103套，面积约为0.95万m²）。在此期间收回部分优惠点位，成交价GJ广场2期4300元/m²，印象4期约为4600元/m²，成交合同金额约为4300万元，回款金额占合同金额的45%~50%，即1950万~2200万。

一、二次销售回款表 表5-18

内部认购	时间	GJ广场2期价（元/m²）	销售面积（m²）	合同金额	印象4期均价（元/m²）	销售面积（m²）	合同金额
首次销售量	2008.11.8~2008.12.15	4200	3.24万（总盘70%）	1.36亿			
二次销售量	2008.12.16~2009.1.15	4300	0.463万（总盘10%）	0.2亿	4600	4400	2024万
小计		4220	3.7万	1.56亿	4600	4400	2024万
合计	预估实现均价4300（元/m²）		总销售面积4.14万				1.8亿

备注：

1. 以上两次放量销售合同金额约为1.8亿；回款金额范围：8050万~9000万。
2. 以上两个项目总建面积以106830m²计，面积、价格数据详见（五、价格体系）。
3. 以上两次销售预估均价4300元/m²，具体均价需看销售房源情况。
4. 第三次放量时间待取得预售证后2个月。依据前期客户蓄水情况，主要是客户选择的付款方式情况，最终确定销售价格及放货量。

七、销售策略

1. 根据开始销售时不能取得预售证的事实，建议采取因客户选择不同额度的首付款，将给予不同优惠的方式进行强卖，实行高价高优惠的策略吸引买家。

2. 制定置业计划表，给客户明明白白的算笔账，让客户清楚，现在购买和开盘后购买的利润率，以此打动客户的购买欲望。

3. 为增强客户购买决心，从2008年9月4日开始内部认购时即签署认购协议，定死单价、优惠额度、签署正式合同时间和交楼时间，打消客户疑虑。

4. 无理由退房：在取得预售证后即换签正式网络合同，如客户放弃购买，将无条件以原认购协议书上约定的价格全额退款（不支付利息），这样既能解决公司的资金压力也能创造二次销售的高利润。

5. 销售形式。2008年11月8日正式开售时，客户定房号，收取客户首付（优惠额度、优惠后单价），签署房屋认购协议，待取得预售证后再进行网签。

三种销售形式　　　　　　　　　　　　　　　　　　　　　　　　　表5-19

销售形式	具备执行内容
坐销	利用售楼部现有的销售道具，对到访客户进行详尽的销售讲解，表明现在购买所能带来的高利润，打动买家，促进成交
团购	制定团购价格、政策和提成比例，利用集团公司员工的人脉关系，广泛开展团购，对于成功促进团购者将给予明确的奖励
行销	积极联系社会集团单位进行上门销售，结合大中型商场、写字楼进行有效的行销，扩大项目影响力，增加商机

八、项目销售部人员构成

1. 销售部人员组成架构

为了使案场能形成一个良性的竞争氛围，案场固定人员编制为：销售案场经理1名、销售主管2名、置业顾问8名（含主管）。

将置业顾问进行合理搭配分为三组，适当调整上下班，将接待时间可延至晚21时，开展晚间售楼卖场。

建立团购大客户销售人员，全面开展该项业务。

2. 销售部现场后勤保障人员组成

（1）销售案场需财务资金管理中心设固定财务收款人员2人。

（2）销售案场需物业公司设固定保洁人员3人，保安人员3人。

九、销售部人员培训体系

1. 销售部人员培训前工作安排

根据营销大纲总体安排，要求新项目销售部置业顾问组成及到岗时间为2008年8月20日。从8月21日开始分组安排置业顾问到项目周边及地铁沿线的项目进行重点采盘调研，采盘内容主要为：项目位置、价格、优惠幅度、付款比例、户型面积、项目销售卖点等。在8月24日进行统一汇总分析讲解，达到每位置业顾问对区域内项目都了如指掌。

因销售部置业顾问在9月4日需参加房展会，故行政后勤管理中心人员组建后，即开始进行工装的采买工作，在8月30日之前配发到位。

2. 销售部人员培训工作安排

8月18日——向公司各部门提交项目销讲百问答和《认购协议书》进行汇签。要求公司确认回复时间为8月24日。

8月25日——开始将对置业顾问进行集中培训，培训内容将为：集团领导对公司2008年下半年的展望和对玉祥门区域的开发规划计划、项目销讲百问答、《认购协议书》的讲解和签署流程、礼仪培训、建筑知识、楼盘背景、项目卖点综述、竞争对手比较、付款方式、法律手续、销售技巧、推广策略及销售节奏等方面的综合培训。培训期结束时间为8月31日。

2008年9月1日下午——邀请公司各部门领导集中就置业顾问培训内容进行集中统一答疑。9月2日组织对置业顾问进行上岗考核。

3. 对销售部人员培训时需公司支持部门

公司以下各部门给予销售培训工作大力支持：策划设计中心、经营中心、前期拓展中心、财务资金管理中心、物业公司、时代酒店管理公司、广告策划公司。

4. 销售部人员培训地点建议

受到新销售部无法投入使用的影响，建议可将培训地点放在以下三处任选其一：
（1）花城销售部二楼大厅；
（2）国际24层小会议室；

（3）借GJ广场2期未售出写字间一套。

十、签署《商品房认购协议书》流程

1. 社会认购

（1）从9月4日起在房展会现场及GJ广场2期临时接待处接受排号，每号5000元（该号为选房顺序号，可退）。

（2）11月8号正式选房，3号一组，每组5分钟选房时间，未选定房源客户示为自动放弃，一周后给予退还排号金，当日未来选房者示为自动放弃，一周后给予退还排号金。

（3）选定房源客户在当天内补足1万元定金（定金不退）。

（4）客户在选房后3天内补足首付款（一次性客户补足全款），签订认购协议。

（5）预售证取得之日起签订网络合同，补足差价款项。

2. 公司内部认购

（1）内部员工

1）内部认购时间从2008年9月4日至2008年11月7日。

2）选好房源后先交5000元，可刷卡，不收手续费。

3）确定房源与价格后于2008年11月7日当天补足1万元定金，当日没有选定房源的则视为放弃优先选房权，销售部则有权进行公开销售，定金退回。

4）选定房源、补足定金后按公司规定完善购房手续。

（2）公司关系

内部认购时间及形式同社会客户等同。

十一、推广费用

根据公司以往推广费用计算方法，应按销售额的1.6%计，考虑到未取得预售证前不能展开大面积宣传，故在2009年1月15日前暂按本年度公司下达计划任务回款额8000万的1.6%计，8000万×1.6%=128万。

房地产项目入市与开盘

附件1 GJ广场2期内部认购流程

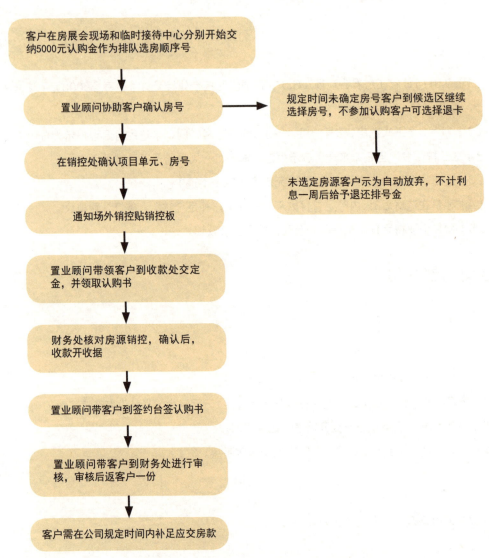

图5-1　GJ广场工期内部认购流程

附件2　GJ广场2期认购协议书

编号：NO

出卖人：西安GJ广场地产集团有限公司　　　　　（以下简称甲方）

买受人：　　　　身份证号：　　　　　　　　　（以下简称乙方）

根据《中华人民共和国合同法》、《中华人民共和国房地产管理法》及相关法律、法规之规定，甲、乙双方就认购商品房事宜，在平等、自愿、协商一致的基础上达成以下协议：

一、乙方自愿认购甲方开发的位于西安市大庆路____号的GJ广场2期____（　）商品房壹套。

二、乙方认购的商品房为____楼____座____号房，参考建筑面积为_____m^2（最终网签合同时面积以西安市房屋管理局出具的预测报告为准）。

三、认购时该商品房销售单价为_____元/m^2。

1. 一次性付款

一次性付款优惠___折，成交单价为_____元/m^2，成交总房价为人民币____拾___万____仟__佰__拾___元整。

2. 银行按揭首付30%

银行按揭30%优惠____折，成交单价为_____元/m^2，成交总房价为人民币____拾___万____仟__佰__拾___元整。

3. 银行按揭首付50%

银行按揭50%优惠____折，成交单价为_____元/m^2，成交总房价为人民币____拾___万____仟__佰__拾___元整。

4. 建筑分期

建筑分期优惠___折，成交单价为_____元/m^2，成交总房价为人民币____拾___万____仟__佰__拾__元整。一次性付款的客户在签定本认购书后5日内必须将全部房款的95%支付给甲方。银行按揭的客户在签定本认购书后3日内必须按首付比例将房款支付给甲方。建筑分期的客户在签定本认购书后3日内须按公司规定将首付50%的房款支付给甲方，待网签时支付全部房款的40%，待所购商品房楼宇封顶时支付剩余10%的房款。

四、乙方认同甲方在认购期内销售面积为参考面积，最终网签合同时面积以西安市房屋管理局出具的预测报告为准，且同意网签时在付款方式优惠后单价不变的基础上，依据预测面积从新核定总价，在规定时间内待补足差额后再进行网签合同。

五、甲方从2009年__月__日起在15内与乙方签订《商品房买卖合同》；如超过15日，乙方无论因为何种原因仍未与甲方签订《商品房买卖合同》的，甲方都有权将该商品房另行出售给他人。所交购房款项将不计利息一月后退还客户。

六、甲方同意从2009年　月　日开始网签《商品房买卖合同》的15日内，在乙方提出书面更名申请后，为乙方免费办理更名手续一次。

七、乙方在选好房源并确认本认购书内容后如：

1.当日内未补足定金10000元，甲方将有权从第二日起对该房源重新销售，所交认购排号金5000元将不计利息一周后退还客户。

2.未能按规定时间将房款按约定比例支付给甲方，甲方有权从规定期限满第二日起将该房源重新销售，所交10000元定金将不计利息一月后退还客户。

八、本协议一式两份，甲方一份，乙方一份。自双方签字盖章之日起生效，至双方签订《商品房买卖合同》后终止。

九、本《商品房认购协议书》最终解释权归西安GJ广场地产集团有限公司所有。

甲方（签章）：西安GJ广场地产集团有限公司　　乙方：

法定代表人：　　　　　　　　　　　　　　　　地址：

地址：　　　　　　　　　　　　　　　　　　　电话：

电话：

签订日期：二〇　　年　　月　　日　　　签订日期：二〇　　年　　月　　日

附件3 项目前期工作完成时间节点　　表5-20

时间 内容	8月			9月			10月			11月		
	上旬	中旬	下旬	上旬	中旬	下旬	上旬	中旬	下旬	上旬	中旬	下旬
一、策划设计中心												
1.策划设计中心需确定两项目设计方案	10											
2.完成新售楼部、样板间的方案设计	10											
3.售楼部样板间完工，具备使用条件									30			
备注：以上时间节点需公司确认												
二、营销推广中心												
1.完成客户调研摸底问卷，为策划中心提供数据支持	10											

续表

内容＼时间	8月 上旬	8月 中旬	8月 下旬	9月 上旬	9月 中旬	9月 下旬	10月 上旬	10月 中旬	10月 下旬	11月 上旬	11月 中旬	11月 下旬
2.对广告公司进行招标并确定广告公司		20										
3.完成两项目销讲百问答及手工临时合同的模板汇签		20										
4.完成销售人员佣金体系和售楼部人员配备		20										
5.公司确认提交的营销大纲，以便确定推广的主攻方向			25									
6.完成对置业顾问的项目培训				3								
7.宣传单张、户外广告及报刊软文集中宣传												
8.完成区域概念沙盘和两项目楼栋剖面沙盘的制作				3								
三、营销推广中心销售部												
1.置业顾问到岗		20										
2.向公司提交项目销讲百问和手工合同模板进行汇签		18										
3.置业顾问进行市场调研，并进行整理汇总分析讲解			23									
4.公司确认回复销讲百问和手工合同模板			24									
5.工装到位			30									
6.2008年8月25日起对置业顾问进行集中培训			31									
7.各部门集中就置业顾问培训内容进行答疑				1								
8.置业顾问进行上岗考核				2								
9.参加秋季房展会，正式接受客户交钱排队蓄水										7		
10.进驻新销售中心										8		
2008年11月8日开始内部认购												

房地产项目入市与开盘

第六章 开盘筹备，万事俱备

凡事预则立，不预则废。一个新项目的开盘同样也是如此。所谓"台上一分钟，台下十年功"，开盘的风光也许只有短短的一周，但在这场大戏的背后，则是多个部门、多个岗位共同组成的系统工程运作。开盘能否成功，关键就在于开盘前这个系统工程的运作。

房地产项目入市与开盘

一、开盘的条件

项目成功开盘有赖于对市场的准确判断和把握、项目价值传递的效果、有效的客户积累、合法的销售许可,以下三大基础条件尤为重要:

1. 三大基础条件

（1）政府销售许可文件的取得

根据项目发展计划确定的开盘节点,制定政府销售许可文件取得计划。密切关注工程进度及营销进展情况,严格执行计划,争取按期取得,并可考虑根据营销进展适当调节销售许可文件的范围。

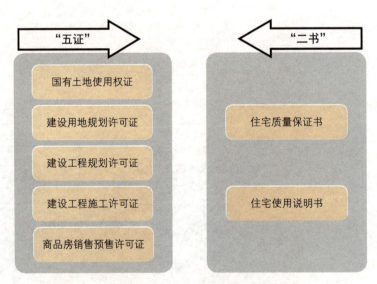

图6-1　一个合法开发商需取得的销售许可文件

（2）良好的前期推广

良好的前期推广是指在对市场和客户充分调研的基础上将产品价值信息（品牌、概念、性能、服务）包装后，在前期分层次、有计划地用最有效率的途径（媒体广告、新闻报道、产品推介会、示范区现场体验、公关活动等）传递给客户，并使其产生购买欲望。

（3）充分有效的客户储备

客户储备要制定明确的目标，在客户积累过程中，通过逐步释放价格区间，剔除无效客户，不断进行量化分析，准确掌握有效客户数量。

1）客户储备目标

制定客户储备目标时，要结合预期开盘成交量和预期会达到的推广效果。

2）客户储备周期

以4～6周为宜，不宜过长，避免客户流失。

3）客户储备方式

常见的客户储备方式有不排序认筹、排序不选房认筹、排序选房认筹等。客户储备中，要注意最大范围地储备客户，最大限度地减少客户流失。

2. 基本清单

那么我们哪些工作做好才能开盘呢？总结起来，就是销售法律手续完备、工程形象良好、现场包装到位、宣传资料齐备、销售资料齐备。以下列举了最基本的17项工作，以便读者一一对照。

（1）售楼处功能的确定。

（2）项目名称和各栋名称的确定。

（3）销售制度的建立。

（4）售楼处的工作流程。

（5）售楼员招聘、培训。

（6）整体广告方案出台。

（7）项目营销推广方案。

（8）售楼处人员职能及管理方案确定。

（9）售楼处空间展示、布局方案。

（10）售楼人员服装设计制作。

（11）楼书设计及印刷制作。

（12）模型制作。

（13）地盘包装完成。

（14）售楼中心装修布置完成并投入使用。

（15）完成售楼中心周围的绿化及景观样板带。

（16）按揭银行确定。

（17）相关证件取得。

二、开盘六大准备

从纷繁复杂的工作中，抽丝剥茧，是开盘筹备的基本原则。所有的工作总结起来，可以归纳为五大系统准备。

1. 制定总战略准备

这个时候，开发商和策划代理公司要确定营销总战略。即开盘期的一切市场行为均是整个项目营销思想的具体体现，脱离此思想，即使再精彩的战术充其量也只是一朵华而不实的浪花而已，对项目营销有害无益。同时，制定一些目标。

一般来说，开盘期的所有运作，都是为了形成潜在客户群体中的焦点话题，为项目快速销售而营造良好的市场氛围（造势）。

开盘期内推出的所有楼盘均能在短期内销售（认购）完毕，以迅速形成旺盛人气，给项目营造"抢手货"的印象，促使潜在客户产生"早买是运气"的心理冲动。

2. 销售体系准备

销售体系准备涉及众多工作，主要包括销售组织结构搭建、销售人员培训、销售资料准备、销售辅助工具准备等四大块内容。

（1）现场销售部组建及各岗位人员职责

1）销售现场人员结构

整个项目销售现场拟配置的人员名单，一般包括销售人员（现场销售经理至少1人，销售代表若干），财务人员1~2人，现场保安和保洁人员自行定夺。

2）职务范围

① 现场销售经理

现场销售经理主要负责现场销售工作的日常管理，协调现场销售部门与其他部门的关系，考核现场销售代表的工作，完成销售统计报表，审核合同，负责汇报销售中存在问题，完成销售任务，具有一定范围内的财务支出权。

② 销售代表

销售代表主要负责房屋销售，向现场经理反映客户的要求，协助现场经理统计反馈销售情况，协助现场经理协调其他各方面关系。

现场销售代表的主要职权有合同签订的参与权，对销售广告及促销方案的建议权，一定范围内对客户的解释权，并负责签订合同。

③ 财务人员

财务人员的主要职责有收取房款并在交款期限前通知客户交款，签订合同，作好现场销售的统计工作。财务人员具有现场日常财务开支的审核权。

④ 保安人员

保安人员主要职责是维护现场销售部及项目的形象，维护销售现场及项目施工现场秩序，保证良好购房环境，保证销售现场安全。

保安人员主要职权是对影响销售及现场形象的外来人员的处置权，客户要求的解释权。

除此而外，保安人员作为项目入住后物业服务的前期展现，必须能够代表项目的服务形象，做到行为及语言标准化、工作严格化、服务热情化。

⑤ 保洁人员

保洁人员的主要职责是维护销售现场内、外的整洁，维护销售现场设备、设施的清洁，同时对相关设备、设施进行保养。保洁人员与保安人员一样作为项目入住后物业服务的前期展现，在保洁工作中也要严格维护项目的服务形象，行为、语言同样要求标准化，工作积极认真、服务热情。

3）人员素质

现场人员必须统一着装，统一佩戴公司标识，回答客户提问要符合要求，言语诚恳，要主动引导客户熟悉情况，举止要大方，平时要注意维护现场形象，接待客户要有礼有节。

① 现场销售经理

有良好的沟通及协调能力，有敏锐的观察力，熟悉销售技巧，熟悉房地产市场及项目情况，曾有一定的销售业绩，具有初步的领导控制能力，具有紧急情况处理能力，具有初步房地产金融及法律知识，能代表公司形象。

② 现场销售代表

有良好的沟通能力，熟悉销售技巧，熟悉房地产市场及项目情况，工作热情、勤恳，对客户有亲和力，具备初步的房地产金融及法律知识，能代表公司形象。

③ 财务人员

熟知财务手续、规划，熟悉房地产合同签订有关事项，熟悉房地产金融及法律知识。

（2）销售人员的培训

1）培训安排

具体见销售培训内容。

2）培训目的

① 熟悉项目情况，提高销售人员的职业道德水准，树立全新的服务意识和观念。
② 强化销售人员的相关业务独立操作能力，增强销售人员对房地产专业知识的了解。
③ 学会促销手段，掌握售楼技巧、公关礼仪、美学、心理学及消费学知识。

3）培训组织管理

培训工作一般由销售部和策划部具体组织实施，并请开发部、工程部、财务部及设计人员配合。

4）培训内容

① 公司概况及业绩，公司的开发理念。
② 本公司的规章制度。
③ 房地产专业知识，包括：房地产经营知识、金融知识、物业管理知识、工程基本知识、建筑学知识、房地产法律知识、当前房地产形势分析。
④ 售楼相关知识再强化，包括：售楼技巧、公关礼仪、美学及心理学知识、艺术常识、消费学知识、财务知识、文秘知识、周围楼盘知识、计算机理论与操作、合同签署知识、宣传知识。
⑤ 售楼模拟演示。

（3）销售资料准备

1）楼书

根据项目的定位制定一部能够反映项目特色的售楼书，它主要表现项目的文化风格，同时体现开发理念，利用独特的形式起到树立项目独特形象的作用。

2）套型

主要针对户型制作套型图。套型图中说明区域功能配置，同时还可通过局部装修手绘效果图加以说明，增大购买者的直观形象感受，达到促进销售的目的。

3）DM单

DM单是在售楼书尚未制作出来，而项目已经开始发售时作为临时售楼书，重点为项目卖点资料。

4）开发商证明

包括《营业执照》复印件、《开发许可证》、《规划许可证》、《建设许可证》、《商品房预售许可证》的复印件，统一的商品房购销合同，在房屋交付使用时还应具备《商品房质量保证书》、《使用说明书》等。

5）销售现场标准化文本

定金单（一式三份），销售记录表，销售日志，销售跟踪表，来人来电记录表，周、月、季销售报表，客户意见表，认购书，标准合同、按揭合同范本等。

（4）销售辅助工具准备

销售辅助工具准备包括：项目总建筑沙盘，模型，商铺及户型平面渲染图，建材样品架，时尚杂志，音影设备，项目销控表，项目规划示意图等。

（5）销售准备工作汇总

1）预售许可证取得；
2）按揭银行确定；
3）销售培训资料；
4）价目表、推盘计划审查；

5）财务管理办法；

6）付款方式与认购须知；

7）认购书准备；

8）物管资料准备；

9）销售管理制度（岗位职责、管理制度）；

10）项目简介与100问，由销售主任准备；

11）销售人员考核；

12）销售人员服装、名片；

13）销售控制表制定；

14）客户登记表；

15）前期客户联系；

16）销售控制计划；

17）正式买卖合同；

18）物业管理公司确定。

3. 卖场包装准备

卖场主要是由售楼处、样板间、工地和楼盘广告和周边环境改造四部分组成。卖场是吸引人气的地方，是一个楼盘区别于另一个楼盘的标志，更是成交的最主要场所。竞争越激烈，卖场的作用越明显。从趋势看，全国各地的开发商已越来越重视对卖场的关注和投入。

（1）卖场的刺激效应

在大多数新项目开盘的时候，消费者往往并不能看到整个社区的真实全貌，刺激他们购买的因素是卖场包装的美好形象所引起的消费者对产品产生的美好联想，我们称之为卖场的最优激发度。

多大程度可以认为刺激过度了？有关激发度的消费者行为研究表明，最优刺激或激发度因人而异。低于最优刺激点，消费就会产生烦躁情绪，有时还会伴有伤心和冷漠的情绪；高于最优刺激点，则会导致消费者的紧张情绪。

卖场所能产生的刺激度范围很广。卖场本身所具有的一般空间就应该产生适中而非极端刺激度。开发商可基于每一楼盘目标市场的客户消费心态特点调整其刺激度。因此，不同的楼盘在音乐、照明、布局、色彩和工作人员类型方面常常会有所不同。

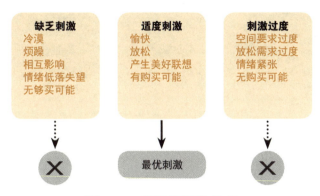

图6-2　卖场的刺激效应

（2）售楼处的包装准备

售楼处不仅是激发买家购房欲的现场第一线，还体现出开发商的专业水准与品牌形象。

1）位置的选择

售楼处要么设在楼盘厅堂内，要么建在户外。

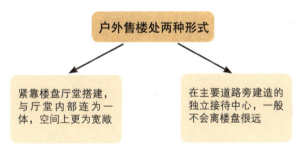

图6-3　户外售楼处两种形式

户外位置的选择我们要注意以下三点：

第一，户外附独立的示范单位，一方面可以避开施工的影响，保证施工建造不受外界干扰；另一方面又可以尽量弥补示范单位局部细节，如朝向、通风采光条件等方面的缺陷。

第二，售楼处设在市中心的一些大商场之内，这类地方人来车往，商场内气氛热烈，容易吸引客户前来参观。客户在现场看过说明及介绍资料后，便可坐上看楼专车直接送到楼盘工地，让客户充分了解周边环境与楼盘状况。

第三，样板房有时也和售楼处一起设置在大商场内，但大多数示范单位还是设在楼盘内部。样板房独立设置，可以尽量把一些不足之处包装起来，尽善尽美。

2）售楼处的四种形式

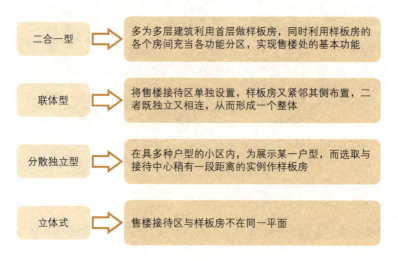

图6-4　售楼处的四种形式

① 二合一型

多为多层建筑利用其首层的一种较为典型的户型作为样板房，同时利用样板房的各个房间充当各功能分区，实现售楼处的基本功能。这种布局方式可以加强客户对户型空间的直观感受，而且没有路线组织上的混乱，具有亲切感，但缺乏豪气。由于缺少家具的摆放，其家居的温馨气氛较弱。

② 联体型

这种布置方式是将售楼接待区单独设置，而样板房又紧邻其侧布置，二者既独立又相连，从而形成一个整体。令客户不知不觉地完成了看楼全程，完整紧凑，既可保持独立接待区的气势，又可体验家居的温馨气氛。

③ 分散独立型

这种布置方式多体现在具多种户型的小区内，为展示某一户型，而选取与接待中心稍有一段距离的实例作样板房。

④ 立体式

立体式售楼处一般是指售楼接待区与样板房不在同一平面上的布置方式，这种布置方式多用于高层建筑中。

3）售楼处的功能设计

售楼处是客户直接了解项目的场所，客户对其包装设计的直观感受如何将直接影响其对项目的认识和评估。因此,售楼处的包装尤为重要。

① 原则

总体要求宽敞、明亮、典雅气派、个性突出。一般来说,售楼处按功能可分为以下几个区域:接待区、洽谈区、模型展示区、音像区(兼作休息区)等。

② 售楼处销售功能的设计

售楼处作为销售的前沿阵地,直接影响买家的购买。因此,各方面资料和装备的运用,应从视觉、听觉全方位让买家了解信息。另外售楼处除具备硬件资料(如模型、效果图、楼书等印刷资料外),还需高素质、专业的销售人员。

售楼处销售功能准备 表6-1

软件准备		硬件准备	
销售人员管理	销售人员不单代表自己的公司形象,也代表所售楼盘的形象,所以一般应要求他们统一着装。统一着装不意味着一定要穿西服套装。写字楼、高尚住宅、豪宅的售楼人员着装应庄重;商业物业的售楼人员可穿得活泼些,增加亲切感;别墅、山庄依山临水,其售楼人员可以穿得自然、休闲点,效果会更佳	售楼书	专业的售楼资料。设计风格应与其定位相一致,且内容全面、制作精良
		折页	售楼普及资料。优势在于费用低,可大量发放,传播范围广泛,内容简洁
		手袋	本身作为流动媒体宣传,并可装售楼书等资料
		展板	售楼处悬挂资料,全面介绍公司及楼宇信息
		礼品	费用低、美观、实用,用于传递信息、能够制造销售热点
现场清理及管理	现场清理及管理是维持楼盘良好形象的必要措施。有的楼盘户外看板布满灰尘不作清理、广告布幅破损不作更换、花木由于长期不浇水而枯萎,销售人员懒懒散散,这些都将给楼盘形象带来负面影响。干净整洁的销售现场、整齐有序的销售队伍、鲜亮的广告板旗,这也是良好的现场清理及管理的包装所给客户带来的基本的印象	影视资料	从视觉方面传递开发商及楼盘信息
		各功能标牌	如销售人员标牌、接待处、签协议处、交款处等标牌,让买家明确功能,突出运作专业性
		样板间	充分展示户型的各种功能,直接引导客户产生购买欲望。其专门的装修设计及空间布局可供业主参考

4)售楼处的细节配置

售楼处内摆设大致有接待台、展板(包括广告板、效果图、说明图)、灯箱广告、楼盘模型、户型设计模式、销售进度表、售楼书、说明书、椅、台、屏风、饮水机等。

房地产项目入市与开盘

这里，我们重点介绍下形象墙、展板及场地布置、大屏幕彩电及触摸显示屏、透视图及项目模型。

① 形象墙

形象墙是售楼处的形象标志，主要突出项目的名称、标志。形象墙前面是接待台及资料台，它是销售人员主要接待客户和派送资料的场所。

② 展板及场地布置

展板可以系统地介绍本项目的基本情况及销售情况，其最重要的内容之一是了解项目优点，并设计统一的艺术形式加以布置，使个性形象突出，内容丰富、简明，缩短买家了解项目的时间，甚至可以使其做出迅速的购买决定。

展板内容：项目各户型透视图、主要交通及建筑物的说明图片、地理规划图、住宅单位平面图、住宅单位室内布置、开发商背景、价目表及付款方法等等。

③ 大屏幕彩电及触摸显示屏

大屏幕彩电主要播放项目的基本情况，在展厅内播放高品质录影带。而显示屏可进行方便快捷的资料查询，包括当地情况，以及开发商、合作商背景基本情况等，使买家对项目所在地有更深入的了解和认识。同时，也增加营销中心热闹气氛，加快销售人员的讲解速度。

④ 透视图及项目模型

模型与透视图能增加买家对本项目的立体纵观认识，令买家置身其中，领略各楼层的朝向和景物，清楚明了选购单位所在位置，给人真实的感觉，令买家信心倍增。

5）售楼处建筑外观风格

通过售楼处的装修、装饰，不仅可为客户提供一个洽谈的场所，最重要的是通过这个场所体现项目的风格、定位、质量、品味以及开发商的实力和素质，让客户在此能被项目所营造的氛围所感动，引发心理的共鸣，完成销售。

售楼处建筑外观风格应与楼盘的类型、档次相吻合，颜色、造型尽量与楼盘配合，协调一致。

6）售楼处的功能分区

原则上售楼处可分为接待区、讲解区和洽谈区三个空间层次，各自具有不同的区域特质，还可以规划出一块生态区。

通过各功能分区的主题营造，创造出良好的销售氛围，解除客户在购买时的心理压力，认同本项目的内在品质，促成销售。

开盘筹备，万事俱备 第六章

接待区	可用花岗石或青石板铺地，设置具有强烈冲击力的接待台
讲解区	用木架抬高放置模型及项目效果图、规划图
洽谈区	地毯铺地，墙面设置户型平面图、分层平面图、销售控制表
生态区（备选）	布置一些绿色植物和花草，增加一些自然、生态的视觉效果，配合内部装饰，缓解购房者心理情绪

图6-5　营销中心的功能分区

（3）样板房的包装准备

样板房的包装原则要把握以下四点：

第一，风格契合主题

以墙色、艺术雕像、浮雕、吊灯、壁灯、雕栏等营造艺术品位，突出与产品匹配的风格，从外到内，大到厅堂、小到每一个建筑局部，都要力图体现出产品追求的效果。

第二，注重细节

广泛使用指示牌、说明书，布置在走道、通道、门口两侧、转角处、栏杆上。

通往样板房的通道应整洁明亮，注意布置一些灯光及小展板、镜画、文字标识等，把通道也变成广告看板。样板房所处的楼梯，应注意清洁和照明。

样板房应给人一个真正的"家"的感觉，而不是简单的展示单位。各个房间布置、摆设，各局部的细节处理，都应给人一种马上就能舒舒服服住下来的感觉。

万科的样板房就包装得十分细致周到，厨房里冰箱、厨具、水果蔬菜、调味品、碗盆碟杯等一应俱全。这样，消费者一边考察参观，一边又不自觉把自己融入居家的角色，很容易产生认同感。

样板房最重要的核心是主人间。一般来说，主人房是套房中最私密、最安静的所在，因而，其位置所在、房门朝向、床位摆放等都值得慎重考虑。

第三，样板房的数量不要贪多

户型较多的住宅楼盘不用每种户型都搞一个样板房，从成本上考虑，做几个主力户型的样

房地产项目入市与开盘

板房就可。

第四，不同样板房布局要契合项目的档次定位

特别要注意的是：不要把不同户型的样板房，例如大户型与小户型的样板房放在一起，显得楼盘档次定位不明。

（4）地盘包装准备

要注意对附近街区销售场所，施工场所以至于工作人员的包装，使其能在项目尚未完工之前，充分体现项目特色，向用户展示项目风采，减少销售期房的过程中用户的心理阻碍，起到积极诱导客户购房的作用。

1）工地形象包装

工地作为买家最为切身关注的地方，是宣传楼盘最经济和有效的场所，工地形象如何，不仅直接与物业和公司形象有关，而且还能够营造销售气氛。

工地形象包装常用手段　　　　　　　　　　　　　　　　　　　　表6-2

内容	要求
工地路牌	表明物业的名称和位置，直接与工程形象相关联
工地围板	展现开发商和建筑的专业性
工地气氛	利用彩旗、气球等宣传物品，吸引人们的注意力，营造人气旺、整洁、有序的施工现场
入口牌楼	在楼盘入口或主要道路入口处搭建的大型牌楼，通常是灯光铁架拱门，也有些是具有艺术特色的水泥建筑
施工进度板	工程进度是增强销售信心和客户落单购买信心的现场第一因素，要开盘成功，前期工程一定要保证，这不仅是抢时机的需要，更是销售时客户信心的需要

2）工地环境包装

将整个工地现场，根据建筑施工的进程和环境特色进行包装。包装强调项目的特色，对项目有一个整体良好的视觉形象。主要的手段包括：一部分内容为工地围墙包装、工地立柱广告牌制作、工地公共标牌制作、挂旗制作、路灯安装等。另一部分内容为绿化及其他配套工程的完善，优先搞好工地围墙沿线、样板房参观路线以及绿化工程施工。

工地环境包装常用手段　　　　　　　　　　　　　　　　　　　　　　　　表6-3

内容	要求
围墙广告	楼盘的外墙一般有三类包装方法： 一种是将外墙用墙柱分隔成多面，每面的内容图案颜色相同，主要是楼盘名、楼盘标识、电话等，以达到统一形象；另一种是用墙柱分隔，粉刷上投资商、开发商、代理商、承建单位、设计单位的名称及标志；第三种是搭建围墙。它是另一种很好的广告包装位置，因为它面积大、范围广，称得上是最大的户外看板
户外广告看板	立在售楼处顶部或两侧、外墙以及主要入口处的大型看板，内容一般是楼盘透视效果图、楼盘名称、广告语、售租电话、楼盘标识、交通图等。由于户外广告看板比较醒目，其文字图案必须与楼盘的格调及内涵相关，并且要具有吸引力。在相同位置不同楼盘的看板中，画面简洁的看板往往更加吸引人
LOGO	即楼盘独有的标志。多见于广告幅、旗、板、牌以及外墙、售楼处。一般表现为图案、美术字、字母等。楼盘标识能体现楼盘的品位档次及精神内涵
指示牌	指示牌的形状灵活多样，有箭头形指示牌、指示板、三角指示牌、平面指示牌、多面指示牌等等。指示牌与路旗一样，起引导作用。设备指示牌，方便消费者参观看楼，提醒他们注意某些事项，展示开发商的细心与诚意
拱门	充气橡胶做成的弧形拱门，商服物业、写字楼物业的包装中应用较多，一些大型庆典活动及表演也常用，有的也用数个充气拱门及幕布做成充气篷房，起到防雨防晒作用
路旗	在楼盘旁边的主要道路两旁设置宣传旗帜，内容主要为楼盘名称及楼盘标识。严格来讲，设置在围墙上及售楼处顶部周边的旗帜也属于路旗。路旗对于一些地处偏僻位置，或者有一定纵深的楼盘起着重要的引导作用
景观庭园	有条件的楼盘，可以在售楼处前面的空间布置一些庭园式小景观，如假山、雕塑、喷泉、小瀑布、微型小花园等，或者把售楼处设在区内、利用小区内的景观环境，亦可达到同样的效果。景观庭园可以为生硬的售楼环境注入活力生气，增加亲和力和温馨感

4. 产品卖点挖掘准备

前期需要把产品卖点深入挖掘，这些卖点的提炼和挖掘是后面的广告推广、公关活动及促销活动的基础。

（1）对卖点的基本认识

房地产项目营销的实质就是通过最有效率的方式向客户传递产品的价值信息，并最终实现产品价值的转换。项目的卖点是项目有竞争力的价值点，也是吸引客户购买的理由。对卖点的理解包含以下六个方面：

第一，常规性的价值点不等于卖点。

第二，卖点越具有唯一性（特定时间、空间和客户层），竞争优势越明显。

第三，卖点具有竞争优势，可明确转化为顾客实际利益，可感知。

第四，卖点需要整理，否则可能引起相互冲突，消抵价值。

第五，卖点需要包装和展示，需要营销推广，让客户了解、认识、接受。

第六，卖点推广需要成本，因此不一定越多越好。

（2）卖点的分类挖掘

项目卖点主要分为四大类：品牌、概念、性能、服务。

1）品牌类

在信息不对称的市场环境下，消费者大多会凭借开发商的品牌知名度来判断购买谁的房子。

卖点构成：如开发商品牌、荣誉卖点等。

2）概念类

① 区位价值

区位对不同定位的项目来说，影响各有不同，但都是决定性的。某些项目的核心价值正是体现在区位上，需要更具创造性的发挥。

卖点构成：CBD概念、中心区概念、奥运概念、地铁概念等。

② 产品类别及原创概念

物以类聚，人以群分。某些特殊类型的产品可以更加准确地捕捉特定的目标客户群。但是，产品的原创概念要符合客户的心理需求。

卖点构成：纯Townhouse社区、酒店式公寓、新独院house等。

③ 居住文化与生活方式

不同阶层的人们具有不同的生活方式和居住文化，不同买家对住宅品质的要求也不同，如何为客户量身定做相应的居住氛围是值得探讨的问题。

卖点构成：深宅大院、国际化社区、白领公寓等。

④ 产品功能提升

通过功能提升来为购房者创造附加值，这些价值提升往往超越了楼盘的先天资源。

卖点构成：健康概念、生态概念、教育概念、运动概念等。

3）性能类

① 楼盘硬件及空间价值

优质产品始终是决定购买行为的主要因素。楼盘的硬件价值体现在每个细节当中，要从中发掘有差异化竞争性的价值点，并能够让客户了解它。同时，客户对居住空间布置的合理性和实用性提出的要求越来越高，优质的产品需要以创新的户型为客户带来更大的空间价值。

卖点构成：规划、户型、配套设施、板式结构、新工艺新材料、新技术等。

② 建筑风格

建筑风格几乎是影响住宅魅力的第一元素。

卖点构成：地中海风格、意大利风格、纯中式风格等。

③ 自然景观资源和园林主题

环境是居住空间的重要组成部分，产品对环境资源的占有程度往往能充分体现产品自身的市场价值，尤其在高端产品的市场中表现更加明显。

卖点构成：一线江景、全山景、一线公园景、全水景、海滨风情等。

4）服务类

这里主要指楼盘软件与产品可感受价值。居住者对生活空间的感受是多元化的，高品质的项目配套及服务模式能有效地提升产品的可感受价值，无形中大大提升产品的竞争优势。

卖点构成：物业管理、个性化服务模式、社区文化等。

（3）卖点宣传的系统化

对项目卖点要进行系统地梳理，要有主次之分，要同时有硬性表达和软性烘托，需要阶段性的包装推广。对主要卖点要重点宣传，切忌对所有卖点宣传都不痛不痒，缺乏市场轰动效应。

1）广告主题提炼

广告主题是对产品卖点的高度提炼和概括，它将卖点转化成客户容易理解和记忆的感性信息，让客户充分认知产品，真正感受产品的魅力，具有"画龙点睛"之效。

2）媒体组合

根据地域消费习惯和项目自身特点，有针对性地选择通过报纸、电视、路牌、网络、电台等一种或多种媒体，实现产品价值信息的有效传递。

房地产项目入市与开盘

5. 前期宣传推广准备

（1）前期推广的基本原则

前期的推广我们要基于如图6-6所示的四个原则。

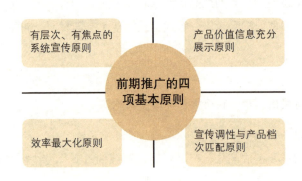

图6-6　前期推广的四项基本原则

（2）前期推广的基础

1）市场调研分析

良好前期推广的基础是充分的市场调研分析。市场调研分析包括对宏观政策、区域市场、竞争项目、潜在客户等的调研分析。客户调研分析重在过程研究。

2）宏观政策调研分析

关注项目所在城市近半年或一年内有无针对房地产的金融、财税、国土、规划等政策出台。

3）区域市场调研分析

关注项目所在城市近一年同类型物业（住宅、商业、写字楼）成交套数、成交面积、成交金额、成交均价，并对趋势做出判断。关注区域市场最新土地市场成交信息。

4）竞争项目调研分析

关注竞争项目产品结构及特点，竞争项目销售情况（成交套数、面积、均价等），尤其是现时的成交信息，在变化较快的市场环境中该信息尤为重要。

5）客户调研分析

在项目推广过程中重视对目标客户的研究，包括客户的需求情况（意向单位、意向价格）、来源区域、信息获取途径、典型特征及消费习惯等。

（3）宣传策略的有效性

在注意力经济时代，能否把楼盘的个性或独特卖点成功展示给潜在客户，关系到楼盘为客户认识、先知、购买的成本（时间、精神），关系到销售的人气和销售速度。新闻广告、平面广告、电视广告、杂志广告、视听（音像品）广告、公关活动等能否有效，是宣传策略的目标。

（4）前期推广途径

应根据项目整体营销计划制定前期推广计划表（表6-4），在不同阶段进行整合推广。

前期营销推广工作计划表　　　　　　　　　　　　　　　　　　　表6-4

推广阶段划分		形象塑造期	入市准备期	认筹期	第一次公开发售期
阶段目标					
时间安排					
推广策略					
推广渠道组合					
新闻炒作	目的				
	主题				
	内容				
广告宣传	报纸广告				
	电视广告				
	户外广告				
	电梯广告				
	DM				
	其他				
示范区展示	外围				
	销售中心				
	样板房				
	园林				
	通道				

续表

推广阶段划分		形象塑造期	入市准备期	认筹期	第一次公开发售期
产品推介会	形式				
	地点				
	内容				
活动推广	目的				
	主题				
	内容				

常用的营销推广途径有以下四种。

1）媒体推广

产品卖点挖掘。从品牌、概念、性能、服务四个方面，挖掘产品主要卖点，并在营销推广中使用统一"版本"以强化效果。各卖点有主次、先后之分，推广时应有所侧重。

2）示范区展示

示范区展示是通过现场体验把产品价值信息全方位传达给目标客户的有效方法。示范区展示原则是展示氛围与产品价值高度吻合，集中升华产品价值。

3）产品推介会

产品推介会是开盘前集中进行产品核心价值（品牌、概念、性能、服务）宣传推广的营销活动，是产品的重要销售推广节点。它尤其适合新地区、新项目的宣传推广。

① 目的

全面系统地彰显公司实力和品牌价值，充分解析项目的概念、产品性能和服务。发布项目销售信息，引发市场关注，最大限度吸引各类客户到场，是认知判断诚意客户的途径之一。也可坚定诚意客户购买信心。

② 主要形式

发布会（新闻、演讲等）、酒会（自助餐、表演等）。

4）公关活动

公关活动要把握三项原则：

第一，活动目的明确

是要宣传品牌，还是吸引客户实地体验，抑或是单纯为增加现场人气等。

第二，活动主题与项目概念相关

要使客户在活动时联想到项目，促进销售。

第三，活动主题与目标客户匹配

不同类型的客户关注的活动不同，活动主题与目标客户相匹配，才能引起其关注以达到预期效果。

5）前期推广的主要工作汇总

① 广告公司筛选与确定。
② 楼盘VI导示系统设计及确定。
③ 开盘系列广告方案设计及其费用预算。
④ 广告设计与审查（包括方案与时间的吻合效应）。
⑤ 插页设计、印刷，楼书设计、印刷。
⑥ 户外导视、区域包装方案设计与实施（围墙、灯标旗、灯箱路牌等）。
⑦ 看楼专车包装到位（与报纸广告审批同时进行）。
⑧ 其他媒体接洽（DM直邮、车身广告等）。
⑨ 开盘阶段广告方案细化。
⑩ 其他外送资料印刷、定购（手袋、礼品、海报、请柬等）。

三、活动准备及日程安排

1. 活动前的媒体宣传

在楼盘举办开盘活动前，为了当天的活动波及的范围更广，信息的发布面更大，常借助大众媒体进行活动举办的信息告知，一般楼盘普遍采用报纸作为主要的宣传工具，具体的操作如下：

开盘活动前10天：确定发布媒体、版面、版位、时间、形式。
开盘活动前9天到前4天：电视、报纸稿的设计、修改、确认，和发布者签订发布合同。
开盘活动前2天或前1天：电视媒介、报纸稿的发布（此时间可根据具体情况调整）。

2. 日程安排方案

（1）开盘前1个月

拟开盘、解筹活动方案，开发商审批（如现场有实物样板间，则要搭建看楼安全通道，

房地产项目入市与开盘

并向甲方申报包装看楼通道方案）。联系庆典公司，提出活动操作要求，由庆典公司撰写庆典活动方案。如若是准现房开盘，则开盘前20天进行施工工地现场卫生整洁，开始包装看楼通道。

（2）开盘前15天

人员分工的确定，并实施责任到"户"，活动费用到位。如开盘当天配有冷餐，则联系并确定配餐公司。同时，还有庆典活动方案的确定、庆典公司的确定、庆典所需项目的确定、庆典活动合同签订。

（3）开盘前14天

活动所要邀请人员的确定，主要是邀请政府领导、社会嘉宾、楼盘准业主、媒体记者等的确定。

（4）开盘前12天

请柬数量的确定、购买，来宾赠送礼品数量的确定、购买。

（5）开盘前8天

庆典活动人员的确定，礼仪小姐、主持人（演员）、锣鼓队、军乐队等的选定。项目资料的准备，并交付主持人进行熟悉。

（6）开盘前7天

空飘气球、拱门、刀旗、水座旗、喷绘画面等文字性东西的确定。未来7天天气预报的查询。

（7）开盘前6天

开盘所需装饰材料的准备、活动请柬的发送、选房解筹的提前告知。

（8）开盘前5天

庆典活动各个硬件设备由庆典公司准备好，空飘气球、拱门、刀旗、水座旗、桁架、舞台、喷绘画面等制作好。如果活动当天有宴会，确定宴会的人数、宴会的地址，并联系酒店进行预定。如活动当天的冷餐会需自办，确定冷餐会所需食物、水果的种类、数量，并进行购买。

（9）开盘前4天

活动现场场地的平整、打扫，活动当天所需用品如杯子、水果、饮料等的购买。活动当天各个环节负责人的再次确定。活动所需电压的确定（专人负责）。以防开盘当天突然停电，动力发电机或柴油发电机的准备。现场急救药箱的购买或外请医务人员（时间告知）。

（10）开盘活动前3天

活动现场的装饰开始制作，电视、报纸等广告发布。

（11）开盘活动前2天

售楼部现场装饰到位（礼仪公司负责）；工地现场花卉装饰、广告布置到位；活动休息区的准备与划分，包括选房区、公布区、奖品区、财务收款区、领导休息区、来宾休息、等候区、接待区、冷餐会区域、演艺区等。并对活动各个环节的检查。

（12）开盘活动前1天

开盘所需项目的到位，气球、拱门、水座旗、刀旗、舞台、桁架、喷绘等的施工（庆典公司晚上完成）。向庆典公司提供相应的设备如水、电等。活动休息区的布置，水果、饮料等的到位。礼、奖品到位、样板间鞋套数量保证、人员分工再次落定。活动结束，如有宴会，由开发商负责人邀请相关人员到预定的酒店就餐。

四、开盘的审批与内部验收

对于众多大中型开发企业，开盘的之前还需要涉及开盘的审批和内部验收，以确保开盘万无一失。这一过程也因此被以制度的形式确定，让项目公司、分公司予以执行。审批的主体是集团总部，而验收的参与方往往涉及项目公司、分公司和集团公司的各职能部门。

1. 开盘审批管理及执行工作安排

对于很多大公司来说，开盘的管理及执行涉及总部与项目部，集团与区域分公司等各种管理层级。那么这个过程该如何流转呢？

第一，计划开盘时间两个月前，《开盘报告》往往由区域分公司与集团营销管理中心及工程设计管理中心共同参与论证，最终须将区域分公司负责人签名、盖章确认后的《开盘报告》

上报集团备案。

第二，这种呈报与审批的《开盘报告》主要内容包括开盘时间计划，开盘准备工作倒排计划，重点工作验收和会审安排（如二点一线验收工作计划，项目主题定位稿及第一阶段促销稿会审计划，老客户巡演工作计划）。目的是让集团了解，如何开盘，时间节点如何计划，需要动用哪些资源，需要集团如何配合。

第三，计划开盘前一周，可由区域分公司与项目公司联合集团营销管理中心及工程设计管理中心共同参加，自己对项目进行初验，合格则按计划开盘，不合格则在限定时间内整改，整改通过验收后才能开盘。

2. 验收内容

内部的验收实际上是在进行一次摸排，以让最终的开盘能无瑕疵、无明显的遗漏和错误。内部的验收主要还是以区域分公司、项目公司、集团管理职能部门以及技术部门一同组织。

验收内容1：道路未开通不能开盘

道路包括：市政道路通往项目的主道路，项目主入口到售楼部的道路，项目售楼部、样板区的主要道路。

验收内容2：项目外部指引系统未完成不能开盘

项目外部指引指系统是指在通向项目的各主要道路及路口设置的，对于项目位置、方向、距离的指引。一般来说，市区项目设置在项目周边主干道1~2公里范围内，郊区项目设置在主干线或高速路的主要出入口及项目1~2公里范围内。

验收内容3：售楼部未完成不能出广告

售楼部完成是指硬软件条件已具备接待条件。它包括：主体、外立面、装修装饰的完成，外围环境、园林、道路的完成，模型、展板、音像、销售物料的完成并可使用。

验收内容4：二点一线未完工且验收未完成不能开盘

二点一线，是行业的一个俗话，包括售楼部、样板房及售楼通道。由地区及项目公司的营销及工程部门联合验收，验收后才能开放。验收过程及验收通过后项目公司要进行成品保护和清洁卫生。以后的工作中，项目公司要对二点一线的相关资产、物料，建立档案。

开盘筹备，万事俱备　第六章

| 二点一线验收内容 | | 表6-5 |

验收主体	验收内容
售楼部	①主体工程质量、装修质量良好； ②分区合理； ③模型、展板、销售物料等是否与项目定位及装修风格协调； ④家具家电及办公用品齐备（包括网络、电话等）； ⑤相关配套服务硬软件（保安、物管、停车场、电瓶车、饮水、卫生间等）齐备； ⑥绿化及装饰包装完成
售楼通道	①指引清晰； ②道路平整清洁； ③沿线园林、市政设施（路灯、座椅、垃圾筒等）完善齐备； ④经过工地部分有有效的防护、围蔽、包装； ⑤与施工车辆、人流没有交叉
样板房	①大堂、电梯厅装修装饰完成； ②换鞋套处设置方便、合理、人性化； ③各样板间、示范单位户型、面积、装修标准、室内说明标识清晰明白； ④各样板间的门窗望出部分园林完成及未完成部分有包装和围蔽； ⑤交楼标准样板间不摆放家私，装修手工精细，灯光、空调适宜； ⑥示范效果样板间装修风格、家具、家电、装饰、配置要与项目定位、档次一致，能充分突显户型优势、特点； ⑦现楼或非现楼样板间都必须有效防水

验收内容5：项目主要图片未准备好不能开盘

项目的主要图片包括：整体规划图、园林规划图、园林效果图、主要楼宇的外立面效果图、主要户型图、主要配套效果图。

验收内容6：项目主题定位稿及第一阶段促销稿未经总部会审通过不能出广告

项目主题定位稿及第一阶段促销稿主要包括两部分的内容，一是项目主题定位语，也就是宣传口号，另有就是项目主题定位系列软性稿、广告平面样稿、第一阶段促销稿。

这里验收的主要标准就是：判断广告语言是否将楼盘的技术标准、依据、优势、客户群表现出来。所以，定位稿和促销稿要包含如下内容：

第一，差异性市场定位主题。

第二，档次定位（整个广告的色彩、调性，体现项目的价位层次）。

第三，目标客户、生活方式。

第四，产品特性、配套优势。

第五，促销信息、主打产品。

第六，主要阶段实景图片运用。如开盘时要有售楼部、样板间、示范园林实景图，封顶时要有外立面实景图，现楼时要有楼宇实景图。

验收内容7：老客户巡演未完成不能开盘

提前一月需做以下工作，否则不能开盘。

1）在各兄弟楼盘所有楼宇的电梯大堂张贴开盘及促销海报。

2）在各兄弟楼盘售楼部张贴开盘及促销海报，放置项目基本资料。

3）在各兄弟楼盘进行项目推介巡演。

4）在项目所在区域主要的大单位大客户的单位现场，进行项目推介演示，大单位大客户的数量不少于5个。

如为新进入城市工作重点集中在目标客户比较明确的第4点，兄弟楼盘的选择以对项目客户储备有帮助为依据。

房地产项目入市与开盘

第七章 巧借东风，成功开盘

一个地产项目的所有前期准备工作，在开盘的那一天都会得到检验。而如果开盘成功，那么对项目后期的销售工作将会产生很大的帮助；反之，开盘失败则会对后期的销售工作造成极大压力，甚至会推倒一切重新开始。

房地产项目入市与开盘

一、成功开盘的战略意义

郭梓文曾经说过:"南奥开盘的第二天我就去打高尔夫球了,许多人找不到我,后来对我说,人家楼盘开盘都是老板亲自坐镇,你却连身影都不见。我说,开盘就意味着这个楼盘的阶段性结束,你必须预知它的结果,如果等到开盘才去纠正你的工作,肯定是来不及的,所以南奥的成功绝不是偶然。"

因此,如何开盘是竞争走到台前的第一战。竞争水平的不断提高也导致了开盘门槛的不断提升,从样板房到样板区,从售楼处到销售中心,从花木盆景到气势磅礴的园林水岸,开盘所能带给消费者的视觉冲击越来越大,但随着消费者的逐渐理性,这种花费越来越巨大的开盘方式所产生的边际效应却呈递减趋势。

怎样使开盘取得最好的经济效益和品牌效益是策划开盘的原则。任何事物的发展结果都是在其内因和外因的共同作用下完成的,房地产项目的开盘也一样,"天时、地利、人和"同样也是开盘成功的关键所在。当各项准备工作达到"天时、地利、人和"的要求时,成功也就水到渠成。

二、开盘的相关概念

1.概念

开盘是指项目对外集中公开发售。

其中,集中开盘是现在最常见的开盘方式,即在蓄水期尽最大可能地积累客户,在开盘当日将所有客户集中到销售现场来签约或是签订协议书,这就是集中开盘。集中开盘的好处是:

容易营造现场的销售气氛。与集中开盘相对应的有分批次、分期开盘。

2. 开盘的重要性

开盘对于整个营销体系的价值主要体现在以下五个方面：

第一，开盘是项目营销和发展的关键节点，在项目年度经营指标中具有举足轻重的作用。

第二，开盘是对市场定位和营销推广的集中检验。

第三，开盘是策略性调节供需关系的有效手段。

第四，开盘是通过心理博弈，寻求市场价格取向，建立市场价格体系的基础。

第五，开盘对建立项目的品牌和树立市场信心具有重要意义。

3. 开盘应遵循原则

基于上面的重要性分析，我们在开盘的时候不可盲动。它必须是万事俱备情况下的营销行为，必须要遵循如图7-1所示的五个原则。

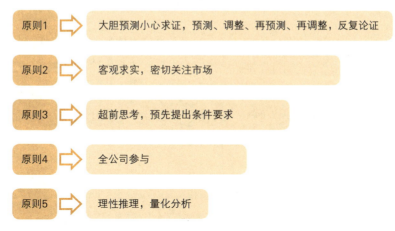

图7-1 开盘应遵循的五项原则

4. 开盘成功定义

我们如何来判断一个开盘是否成功呢？一般，要从现场人气、销售率以及关系户或老客户的销售比例来予以判断。

（1）开盘基本条件

1）有预售许可证，售楼部、样板房提前开放，且办证及工程时间配合能满足足够的储客时间；

2）储客量足够：开盘前一日，内部认购登记客户数与首批推出单位数比例大于等于1。

（2）现场集中引爆

首批内部认购客户成功签署认购书，首批推出单位现场认购踊跃，并在现场形成热销气氛的场面。

（3）销售率

首批推出单位销售率须达到一定比例，如70%以上。

（4）关系户及旧业主介绍比例

首批签认购书客户关系户及旧业主介绍占成交客户比例在10%以上（新地区）或20%以上（旧地区）。

三、开盘决策的五大核心问题

开盘策略关系到公司品牌、项目品牌、发售效果及推广措施等一系列问题。为什么有些公司先后经历了数十次开盘，运用了摇号、排队、定房、自然推售等多种认购方式，但每次开盘都能获得售罄和良好的市场反应，而有些公司一开盘却出现滞销。这是因为，开盘策略是结合市场现状、项目推售安排、客户储备、销售价格、推售物业情况等多方面因素分析得出的结果。

所以，项目开盘决策的制定需考虑五大核心问题，即开盘目标、开盘范围、开盘价格、开盘时间和开盘选房方式（图7-2）。

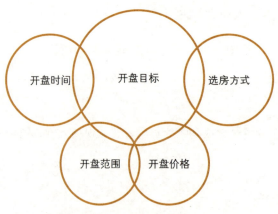

图7-2 开盘的五大核心问题

1. 开盘目标

开盘目标是指开盘当日的成交套数、成交比例。

（1）制定开盘目标需考虑的因素

制定开盘目标需要结合：公司年度销售指标、客户储备情况、首次开盘要达到轰动的市场效应、项目发展规模及周期考虑。这里我们重点强调下项目发展规模及周期，它是指项目在不同时间可供应的产品总量。为顺利实现各期"销售接力"，确保项目持续热销，需要根据项目发展规模及周期制定合适的开盘目标。

（2）制定开盘目标的方法

我们如何结合上面说的影响因素来通过一定的方法制定自己的开盘目标呢？其实，可以采用以下流程来进行。

第一步：假设公司年内同时发展多个项目，根据各项目的开发进度计划安排，预计各项目的开盘时间和销售周期。如果是单个项目，这一步可以省略。

第二步：根据各项目的规模、产品类型、发展进度、销售周期将公司年度销售指标分解为各项目的年度销售指标。

第三步：根据销售周期和市场淡旺季，预计A项目可集中开盘次数，并预计每次集中开盘的消化量。

第四步：将A项目的年度销售指标分解为首次开盘指标、若干次集中开盘指标、日常销售指标三个分指标。例如公司年度销售指标分解后，A项目的年度销售指标为500套，销售周期为7个月，正常销售每天可销售1套，年内首次开盘后，可集中开盘2次，则开盘的销售指标为290套。参考可比楼盘每次集中开盘消化量及公司过往经验，如预计A项目后两次集中开盘每次可销售70～80套，则首次开盘指标为130～150套。

第五步：根据开盘前客户储备情况对开盘目标进行修正和调整。

2. 开盘范围

开盘范围是指在项目开盘时首批向市场推出的可售单位范围。要注意在客户认筹时就初步框定拟推范围，以便准确把握客户的购买意向。

（1）确定开盘推售范围的原则

确定开盘推售范围要把握如图7-3所示的3个原则。

房地产项目入市与开盘

```
原则1：最大化消      原则2：最大化实      原则3：最有利于
化有效储备客户        现开盘目标          维持价格体系

通过模拟销控掌握客     这个主要是结合开     主要结合价格策略目
户需求的分布，在满     盘目标来反复地计     标进行
足公司策略性"销售      算获得
控制"的前提下，推
售范围应尽可能与客
户需求相匹配
```

图7-3　确定开盘推售范围的三项原则

（2）确定开盘范围的方法

1）初定推盘量

根据开盘目标和预期的开盘成交率反算开盘推售数量。

2）初选范围

根据开盘目标，在内部认购期初选拟推范围，注意好、中、差单位的搭配，向客户重点推介拟推范围内的产品，并进行客户引导和分流。

3）模拟销控

对外公布价格范围后，对号入座进行模拟销控，分析客户需求，统计拟推范围内可能成交量。

4）确定开盘范围

对可能成交量与开盘目标进行比较，结合客户储备数量和模拟销控，对初选拟推范围进行调整，确定开盘范围。

（3）开盘加推计划

开盘加推计划是开盘销售时的预备方案，它建立在开盘销售达到预期理想目标的基础上，它的启动需要一定的销售条件。

巧借东风，成功开盘 **第七章**

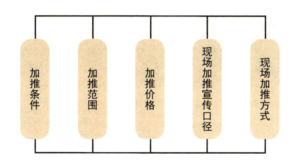

图7-4　开盘加推计划的主要内容

3. 开盘定价

开盘定价包括开盘均价及各单位具体价格的制定。通常情况下是先定开盘均价，再根据价格系数制定各单位的具体价格。开盘均价是指一次性付款折实均价。

开盘定价是在综合考虑市场、成本、经营目标三个因素的基础上确定的。这里我们以市场定价法确定开盘均价。

第一步：运用市场比较法初定均价。

第二步：在初定均价的基础上，确定不同阶段对外放价的范围。对外放价要遵循聚焦原则，即"逐步缩小放价范围，逼近客户心理价位上限"。对于新开楼盘，开盘前至少要经过三次放价过程。

新开楼盘三次放价过程演示　　　　　　　　　　　　　　　　　　　　　　　　表7-1

前期推广阶段	在初定均价的基础上，视情况上、下各浮动一定量作为对外放价范围。一般情况下，此阶段的价格范围较大，且上限应高于实际开盘均价
认筹储客阶段	在前期推广阶段放价范围的基础上，根据认筹情况和客户对价格的反应，认筹期逐步缩小放价范围；认筹期末对外公布"竖向"均价范围并根据客户反应进行调整
开盘前	在竖向均价范围的基础上，对外公布各单位单价范围，并根据客户反应进行调整

第三步：在各单位单价范围的基础上，调整得出具体价目表，并计算出开盘均价。

为了更好地说明开盘价格的制定过程，我们以某项目为例，其开盘均价的确定过程如表7-2所示。

房地产项目入市与开盘

某项目开盘均价确定过程　　　　　　　　　　　　　　　　　　　表7-2

编号	阶段	价格（元/m²）	备注
1	通过市场比较法初定均价	6200	
2	前期推广阶段放价范围	5800～7000	初次放价范围
3	认筹阶段放价范围	6000～6800	根据收筹量和客户反应缩小范围
4	认筹期末竖向均价放价范围	6000～6800	放价由总体均价变为竖向均价，根据客户需求调整系数
5	开盘前几天具体单位放价范围	6400～6600	按6500上、下各浮动100
6	开盘均价	6500	同时生成价目表

4. 开盘时间

养兵千日，用兵一时，开盘就是对前期蓄客成果的一次大检验，合适的开盘时机，对项目的销售趋势起着关键的作用。开盘过早，客户积累不足，既不能给开盘制造气势，也不能卖出好价格，给后期销售带来极大的压力，使置业顾问失去信心；开盘过晚，则容易造成客户流失，使销控策略失效。

而且，如果选错开盘时机，可能使整个推广活动变得被动，从而导致整个销售活动萎靡不振。那么，怎么来确定开盘的最佳时机呢？

（1）项目卖场条件具备

项目卖场条件就是我们前面讲的，证件是否齐全，推广是否到位，蓄客是否充足三大基础条件。预售项目工程过半，拿到预售许可证可以增强顾客购买的信心，另一方面避免不必要的行政惩罚以及由此对销售带来的影响。而充足蓄客，如蓄客数量大于预售房源数量，容易造成开盘当天房子供不应求，一方面易于在市场上造成好产品哄抢的势头，另一方面可以卖个好价钱。

（2）策略性避开主要竞争者或国家宏观调控政策

如果与竞争对手工程进度一样，比竞争对手的实力强或者与竞争对手实力相当，就要先下手为强,做市场领导者;如果自己的项目处于弱势,就要在竞争对手开盘后一周内开盘,利用自己的价格优势把竞争对手丢失的客户吸引过来。

同时,要把握国家的宏观政策调整大势,不可逆势而为。

(3)便于客户到场

如郊区楼盘,交通非常不便,那么楼巴就得提前开通,方便客户到场。不然客户来看房都非常不便,会削弱他们的购买意向。

(4)天气因素

要提前对开盘当天的天气进行了解,尽量选择在周末的晴天进行。雷雨交加的天气,是没有客户愿意出门的。

具备以上四个条件,在一般情况下都可以算得上是开盘的最佳时机。但是,有些开发商也会反其道而行之,如万科很多楼盘是晚上开盘,这要结合产品自身状况和市场状况决策。

5. 开盘选房方式

(1)确定开盘选房方式的基本原则

1)成交客户最大化;
2)营造热烈有序氛围以利于成交;
3)具体开盘方式对有效客户数量的要求;
4)关注客户感受(不同档次楼盘目标客户的消费习惯)。

(2)选房策略需考虑的四个核心要素

1)楼盘的特质

需要树立形象的楼盘要尽可能选用比较利于维持现场秩序的选房方法,因为开盘当日客户、媒体、同行云集,不要让人觉得乱糟糟、一片混乱。倘若需要体现项目服务和档次,可以选择认筹定房号的选房方法,或者抽签选房。

2)开盘现场空间把控性

要是售楼部以及前广场空间太小,那就不要在选房方法上制造混乱,否则当日不容易维持秩序。如果现场功能分区明显,空间够大,人手够多,当然可以选择制造饱满的选房方法。比

房地产项目入市与开盘

如先到先得的自然选房方法。

3）客户量

如果届时客户量够大，当然可以选择抽签、先到先得的选房方法，因为不怕流失太多客户。不过先到先得的方法容易导致现场失控，需要考虑周全。抽签则要通过提供糕点、饮料、节目的方法来留住抽在后面的客户。

4）客户预期

如果客户价格预期和项目价格目标比较契合，当然可以选择先到先得、抽签等方法，不怕客户受点打击。反之，应尽量选择认筹定房号的选房方法，一个筹可以选1~2个单位，一个单位可以被1~2个筹选择。或者按照认筹顺序来选房，这样可以避免客户产生不满情绪。

客户量没有超过房源量极大数量的情况下不推荐摇号选房，摇号选房现场极难把控。同时过于强势。

（3）开盘选房的七种方式

常用的开盘选房方式有排队、抽签、诚意金顺序法等，不同的开盘方式有不同的适用条件和开盘流程（表7-3）。

多种开盘销售方式比较表　　表7-3

销售方式	基本做法	储备方式	适用条件	注意事项
摇号选房	开盘现场通过公开摇号（抽签）确定客户购房顺序，按顺序让客户进场选房	不排序认筹	比较适用于认筹客户数量较多的情况，客户数量与推盘数量之比一般不低于1.5	避免过多客户不到场而出现冷场的局面；注意整个操作的公正性与透明度
分组摇号选房	将认筹客户预先分组，每组控制在5~10人，开盘现场通过公开摇号（抽签）确定各组别入场的先后顺序，同组内客户按交筹的先后顺序选房	不排序认筹	适宜客户诚意度非常高；供应需求数量都很大	注意整个操作过程的公正性与透明度；要清楚告知客户选房的具体流程
排队（按到场顺序选房）	预先告知客户开始选房的具体时间，按客户到场的先后顺序进行选房	不排序认筹	忠诚客户较多，容易在卖场形成人龙；客户心理不抵触此类方式；由于客户比较辛苦，在观望市场及高端项目要慎用	对外说法要明确是客户自愿行为，我方之前没有预计到；注意在现场为客户提供便利服务，避免客户出现抱怨，相互之间发生纠纷

续表

销售方式	基本做法	储备方式	适用条件	注意事项
按认筹顺序选房	在规定的开盘时间内,按客户认购筹码的先后顺序进行选房	排序不选房认筹	客户比较理性;认筹客户数量≤推盘数量	注意通过房源推介鼓励后期客户交筹;注意开盘现场的气氛营造,刺激客户集中成交
按筹码对应房号认购(一对一)	客户认购的筹码与推出房源一一对应,开盘时客户只能选购筹码所对应的房号	排序选房认筹(一对一)	需求<供应;高端市场较适合	与客户的沟通至关重要,要保证客户对房源信息的充分消化;由于认筹时已进入实质性的房源推介阶段,要保证认筹单位的高成交率;开盘单位定价要与客户需求比较吻合,避免客户流失
按筹码对应房号认购(多对一)	开盘推出的单个房源与多个客户认购筹码(控制在5个以内)相对应,开盘时根据抽签确定客户购房顺序,客户只能选购筹码所对应的房号	排序选房认筹(多对一)	客户对房源品质有较高要求,需要进行房源推介,适当分流;对客户需求判断没有充分把握,需要保证推出房源的高成交率;需求>供应	与客户沟通,保证客户对房源信息充分消化;由于认筹时已进入实质性的房源推介阶段,要保证认筹单位的高成交率;注意整个操作过程的公正性与透明度
有意向认筹,尽快成交,开盘集中签约	客户认筹时在开盘推售范围内选定意向单位,在取得销售许可后尽快分别成交,开盘时集中签约。	排序选房认筹(松散)	需求≤供应高端市场较适合	客户认购筹码与意向单位对应,没有强制性,一个筹码可能对应1~3个意向单位;尽快分别成交主要防止客户出现流失,减少不必要的集中储客时间;开盘集中签约形式非常重要,关键要提升人气,扩大影响力

这里需要说明的是:在摇号选房、分组摇号选房、按认筹顺序选房及按筹码对应房号选房(多对一)的销售方式中,为了有效地避免由于客户未到场而造成的现场跳空现象,从而影响现场客户的购房信心,一般会安排到场客户预先进行换筹,在对有效客户进行梳理后,再按原定的销售方式进行选房。

四、开盘决策流程

开盘决策也是一个系统流程,如图7-5所示。

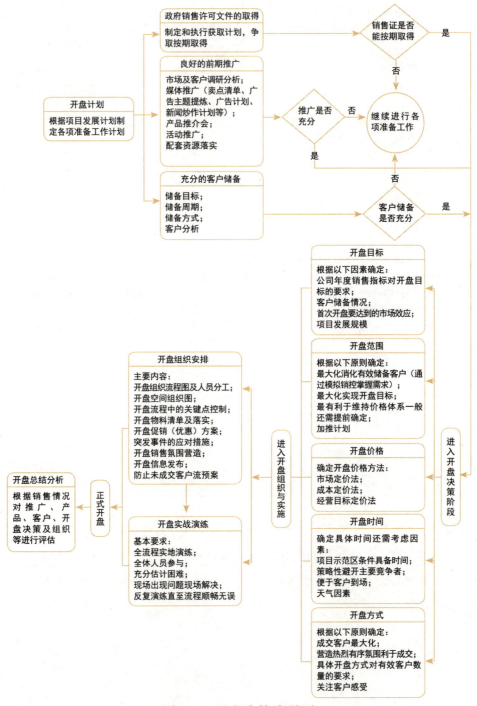

图7-5 开盘决策流程图

五、摇号开盘模式的典型操作手法

深圳房地产发展过程中，一直借鉴香港成熟的房地产发展经验，在全国最早引入认筹与开盘的营销模式，形成了一套成熟的系统化开盘模式。

目前，深圳已经普遍采用"摇号"的开盘方式，并根据不同的物业形态和客户储备量，选取不同的开盘地点、认筹方式以及开盘方式。

深圳摇号开盘流程之一：蓄客

深圳楼盘开盘一般分为蓄客、认筹、解筹三个阶段。在蓄客阶段的主要工作内容是根据项目的推货量、预期推售价格、市场成长速度、客户购买力等多种因素，建立蓄客数据模型，确定蓄客量，根据蓄客量预期，结合工程进度，采用"会员招募"与"分段体验式"营销手法进行蓄客，并不断巩固客户忠诚度。

深圳摇号开盘流程之二：认筹

在认筹阶段的主要工作内容是根据项目的推货量、蓄客量、预期推售价格、客户诚意度等多种因素，确定合理的认筹程序，预估认筹量，根据认筹量预期与市场热度，预定认筹时间铺排，采用"会员升级"与"分组认筹"的营销手法进行认筹，采用电子打卡的方式认筹。

值得关注的是，在认筹过程中，由于深圳房地产市场与客户的成熟度，营销部门会对市场短期内可能出现的变化及对项目认筹产生的影响，制定调整性方案与备用方案，确保项目认筹的万无一失。

（1）等候区域

由于摇号区与选房区有一定的距离，因此客户需要一段时间的等待以乘车前往选房区，因此对等待区人数控制及等待时间的控制上要求较高。

（2）选房入口区域

该区域与采用排号方式开盘现场的布置一致，但由于摇号区等待客户较多，为避免选房等待区滞留过多客户，因此对选房时间的控制有较高的要求，应注重选房区与摇号区的衔接。

（3）客户安抚

由于参与摇号客户多带有博彩的心理，可能出现焦躁的情绪。特别对于同时认多个筹但均没能参与选房的客户，特别注重对客户的安抚，避免现场出现客户情绪失控的局面，影响整个

房地产项目入市与开盘

开盘活动的顺利举办。

目前深圳市场上还存在一种摇号方式,为一天摇号,一天选房,此种方式为传统摇号方式的进一步优化,整个操作流程便于把控。但由于提前确定的选房顺序,可能造成部分靠后客户的流失,从而对开盘当天的人气造成一定的影响。

因此,使用此种方式前应充分考虑开盘当天的解筹情况。

深圳摇号开盘流程之三:开盘解筹

在开盘阶段的主要工作内容是根据项目的认筹量与客户热度,确定开盘价格,并对解筹率与销售率进行预测,制定周密的开盘方案、价格策略与销控策略,保证在开盘热销的基础上,不会出现"一抢而空"的局面,保证在后期价格得到进一步拉升,确保开发商的开发盈利。并针对开盘可能出现的各种情况进行方案假设,制定最完善的开盘方案,确保项目销售的完胜。

(1)选房流程

我们以深圳金地·名津为例。深圳摇号选房相比其他城市的摇号选房,具有以下三点不同。

1)深圳楼盘为了保证蓄客量,认筹的门槛相对比较低(认筹金一般为5000元),所以在开盘当日还会有补齐定金的手续。

2)深圳楼盘在开盘前的算价过程中,会对客户进行分组,以减小开盘当日的摇号压力。

3)由于深圳房地产宏观调控政策的不断严格,所以深圳开盘一般会邀请相关职能部门(房管局、工商局、公证处)监管项目开盘全过程,并对客户进行实名制确认,以确保开盘过程的流畅、透明和公平。

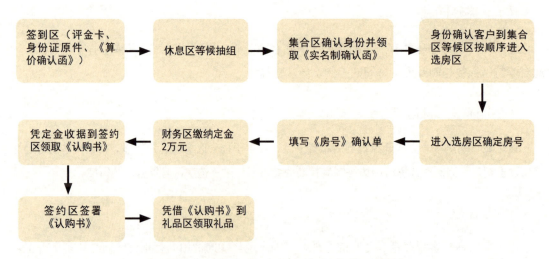

图7-6 深圳金地·名津选房流程示意图

（2）现场布置

深圳金地·名津开盘时，客户现场总体布局分区明确，销售现场导视简单明了，客流动线便于工作人员现场管理（图7-7）。

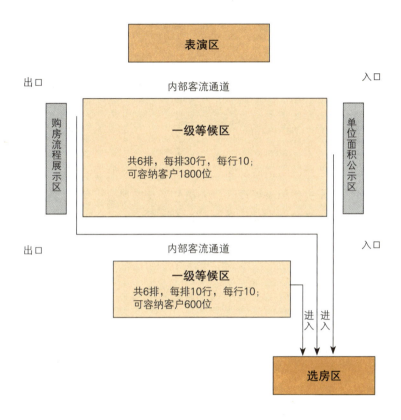

图7-7　深圳金地·名津现场布置图

（3）客户累计

深圳金地·名津项目截止到2007年1月中旬，累计VIP卡客户约有4000批，开盘当天到场客户数量有3000批次（由于项目1月24日已有一批客户提前选房），可以表明该项目选房客户到访率非常高，VIP卡客户中办理选房卡的比例基本上是1∶0.75。

项目1房1厅户型大部分由本地投资客消化，首批客户在24日晚就已认购，其中拆迁户也占有一定比例。

现场香港客户比重约有3~4成，其他客户均来自本市。根据对现场部分香港客户的沟通发现，购买金地·名津的港客大部分用于自住，购买户型以2房、3房为主，促使他们自住的关键因素是口岸优势及看好未来的地铁和交通。

（4）现场管理

以金地·名津为例，深圳楼盘开盘现场的管理都比较严格，一位客户只能带一位家属进场，而且进场家属也要贴号贴。认筹客户贴红色号贴，家属贴蓝色号贴，而且由于客户量大，给每组客户的选房时间都比较短，一般不超过5分钟。在现场会有比较多的歌舞节目缓和客户等待的焦急情绪，而且根据产品的销售情况不定时进行清盘。

六、开盘的组织实施

1. 开盘组织安排

开盘组织安排是指开盘当日销售活动的具体工作流程以及促进流程顺畅运行的各项保障工作。它的主要内容包括：开盘组织流程设计、人员分工及培训、开盘空间组织、销售流程中的关键点控制、开盘物料清单及落实、促销策略、开盘信息发布、突发事件的应对措施、销售氛围营造、防止开盘未成交客户流失预案等。

（1）开盘组织流程

良好的开盘组织流程要具备以下特点：
1）分区明确，责任到人。
2）内外场紧密联系配合，控制销售速度，确保开盘目标在一定时段内完成。
3）销控必须准确，坚决杜绝"一房多卖"现象。
4）签约必须及时，保证"销控一个、签约一个"。
开盘认购流程参考如图7-8所示。

巧借东风，成功开盘 第七章

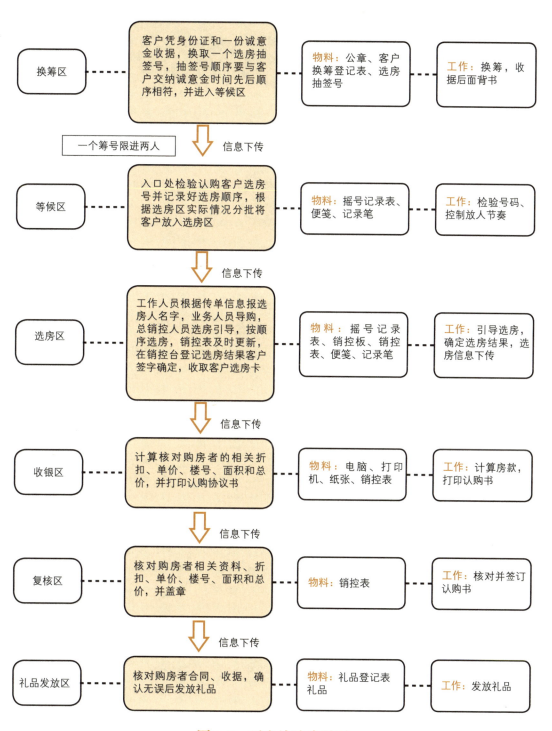

图7-8　开盘认购流程图

（2）人员分工及培训

1）人员分工

①开盘总指挥；
②各区（等候区、选号区、销控区、收款区、签约区、复核区）人员及负责人；
③销售人员：销控专员、销售经理、置业顾问；
④销售辅助人员：财务人员、签约人员、复核人员；
⑤咨询人员：银行按揭、设计、工程、法律人员；
⑥现场服务人员：服务生、保安员、保洁员。

2）人员培训

①销售培训：销售统一说辞，现场销售模拟；
②销售辅助培训：客户问答指引，工作流程模拟；
③物业服务培训：形象要求，服务动作要求，客户问答指引，现场服务流程演练。

（3）开盘空间组织

开盘空间组织是指开盘组织流程中各工作区（节点）在实际空间中的具体位置分布，开盘空间组织的要求：

1）易于营造热烈有序的销售氛围。
2）准确控制各区域的空间大小及形式，特别是销控区。
3）交通流线一定要围闭、顺畅，尽可能不交叉。
4）各工作区均预留工作人员通道，并确保各区按流程顺畅"对接"。

开盘空间组织图根据销售案场具体位置进行统筹安排。

（4）销售流程中的关键点控制

项目开盘销售组织要进行分区管理，一般分为等候区、选房区、收银区、签约区及复核区。各片区设定管理负责人，片区之间由各区内设定的接头人进行联系，总体协调人负责整个流程的正常运转及工作节奏的控制。

销售流程中的各区关键点控制表　　　　　　　　　　　　　　　　　表7-4

空间	控制管理内容
等候区	进入选房区的闸口处，注意控制节奏，要保证选房区内的成交效率及现场人气
选房区	准确记录销控，引导客户成交
收款区	客户付款处，注意收银的准确性和速度
签约区	客户签约处，注意签约的准确性和速度
复核区	合约盖章处，避免销售出错的最后屏障

（5）开盘物料清单及落实

开盘中涉及多种物料，开盘准备阶段应列出详细的物料清单，并落实到具体责任人。主要物料包括：

1）认购须知。

2）客户签约文本：认购书、合同统一文本。

3）现场销售物料：模型、洽谈桌椅、等候桌椅、服务台、销控板等。

4）销售宣传资料：楼书、宣传单张、户型图等。

5）设备类物料：电脑、打印机、复印机、验钞机、POS机、麦克风、扩音器等。

6）文具类物料：打印纸、笔、不干胶、电池、激光笔、计算器等。

7）食品类物料：为客户及工作人员准备的食品和饮料等。

8）宣传类物料：空飘、喷绘等。

物料清单参考格式（排队方式）　　　　　　　　　　　　　　　　　表7-5

区域	项目	数量	负责部门	落实时间	备注
等候区	认购卡				
	警戒线				
	音响系统				
	签到桌				
	导示牌				
选房区	销控板				
	销控点				
	销控登记表				
	销控确认章				
	反尾铁夹				

续表

区域	项目	数量	负责部门	落实时间	备注
财务区	收款章				
	验钞机				
	刷卡机				
	空白收据				
认购区	认购书填写资料				
	计算器				
	签字笔				
	空白认购书				
复核区	认购书填写资料				
	销售章				
	订书机				
	纸箱				
	认购须知				
	销控复核表				
物业准备	对讲机				
	保安				
	清洁人员				
现场气氛	导示系统				
	条幅				
	气拱门				

2. 开盘实地演练

开盘实地演练的基本要求：

第一，全流程实地演练；

第二，全体人员参与；

第三，充分估计困难；

第四，现场出现问题现场解决；

第五，反复实地演练直至顺畅无误。

七、开盘促销与推广策略

1. 推广主题与推广方式的确定

房地产开发的每一个阶段会因为社会的多种因素，表现出相应的市场特点。而作为市场空白点，则往往是热点发展到一定阶段，或由于市场过于饱和后，一些具有市场创新精神的企业开始创新概念，挖掘未来的潜在市场。

推广主题的确定往往就是在这二者之间做出选择。如果是市场热点，好处是市场肯定可以接受，但问题是竞争会过于激烈，成功的关键是做出新意；如果选择市场空白点，优点是暂时没有竞争对手，缺点是市场风险太大。现代城的SOHO虽然成功了，但许多其他创新项目却失败了。

能否将信息准确而有效地传达到目标客户群手中，是检验推广方式成功与否的唯一标准。而推广方式的设定又与推广主题密切相关，什么样的定位就会有什么样的推广方式。

目标客户群的生活方式决定了其接受信息的渠道，如何找准这样的渠道，是确定推广方式的前提。

紫薇地产系列楼盘的市场定位各有不同，针对的目标群体有一定的差别。因此，其推广的诉求点也不同。

如紫薇·欧洲世家的广告语为"领先没有极限"，表现了地产商不断追求积极进取的精神，充分传递出文化积累深厚的欧洲古镇风情，体现了物业的豪华与尊贵。

紫薇山庄广告语"我把秦岭献给你"，简洁、大气，极具煽动性，同时能把项目的自然生态绿色环保社区的定位和特色表达出来。

紫薇·田园都市以"新城、新家、新生活"营造全新的生活方式，引导消费者，倡导全新的生活方式，针对该楼盘的主要消费群体的年龄段主要集中在35～50岁之间，他们中大多过上山下乡的人生经历，而且那段历史和难忘的人生经历是他们一生中宝贵的财富。他们推出了系列报纸广告，画面氛围集中在五个方面得以表现："火红的种子"，"青春如歌"、"西安·家·门牌"、"绿叶对根的情谊"等，从响应祖国的号召、上山下乡劳动、回城工作到有了新的家，讲述了他们的一段难忘的人生经历。运用情感诉求深深打动了许多业主和准业主。

紫薇地产的报纸广告一向都有一种霸气，那就是每一期广告都以整版出现。每逢新楼盘发售、重大活动、重大节日都会见到紫薇地产气势磅礴的报纸广告。高密度、大版块的报纸广告加深了当地市民对紫薇地产品牌的记忆度，巩固了业主的品牌知名度。

房地产项目入市与开盘

户外广告是紫薇地产又一大宣传阵地,在西安市最繁华的十字路口一定会有紫薇地产的品牌广告,诉求方式与报纸广告保持一致。

DM广告可与业主保持零距离的沟通,紫薇地产印制了《Super 体验》客户通信,风格简洁大方,清谈素雅。用它告知业主和准业主工程进展情况,广泛听取各方面的意见和建议。

另外,网络、电视、楼吧、公交车身等都是紫薇地产宣传的有效媒体。

2. 开盘促销策略

开盘促销的实质是通过某种形式刺激客户在短期内成交。

(1) 制定开盘促销的三个基本原则

制定开盘促销必须要把握好如图7-9所示的三个原则。

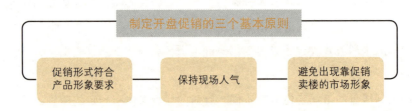

图7-9 制定开盘促销的三个基本原则

(2) 开盘促销的四种基本形式

开盘促销往往采用内部认购(诚意金)优惠、付款方式优惠、抽奖(礼品、电视、车、房款、管理费等)、按期签约优惠等四种形式。

(3) 开盘促销的目的

促销的目的是吸引人到售楼现场,售楼处的作用就是留客和成交。首次开盘是否成功取决于人气。大多时候,我们都有一种紧张的心理,那就是开盘的时候,既怕没人来,又怕来了人没有成交。但是,我们如果制定了完善的促销应对策略,就应该树立坚定的信心。

3. 开盘信息发布及现场气氛营造

(1) 开盘信息发布

通过各种有效途径将项目开盘信息传递给市场,特别是储备客户。

（2）开盘销售氛围营造

开盘销售氛围营造主要是通过一些活动形式，为开盘现场提供一个良好的背景环境。它的本质是为销售而服务的，在活动安排时要注意不能过于分散工作人员的时间与精力，活动安排始终要围绕开盘销售进行。

（3）现场造势

而对于客户来说，对楼盘的信任度首先是建立在售楼处人气的旺盛与否的程度上。所以销售的现场造势就显得尤为重要，而现场造势有如图7-10所示的四项常用技巧。

图7-10　现场造势四种技巧

1）假客户造势

客户进入售楼处后人气旺盛，签约的签约，下定的下定，谈价格的谈价格，看房的看房，在此种情况下对于客户的第一感觉就是这家楼盘生意那么好，既然有那么多人买这里的楼盘，那肯定不会错。这一点主要是抓住了客户的从众心理。所以在销售不是很景气的时候适当地派人装扮客户能起到很好的效果。

2）假电话造势

在无人员安排或来不及情况下，若售楼处气氛很冷清，则会给客户看房留下不良感觉。那就可以制造一些假电话。即问价、问房源以及谈论下定等事宜，也可以多打追踪电话，只要给客户感觉到销售员都在处理客户事宜，那么假电话造势就达到目的了。

3）业务工作造势

通过业务员在忙碌的准备合同等销售资料，并不时地谈论客户马上就来签约及付首期等事情，让正在看房的客户感觉到楼盘很抢手。

4）喊柜台造势

在客户少的情况下也要喊柜台，使客户有紧迫感。具体执行的方法大家可以在工作中根据实际的情况灵活运用和创造。注意要自然，不露痕迹，切忌过火。

（4）现场SP技巧

1）逼订SP

① 喊柜台做销控使客户感觉到如果今天不订，看中的房型可能就此没有了。

② 业务员配合抢一套房，在介绍客户时注意身边其他客户，必要时牺牲一下不是很有意向的客户，而逼定较有意向的客户。

③ 价格优惠活动即将结束，如果今天不订，再来可能优惠活动就结束。

2）谈价格SP

① 准备一份假的底价表，在实在搞不定客户时，甩出假底价表给客户自己看，使他确信价格最低。

② 客户的要价其实能够接受，但考虑到客户的反复很大，在这种情况下不能很爽快答应，应存心制造有点很为难的状况，比如打假电话请等。这样谈下来的价格使客户可信度提高。

③ 和客户拉近关系，使他确实感到业务员和他关系好，所以放了这个价。必要时出具一份成交价高于该客户的订单或合同，增加信任度。

④ 在客户要价很低的时候，可以做一下销控，就是他看中的房子已被人暂时保留，你现在开的价太低我宁愿卖给开价高的客户。

以上这些技巧及SP都是通过实践不断总结的，最重要的是业务员应具备充分的销售才能。能在客户面前自然而又真实地表现各种技巧，并应审时度势地灵活运用和创造，只有这样才能最终促进成交。

4. 开盘广告推广系统策略

结合项目销售的进程，营销策划也分为不同阶段，每个阶段的推广主题亦不尽相同。

第一阶段——形象期广告推广策略

1）推广任务

这个阶段推广主要任务是：塑造并传达项目市场、客户群、产品定位形象。市场定位或高端或中低端，客户群或小资或中产或殷实或富贵之家，产品或中式或西式或平时或简约。形象广告推出就是要让受众自我定位，让他们感受是否适合本项目。

2）推广要求

形象期推广应含蓄而委婉，优美而朦胧，它是造梦的阶段。目的就是达到市场高度关注、目标客户人尽皆知、对产品定位高度认同。

3）推广手段

这个阶段应用的推广手段主要以长线媒体为主，比如现场围挡、路旗、广告牌、广播等（图7-11）。

图7-11　形象期广告样板

第二阶段——产品期广告推广策略

1）推广任务

这个阶段应把产品规划、户型、景观、建筑标准等项目的具体内容进行展示，结合项目的形象定位，有虚有实，图文并茂，让客户能充分了解项目的优势与卖点。

2）推广要求

产品期推广应明了、真实，通过细致而详尽地描述，使产品得到客户的高度认可。还有及时得到客户的反馈，进行适当调整，提高产品的均好性，以便适合客户需求，为将来快速去化奠定基础。

3）推广手段

这个阶段在继续把长线媒体作为推广手段的基础上，要适当地搞一些活动营销，如产品推介会、商圈发展论坛等。

图7-12　产品期广告样板

第三阶段——蓄客期广告推广策略

1）推广任务

对目标客群进行有针对性的宣传，蓄客期的前期是把蓄客措施准确无误地传达给目标客群，以得到更多客户的咨询与到访。后期则向目标客户灌输开盘信息以及开盘时各种优惠措施，达到积累更多客户的目的。

2）推广要求

这个阶段是整个推广中的重中之重，成功与否，将直接影响到开盘时的人气及成交量，所以，这一阶段的推广应采用暴量方式，就是在短时间内高空低空全面开花，以便在最短的时间内大量积累意向客户，为顺利开盘奠定基础。

3）推广手段

大量广告，并应适当的配合一些圈层联谊会等活动。

第一、二、三阶段的推广，就是要拔高项目的市场地位，让客户对项目高度认可，但并不公布详细价格，只是给客户一个基本的价格区间，让客户产生这个项目很好，应该不便宜的直觉，充分吊起客户购买欲望。这就是所谓的蓄客期。

图7-13 蓄客期广告样板

第四阶段——开盘期广告推广策略

1）推广任务

根据目标客户积累情况，选择吉日盛大开盘。开盘当日公布首批房源及销售价格。客户可以根据已经排列的选房号有序选房。开盘期最重要的事情就是价格的制定和推出房源的数量。价格的制定应该比客户最高承受能力略低，房源放量与积累客户量的比不能高于1∶3。

2）推广要求

开盘期推广应直白而震撼，用产品品质打动客户，用小恩小惠及压迫的方式促使成交。

开盘也分实开和虚开两种方式，实开是指开盘当日推出首批房源，开盘活动是为了烘托和聚集人气，实则是为了销售。虚开则是指仅仅是开盘活动，开盘当日并不推出房源。

房地产项目入市与开盘

图7-14 开盘期广告样板

第五阶段——强销期广告推广策略

1）推广任务

利用开盘红火热闹的气氛，然后结合客户的转定比例，分批分次推出后续房源，达到推盘有序，热销不断，价格攀升的目的。

2）推广要求

强销期间，一切推广宣传围绕销售展开，通过分析已成交客户的来访渠道，分析已成交客户对项目最关注的卖点等方面，即时调整项目的宣传渠道和推广重点。

第四、五两个阶段的推广，目的就是对前期积累的客户转定落单，使之从准客户变为成交客户。也就是所谓的开闸放水，在短时间内把客户的需求进行释放。当然，推出房源的数量要根据客户量进行调配，不能全部放掉，以保证开盘成功的同时，还应为将来的持续旺销预留空间。

图7-15　强销期广告样板

第六阶段——尾盘期广告推广策略

所谓的尾盘期，指当期推出房源消化掉90%以后剩余的房源，尾盘是销售难度最大的房源，基本都是位置或楼层稍差的单位，而这部分房源也是开发商的利润所在。所以这部分房源的销售，最能体现代理公司价值，如何能在最短的时间内彻底消化，是需要深思熟虑和好好谋划的。

房地产项目入市与开盘

1)推广任务

分析购买此类房源的目标客户群,然后再开展有针对性的宣传。这个阶段的宣传必须精确而有效,否则将费力不讨好,造成推广费用的极大浪费。

2)推广要求

充分分析剩余房源的特点和销售抗性,然后整理出卖点或刻意加入一些能打动客户的噱头。

3)推广手段

这阶段的推广以产品升级(如赠装修、加配置等)或促销(适当的让利、赠送电器等)为主要手段。不应在大众媒体广而告之,而是需要点对点的垂直宣传。

图7-16 尾盘期广告样板

第七阶段——现房期广告推广策略

现房期基本就是项目的尾盘期,这个阶段的推广要简单得多,因为所剩房源无几,主要以项目的实景为推广和炒作点,素材主要以实拍照片为主,用实情实景来打动客户。

在实际销售过程中,第六、七阶段存在重合的可能,如遇到这种情况,项目策划师就要好好思量。如果为了追求消化速度,不妨用现房实景来刺激客户的购买欲望,或做些促销。如果为了达到利润最大化,那就可以沉住气,慢慢销售,可以充分挖掘已成交客户的作用,以老带新就是一种很好的销售方式。

图7-17 现房期广告样板

项目千差万别，推广花样繁多。结合项目实际情况，制定行之有效的推广策略，选择合适实用的推广渠道，是项目营销推广的基本原则。如何实现销售速度与利润最大化的有机结合，是推广需要达到的目的和最高境界。

八、开盘问题应对与解套

真正到了开盘，我们会发现即使我们准备再充分，总是会有各种各样的问题出现。小的问题可以马上调整，大的问题会影响开盘效果。所以，我们要在前期就针对性地做相关预案。

1. 开盘常见的主要问题

第一：前期调研的隐患问题

对市场缺乏深入调研分析，流于表面。市场数据陈旧，报告未能准确反映现时市场的真实情况。重定性的感觉、轻量化的分析，最终导致调研数据失真，为营销决策提供了错误的指导，不符合真实市场需求，导致开盘效果不佳。

房地产项目入市与开盘

第二：客户筛选的隐患问题

在客户储备过程中未设定初选推售范围，造成客户选择范围或过于散乱或过于集中，不利于确定开盘推售范围和客户分流。

第三：开盘组织问题

开盘组织流程不科学、不严密，造成现场氛围差、容易出错和客户流失。不重视售楼系统在开盘中的应用，不能实时掌握开盘成交数据。

第四：推广节奏问题

推广节奏与项目发展进度步调不一致，出现较大偏差，造成费用和客户资源的浪费。

第五：开盘价格问题

开盘价格的确定缺乏分步测试、逐步聚焦的过程，造成无法准确判断客户的心理价位。

第六：开盘总结问题

不注重开盘总结，不能及时制定和调整后期的推售安排。

2. 开盘焦点问题诊断与解套

问题1：关系户的问题，开盘如何解决？

关系户的问题一直是个老大难的问题。但是，关系户在每个项目中都会存在，大到政府领导的、开发商老总的关系，小到销售业务人员的亲朋好友，这都属于关系户的范畴。关系户还有个特点，有些给诚意金，有些可能是个电话或一个条子。这些关系户，既是诱惑，又可能为销售带来极大的管理难题。

首先，我们必须要认识到关系户的利弊问题（表7-6）。

关系户对营销的利弊分析   表7-6

有利方面	不利方面
关系户确实有助于提前消化一部分房源，好好引导还有可能造成房子热销的景象	容易关系户选房撞车，哪个关系都不能得罪，但是都又选中同一套房源；关系户过多会导致房源七零八落，有时无法集中开盘

巧借东风，成功开盘 **第七章**

那么，我们该如何解决这个问题呢？

第一，先立规矩，无论是哪种关系都必须告诉对方，要想百分百拿到房子必须通过排队拿号。这样对购房者可以说，他们是排在前面选房；对开发商自己来说，关系户排队可以给开盘营造好的氛围。

第二，分批开盘。第一批的目的是搞定关系户，用价格表策略将其推向目标房源并以这些客户数量为基数，再略多放十套八套，即保证扫清所有遗留问题，又保证新客户也能少量买到，还制造营销的"饥饿效应"，为二期开盘作准备。

第三，将关系户与普通客户分开选房，上午内部关系户选房，按先到先选的顺序。中午集中发短信通知下午正式开盘，下午开始针对外部客户排队或摇号形式开盘。

问题2：准备开盘了，预约量上不去怎么办

经常会碰到这样的问题，准备开盘了，但是预约量却没有上去。该采取哪些措施短时间内提高预约量，保证开盘的成功率呢？

按照我们第六章的开盘条件分析，预约量上不去，坚决不能开盘，因为很有可能开盘就面临滞销。所以，这个时候，还有要回到原始的营销问题上分析。

第一，你在卖什么？

回答这个问题就是要找出产品与周边产品的差异化，在周边市场内的亮点。无非是两个方面：

外围方面：项目地段、周边交通、生活配套、商业配套、教育配套、周边的自然资源等。

内因方面：小区规模、小区规划、小区内大配套、会所、运动设施、园林、产品类型、产品特点、附赠面积、户型性价比、未来升值空间等等方面。

从这两方面去找到项目与别的项目差异化，这样才知道自己的产品亮点在什么地方。

第二，你要卖给谁？

这就是要找出你自己的潜在客户群，因为不同的产品，在不同的地段，是卖给不同的人。

首先，对登记的客户组进行分析，从年纪、身份、职业、来自区域、喜好、关注点等方面把客户细分。

然后，找出这些客户的共性，分析他们来的地方，找到他们的生活方式，划分出他们活动的圈子，提炼出他们比较关注项目的哪些方面。

接着，针对他们的关注，选择有效的宣传方式，把这些亮点传达给他们。

而要想在短时间内提高预约量，可从老客户里着手，让售楼人员总结老客户犹豫的因素，项目吸引他们的因素，从而有针对性地采取措施，调动客户的积极性。

房地产项目入市与开盘

第三，你要如何卖？

当你了解了自己的产品，也就是知道了哪些人对你的产品有感觉，接下来的事情，就是针对这些人的关注点，进行有效的宣传。大城市的手段比较丰富，这里主要是如何在三线城市进行宣传推广问题。之所以提到三线城市，是因为三线城市的推广具有自己独有的特点，传统的报纸广告效果并不一定是最佳手段。三线城市宣传方式主要有以下四种：

①口碑传播

这个是最有效、最直接、性价比最高的方式，即通过对现有登记客户进行产品推介会活动，发一些小礼品，让他们把项目的好处到处去传播。

②事件传播

主要是通过把握住你所在城市最近最热的事情进行炒作，比如冠名活动、比赛活动、抽奖活动等来吸引客户关注。

③SP活动传播

主要是在城市热闹人流量大的广场，搞一些热闹的活动，还可以结合项目的特色，搞一些提升品位的活动。如选美、选代言人的活动。

④圈子传播

针对三线城市的公务员及事业单位，如电信、银行、学校、医院等搞一些内部团购。比如，针对县城副科级以上的员工，一律打95折销售，这样把全城的有权人、有钱人的目光都吸引过来。或者是挑出20套房源和这些单位谈团购，开盘前认购掉。

有了这些方式之后，可以通过一些媒体方式把这些信息传达出去，主要有电视、短信、夹报、当地报纸、户外、公交车身广告、上街派单、SP活动等，宣传推广方式越热闹越好。

第四，你打算卖什么价

这个可以结合当时登记的意向客户进行价格摸底，然后再报一个区间价的形式。除此以外，还可采取以下策略：

第一，挑出一些特价房，比如限量特价房，先到先得，过期不候。这些亮点可以在开盘前通过报广方式宣传出去，吸引客户抢购。

第二，推出团购价，比如，亲朋好友过来买房，三个算团购，每个人都打97折。

第三，推出买房送礼金券，买房后，送5000元的礼金券，可以转让，让已买房的客户成为你的业余销售员去寻找更多的客户。

第四，改变定价策略，挑出一些特好房源定一个天价，然后多数可能卖掉的房子定一个市场能接受的价格。

问题3：认筹和开盘中间间隔多久合适

认筹和开盘中间间隔多久合适呢？其实，回答这个问题，没有一个固定答案。如果要说个大概的话，一般是一个月至一个半月之间。但是，这并不准确，因为每个项目的体量、产品类型、蓄客量、项目进展、内部准备等都会不同。

第一：蓄客量影响认筹和开盘中间区隔

推货量多，认筹时间自然长些；推货量少，认筹时间自然同减。筹转定一般是在30%～60%之间，一般40%左右视为正常。读者可以按此倒推，比如你有1000套开盘货量，希望开盘当天成交500套，则你要起码收筹800个号才比较有把握达标。

第二：推广时间影响认筹和开盘中间区隔

筹号多少还受制于你前期硬软广告投放的量和到位情况。要有针对性地做一些宣传，竞争对手如果比你开盘早，还可能会造成一定的客户流失，这个时候要有预案。

第三：竞争状况影响认筹和开盘中间区隔

首先看将要开盘的楼盘与你有无竞争，如果竞争对手与你是同类产品，可以缩短中间区隔，提前入市，抢占客源；如果不是同类产品，中间区隔可长可短，根据自身情况而定。

第四：开盘目标影响认筹和开盘中间区隔

先确定你的销售目标，权衡公司各方面压力，主要是资金方面。如果要求快速回款，那就要多积累客户，形成开盘热销。如要想把价格做好，意向客户足够就可以开盘。

问题4：概念产品如何减轻开盘入市阻力

现在的概念产品越来越多，但是并不一定就意味着消费者会买账。金地·荔湖城项目的三叠院产品是金地的一个全新产品，但是开盘效果并不理想，购房者对产品理念和价格没有产生独特的印象。那么，这个问题我们该如何系统地解决呢？

第一，概念产品必须在开盘前就对概念产品的价值，通过广告或促销活动进行有系统的释放。概念没有解释清晰，产品价值就无法在意向客户心目中形成鲜明印象，那么后期的销售就会面临很大问题。

第二，充分挖掘概念产品的卖点，因为这些卖点能给购房者带来品质联想。

第三，如果产品具有独特性，可以选择和其他同类楼盘同期入市。让客户有个比较，在比较中奠定自己的产品优势。如果产品仅仅是个概念，无真实价值，那就提前入市，先入为主。

房地产项目入市与开盘

第四,如果概念产品在整个推售产品过程中占的比重较大,那么推广的重心往往会以概念产品为主,那就首推概念产品,把握好节奏。

第五,如果概念产品在整个项目中占比重较小,那么在前期推售过程中,始终只有模型或样板间等产品形象出现,保持一定的神秘,等价格逐步拉升之后上市。

问题5:开盘时间延期难题,如何维护已积累客户不流失?

通过广告、活动、销售人员口头告知等途径通知开盘时间之后,由于样板间或预售许可证等未拿到,导致开盘时间一再延期。这个时候我们该如何应对呢?

开盘延期的问题是个普遍的问题,那么我们首先要分析开盘延期会带来哪些问题。归根结底是两个问题:一个是客户流失的问题,一个是退房增多的问题。

1)针对客户流失的处理

针对客户流失的问题,我们该采取何种策略呢?

显然,不可能任由客户流失,而是要主动应对。采取的手法无非是两种,一种是营销应对,一种是产品包装应对(表7-7)。

针对客户流失的两种处理方式 表7-7

营销应对	产品包装应对
针对前期积累的客户开盘当天给予客户一定的优惠。可以用"日进斗金"这个方案,即已经登记了的客户从某个时间点到开盘期间每天都享有一定额度优惠金	利用延长期间在产品打造上下功夫,比如品质的提升、销售员素质的提升、产品的提升等等,让客户感觉在用心打造项目品质。广州星河湾当初就是采用这种策略,通过报纸告诉大众不开盘的理由,结果反而让客户对星河湾的品质态度产生更多信任

2)针对客户退房的处理

那么针对客户退房的问题,我们该采取何种策略呢?

①退房原因分析

在开盘延期之后,客户退房主要基于三个方面的原因:

一是部分客户已在其他楼盘购买;

二是受价格涨幅过快、宏观政策影响,市场行情已转为观望;

三是客户手头的资金已经挪为他用。

②退房处理原则

如果退房比例偏高，这个时候我们要重新对客户进行摸底，找出哪些客户已经在其他楼盘购买，那么我们就将这些客户销掉，同时及时积累新客户，把房号做分流。整个退房的处理要把握几个原则：

第一，公关为上

先做公关，说明开盘推迟原因，如为了工程质量宁可损失利益也要推迟开盘，要有说服的理由。

第二，活动为次

送上诚挚道歉、礼品等，或出真心优惠活动，提供一定奖励。

第三，炒作随后

客户退房不要怕，反而要一副欣喜的样子，一副有好房源出现了的表情，告知退房客户，公司会联系等候客户购买其手中的房源。在退房的处理过程中，不必遮遮掩掩，而是放高了自己姿态，表示房不愁卖。有些项目在操作过程中，甚至催促客户退房，并明里暗里暗示这些退的房一上市可能就会涨价，这样反而容易让买房者产生顾虑，并早日下定。

第四，主动出击

关键是要打散客户，不要让客户抱成团，控制资讯，把控舆论。

3. 制定防止开盘未成交客户流失预案

项目积累的每一个诚意认筹客户都是付出一定营销费用的代价获取的，是营销推广的成果。因此，营销人员要树立"惜筹如金"的理念，提前制定防止开盘未成交客户流失预案，提出继续吸引未成交客户并争取其成交的解决方案。

4. 突发事件的应对措施

开盘前要对突发事件的出现进行预估，并制定针对性的应对措施。开盘突发事件主要有：

（1）天气变化类

如暴雨等，可在现场准备基本物件应急。

（2）客户服务类

如客户银行卡无法划账，可提前安排专车、专人在现场随时陪同客户到附近银行取款。

（3）客户投诉类

如客户激烈投诉、现场争斗等，可紧急安排VIP室隔离、快速处理，必要时提前安排公安人员在现场进行协调。

（4）现场包装违规类

如城管对开盘的宣传条幅进行收缴等，可要求包装制作公司提前协调好政府管理人员，同时安排相关人员在现场随时准备协调工作。

（5）后勤保障类

如停电、停水等问题的处理。

巧借东风，成功开盘　**第七章**

案例 11　ZH·国际冠城空中美墅部分开盘危机处理策略

一、我们怎么了？

1. 情况概述

（1）事件

8月8日，国际冠城空中美墅碧榆园正式公开发售。

（2）事后反应

多位认筹客户未选到房，开始通过网络媒体进行投诉，部分客户投诉到政府相关部门。

（3）事件过程

对外公开推售168套，实际可售套数仅为60套左右。认筹客户现场到达100户左右，大部分未选到房。认筹客户对选房流程及本项目提前将其意向房源出售给关系户，提出重大异议，直接导致现场选房活动终止。

2. 危机症结

（1）客户问题

关系客户所占比例太大，提前没有预留房源。

（2）房源问题

政府部门低价团购，抢占部分房源。普通认筹客户意向房源大都被关系客户认购，心里不平。

3. 危机发展趋势

第一，顾客和其他公众卷入，近百组客户未购到认筹房源，集结成势。

第二，部分客户已告到相关政府分管部门。

第三，部分客户滞留现场销售中心，进行权益声讨。

第四，部分客户通过网络媒体，对此次事件进行恶意炒作。

4. 危机发展结果

危机事件的处理态度直接决定事件最终的发展结果，一旦未能处理好此次事件将会产生如图7-18所示的连锁反应。

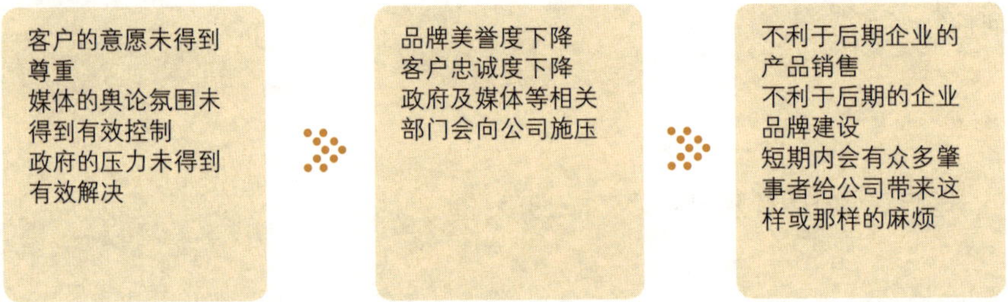

| 客户的意愿未得到尊重
媒体的舆论氛围未得到有效控制
政府的压力未得到有效解决 | ⟶ | 品牌美誉度下降
客户忠诚度下降
政府及媒体等相关部门会向公司施压 | ⟶ | 不利于后期企业的产品销售
不利于后期的企业品牌建设
短期内会有众多肇事者给公司带来这样或那样的麻烦 |

图7-18　项目危机演变及可能发展结果

二、客户想怎样？

1. 客户的态度

第一，内部选房直接侵犯了认购者选房的利益。

第二，高额认筹金，让部分客户声称公司以认筹金的手段进行"非法集资"。

第三，项目尚未具备取得预售许可证条件，部分客户对公司销售进行质疑。投诉渠道主要通过网络、市长信箱、政府相关主管部门举报反映。

2. 客户需要的权益

（1）买到房子

客户的终极目标依然是选购到自己想要的户型、想要的位置、想要的价格，总结起来，就是希望买到满意的房子。

（2）获得优惠

退而求其次，买不到房子，则希望得到更多的优惠，最好能在后期以同等价格优惠购房。

（3）弥补感情创伤

政府部门团购、关系客户抢占了其选购权，使其认筹期的等待归于泡影，他们需要关怀和尊重。

三、我们要什么？

1. 销售

销售永远是最核心的。销售才能实现利润，保证现在的产品销售，同时要促进接下来的推盘销售。

2. 品牌

建立品牌美誉度与忠诚度。建立良好的政府与媒体关系。建立客户联动效应，实现在后期的开发楼盘中仍然取得良好的重复购买。

3. 发展

解决好客户、销售问题，实现公司的发展，在每个阶段都以良性循环获得发展。

四、我们怎么做？

1. 处理的基本原则

（1）真实真诚原则

公布危机事件真相，真诚的承认错误，勇于改正错误，设身处地为当事人着想，绝不玩弄舆论。

（2）缓和矛盾原则

缓和态度，即使出现失实的批评，也该运用适当的方式进行弥补，没有必要抓住某些枝节问题纠缠不放，更没有必要站在公众对立面。

（3）形象修复原则

公关危机处理得当可以将坏事变好事，使公众感受到企业的责任感。所以，应抓住企业在危机事件中知名度大增的契机，平息风波，挽回影响，使企业形象及早修复，促进销售。

（4）口径一致原则

保证企业的统一口径，尤其保证公司财务部、营销部、品牌部及公司高层领导的整体口径一致。

2. 亟须执行的八项工作

（1）负责人出面，企业高层要高度重视危机。

（2）将危机解决于初期，与媒体联系，保持良好舆论氛围。

（3）了解法律程序，在无法解决的状况，通过法律途径解决。

（4）与政府提前沟通。

（5）直接面对危机，考虑到最坏可能，不可留下不负责任、利令智昏的企业印象。

（6）面对危机，及时采取相应行动。

（7）以最快的速度设立危机控制小组。

（8）设立专线电话，并告知公众。

3. 危机对策

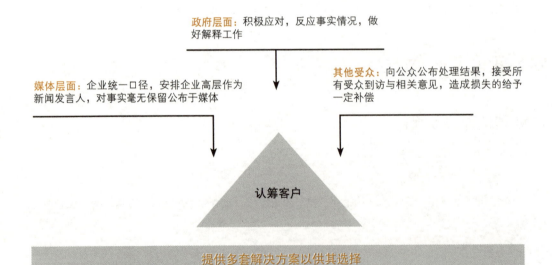

图7-19　解决危机的对策

4. 认筹客户解决方案

方案一（已使用）

1）措施

给予客户退款，同时支付银行同期同档利率，并赠送礼品。如果客户选择不退款，可进行重新认筹并享有优惠延续，同时额外给予5000元优惠。

2）接受程度

本方案开盘当天便已出台，众多客户持不接受态度。

3）本方案焦点

① 后期的价格存在不确定性。一旦后期价格上涨幅度过大，其优惠权益顺延，根本无法满足价格的增长幅度。

② 感情上无法认同：团购及关系客户以低价购得房屋，而自己即使花相对较高的价格仍然无法取得选房的权利，购房感情上受到严重伤害。

③ 10万元认筹金金额相对较大，客户对房屋期待值较大，1~3个月不等的优惠时间，让其资金未能在同期内进行流通，直接影响了经济收益。

方案二（建议使用）

1）措施

给予客户退款，同时支付银行同期同档利率，并赠送礼品。如果客户选择不退款，可进行重新认筹并优先选房，后期开发的户型及价格与当前保持一致，即提前售楼。

2）优势

① 保价（或顺应市场略微提价，建议在200元以内）策略：提前锁定价格及房号，在一定程度上直接实现了后期的销售。可以变相地理解为，此次少推了一幢楼，在后期补齐。客户满意度高，容易立即解除客户顾虑。

② 公司所收取的高额认筹金仍可持续利用，节约财务成本。

3）劣势

① 相关建设、规划及施工条件均未达到相应节点，开发的不确定性将会产生众多隐患。

② 公司的利润将无法得到保障。

③ 后期一旦出现价格走低或楼市由牛转熊，会造成大量意向客户的流失，同时会导致所推出房源产生大面积认筹空位，对销售不利。

房地产项目入市与开盘

方案三（下下策）

1）措施

正常进行房屋的销售，对于未购房客户所提出的异议及问题不予解决。

2）优势

减少大量的说服工作，节约了大量的人力财力，即使客户起诉，仍可通过法律途径获得胜诉。后期的销售利润将会按市场走势获得较大额度的回报。

3）劣势

①品牌美誉度下降，客户忠诚度下降，不利于后期产品销售及品牌建设。

②短期内会有众多肇事者，通过各种途径制造麻烦。

③政府及媒体等相关部门会施压。

五、处理策略

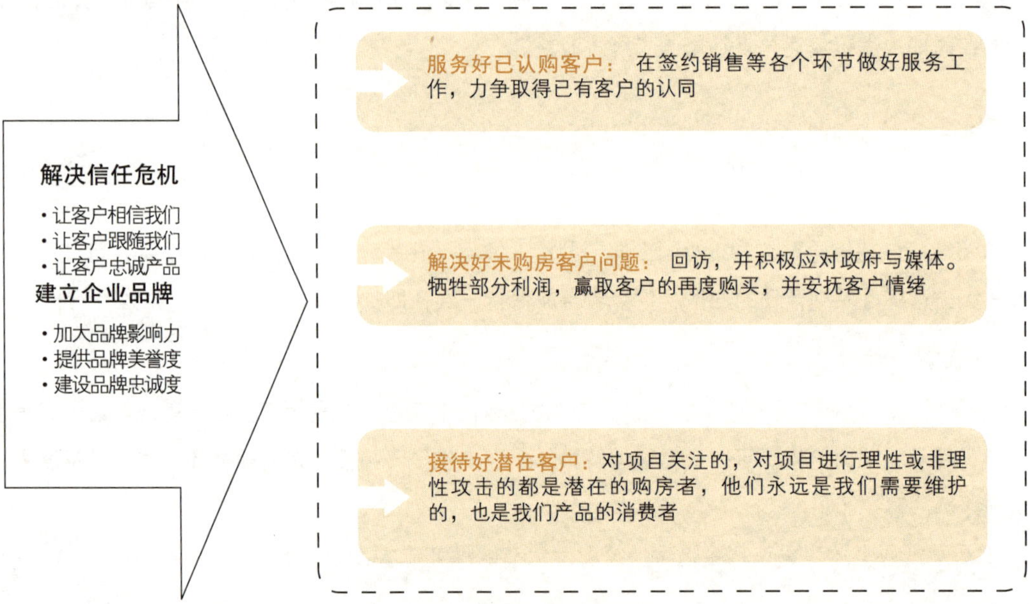

解决信任危机
- 让客户相信我们
- 让客户跟随我们
- 让客户忠诚产品

建立企业品牌
- 加大品牌影响力
- 提供品牌美誉度
- 建设品牌忠诚度

→ **服务好已认购客户**：在签约销售等各个环节做好服务工作，力争取得已有客户的认同

→ **解决好未购房客户问题**：回访，并积极应对政府与媒体。牺牲部分利润，赢取客户的再度购买，并安抚客户情绪

→ **接待好潜在客户**：对项目关注的，对项目进行理性或非理性攻击的都是潜在的购房者，他们永远是我们需要维护的，也是我们产品的消费者

图7-20　处理策略

案例 12　武汉SL花园"感受营销"开盘解码

一、开盘的条件及营销手法

1. 非品牌条件下的"感受营销"重要性

从SL花园现时情况分析，如图7-21所示。总体由八个方面所支持，这里面企业的品牌效应最为关键。如万科、中海等企业，他们也是经历了漫长的发展阶段才累积到至今的企业品牌效应。现在，客户心目中的万科品牌就意味着优质产品、完善的服务、升值的空间等，客户心目中的中海就代表着优质的物业服务、优质的工程质量等。

所以，由湖北XD城建开发的SL花园要达到高于市场的价格，必须首先让市场有一个了解的过程，让客户逐步建立信心，这个了解的过程，我们必须用真材实料去铺垫，最终达到理想的经济效益。

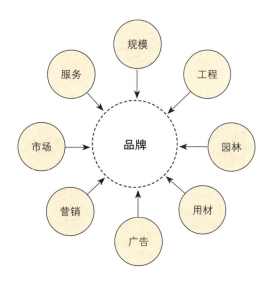

图7-21　非品牌条件下的"感受营销"模式

基于上述理由，项目首先集中精力营造一个工程质量优良、园林精美独到、用材优质精细的样品工程示范区，增加市场客户信心。再运用优质的服务、到位的营销手法以及家喻户晓的广告推广，建立起项目的优质品牌效应，并且通过市场大环境支持，定能实现3000元/m^2的成交均价（图7-22）。

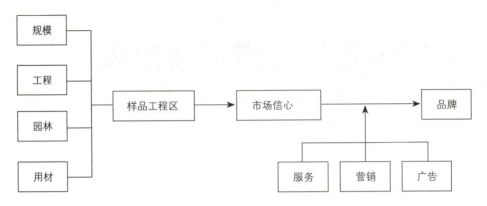

图7-22　开盘策略形成思路

2. "感受营销"策略的开盘条件

实施的策略是在样品工程示范区未交付使用前不做任何直接性推广，集中所有精力在建筑工程及园林工程的进度及质量方面，做好现场的保安工作，非工作人员一律不准进入现场。

在建筑工程、园林工程、接待中心及样品房交付使用同时推倒工地的围墙，让关山一路沿线一夜之间出现一个精美的园林及建筑，届时再配合有关的推广吸引人流来临现场参观样品工程示范区（图7-23）。当时不收取任何形式的定金，再通过排号抽签方式形成蓄水放闸的热销场面。

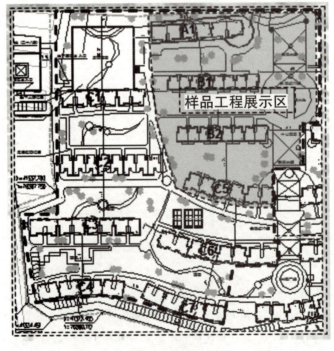

图7-23　样品工程展示区位置图

① 前期不公布项目任何信息　② 工程进度要比常规速度要快
③ 工程管理要非常严格　　　④ 工程质量要求非常高
⑤ 园林景观落成进度快　　　⑥ 园林景观要独具特色
⑦ 现场保安要做到位　　　　⑧ 接待中心交付
⑨ 样品房（毛坯装修）交付　⑩ 所有用材及工程人员按时撤场

｝同一时间执行或交付

图7-24　样品区开盘10大原则

3. 用材科技的"感受营销"

结合3大攻关要点，从用材科技上体现"感受营销"。

（1）外墙外保温系统

在样品房设置温度显示，如空调的温度以及室外温度的显示，让客户从数据上直接看到温度的强烈反差，再通过身体温度的感受、现场产品介绍和销售人员的专业引导，让客户感受开发商为未来业主改善武汉冬冷夏热的居住环境的决心。

（2）厨房内新型排油烟道系统

在厨房设置干冰喷烟系统，用最为直观的方式现场演示开发商对于打造无油烟厨房技术的以人为本的细微之处。当然，厨房内的新型排油烟道系统技术精髓并非单方面在于排油烟的功能，还有解决倒灌以及节能风吸技术等，而这方面需配合技术介绍以及销售人员的介绍达到效果。

（3）隔声系统

隔声系统的感受体验可以运用室外以及室内的分贝率来进行现场测试，户外设置高分贝率的音响效果系统与室内形成听觉上强烈的听觉反差效果，并且运用测量分贝率的仪器进行现场测试，再通过技术介绍以及销售人员的专业解说三管齐下进行营销。

（4）现场成型用材技术应用展示

创新武汉首个现场成型用材技术应用展示基地，模仿医学界的"切片"技术，把所有可以展示的用材"切片"展示，并且配合生动的介绍说明，让展示区生动、透明地呈现在来访客户眼前，再配合销售人员专业的引导，让客户感受到开发商的细心以及实力。

比如：墙体的"切片"展示、窗材的"切片"展示、门材的"切片"展示等。

房地产项目入市与开盘

4. 建筑外立面的"感受营销"

根据调查统计,较大规模开发项目的销售过程中成交频率、最高峰值的时段是在首期外立面成型、二期开售时。如金地·太阳城最为热销是在一期外立面成型,又如万科·城市花园先营造规模环境再开售的策略等等,都可以证明这一现象。

因为,表面印象永远都是人们的第一感觉,而拥有一个成型、个性、鲜明的外立面永远都是抢夺客户眼球的制胜法宝。如再配合墙体保温技术,"切片"展示,把技术展示在客户眼前,通过适度渲染的现场介绍,必定起到良好的营销效果。

5. 园林景观的"感受营销"

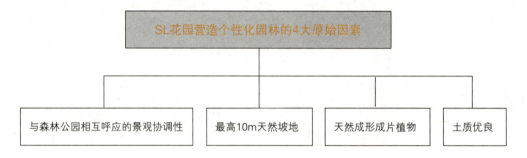

图7-25　SL花园营造个性化园林的4大原始因素

突破武汉市常规的园林工程成型条件。引用东湖林语项目负责人的一句话:如果我们早知道园林效果带来的利好影响,我们绝对不止卖这个价格。

当然,不可以片面去理解这句话。但是,从经济效益为出发点考虑的话,做好园林一定能提升了整个项目的品质及价格。所以,务求首先营造一部分精美的园林环境,用实在的环境品质去拉升价格。

当然,要达到以上的营销条件必定有一定的难度,可以用一个简单的数字去表现他的可行性,1/3>1,就是说现时约1/3的建筑以及1/3的园林等资金投入不单只带动一期的销售并且带动了整个项目的后期销售,更拉升了开发商的品牌从而达到理想的经济效益。所以站在经济及营销的角度是切实可行的。如以上条件成立后,下一步工作将是由工程、园林及营销等部门人员具体商议并确定工作时间表,作为未来工作的依据。

具备了以上条件后,让我们看一下开盘前后的初步安排。

二、开盘前方案

1. 目标客户的客观分析

（1）SL花园开盘时期市场供应量预估

SL花园开盘时市场供应量预估　　　　　　　　　　　表7-8

板块	项目名称	建筑面积	未来放量
关山	万科·城市花园	106.3万m²	106.3万m²
	保利花园	30万m²	30万m²
	关山春晓	18万m²	18万m²
	卧龙·剑桥春天	25万m²	25万m²
	光谷·陆景苑	10万m²	10万m²
	金地·太阳城	22万m²	12万m²
	地龙·常青藤	14万m²	8.5万m²
	南益·巴黎豪庭	26万m²	26万m²
熊楚大街	阳光在线	16.59万m²	16.59万m²
	学雅芳邻	16.78万m²	16.78万m²
	光谷·智慧城	13万m²	2.5万m²
	剑桥铭邸	6.93万m²	5万m²
	礼尚人家	3万m²	3万m²
汤逊湖	名都花园	68万m²	45万m²
	锦绣龙城	100万m²	100万m²
	江南家园	22万m²	15万m²
南湖	丽岛花园·紫园	7万m²	7万m²
	格林小城	70万m²	70万m²
	风华天城	28万m²	6万m²
	其他	10万m²	10万m²
总计	根据上述统计，估计截止到SL花园开盘之日，市场放量将会达到532.5万m²		

房地产项目入市与开盘

（2）高校教师的数量统计

高校教师的数量统计　　　　　　　　　　　　　　　　　　　表7-9

学校名称	教师数量	职称划分	合计
中国地质大学	1193	教授246人、副教授348人、讲师426人	15093人，其中副教授职称（含副教授）以上共为7175人
华中科技大学	4000	院士14人、教授832人、副教授1693人	
武汉大学	3400	正副教授2100人	
华中师范大学	4000	教授245人、副教授447人	
武汉理工大学	2500	教授350人、副教授900人	

（3）SL花园目标客户分析

1）SL花园开盘时期，市场可能的供应总量约有532.5万m^2，在上述表格中的20个楼盘中，几乎所有楼盘都将教师作为其主导客户。

2）附近高校教师总量仅为15093人，其中，具有副教授以上（含副教授）职称，有能力购买住宅的教师总量仅为7175人，非副教授以上（含副教授）职称的教师是否有能力购买住宅，还值得商榷。

3）教师的退出校园政策启动已有时日，有经济能力的教师一部分已经购买了住宅。

4）假设高校副教授以上教师没有购买住宅，SL花园住宅供给量仅占光谷地区总供给量的3%，按照平均每人的需求量为130m^2计算，高校7175名副教授以上（含副教授）职称的老师总需求量占总供给量的17.5%。因此，只要从"3%与17.5%比较"这个角度出发，对SL花园未来销售过程中教师的购买能力表示谨慎乐观。同时，"3%"这个数据也可以解读为，SL花园的竞争对手占到了市场总量的"97%"。所以，SL花园的产品一定要个性鲜明，突出卖点，支撑销售的每一个点都要到位，才可以从"97%"的重重包围中寻求生机。

5）上述楼盘绝大部分在SL花园之前推出，已经抢占市场先机。

（4）客户群分析结论

首先，对"SL花园的主力客户中将出现高校教师"这一假设表示谨慎乐观。

其次，相对于市场供应总量来讲，高校教师的市场承接能力有限，SL花园要做好最坏的打算。

因此，从预防万一的角度出发，为了保险起见，SL花园有必要将主力客户的辐射半径扩展至整个武昌范围。

据此，SL花园外展点的布置应该放置在武昌范围内最繁华的地段。可选择的外展点可布置到如下三个地方：

第一,在中南商场至洪山广场之间;

第二,水果湖放鹰台;

第三,街道口亚贸广场。

2. 寄生万科的前期营销方案设定

(1) 万科的优势劣势分析

万科的优势劣势分析　　　　　　　　　　　　　　　　　　　　表7-10

优势	劣势
成熟的品牌; 长期的开发经验; 规模大; 营销手法比较成熟; 集团采购成本低等	客户分布广泛,无集中客户群; 无特别突出的科技含量; 产品大众化,缺乏针对特定客户度身定做的产品; 成熟的营销手法缺乏突破常规的动力; 销售服务水平一般

(2) 寄生万科方案的设定及其意图

1) 寄生万科方案的设定

在万科·城市花园概念展示厅相同地方——武昌中南路中商广场设立SL花园楼盘展示厅,通过与万科楼盘的对比,提升SL花园竞争力。

2) 寄生万科营销方案的意图

利用万科项目的劣势,反衬出SL花园的优势,从而一举奠定SL花园超越万科的品牌优势,达到品牌和销售双赢的效果。同时,在有限的广告投入前提下,能够争取到更多的客源。

图7-26　SL花园与万科·城市花园的对比分析

房地产项目入市与开盘

3）寄生万科营销方案必须具备的条件

具备用材科技的"感受营销"条件、具备建筑外立面的"感受营销"条件、具备园林景观的"感受营销"条件。

4）方案后果预测

① 可能后果一：失败

如果SL花园的工程进度达不到开盘要求，工程品质不如预期的一样，采用的技术创新效果不明显，不具备建筑外立面的"感受营销"条件和园林景观的"感受营销"条件，则此方法导致的后果是：不能建立起SL花园的品牌，由于销售价格过高，SL花园全面滞销。调整价格后，SL花园仍然严重滞销。

② 可能后果二：成功

如果SL花园如预期的那样，具备"感受营销"所必备的用材科技、建筑外立面、园林景观条件，则此方法必然成功，并带来如图7-27所示的效应。

图7-27 寄生成功可能带来的三种效应

3. "健康住宅"概念的推广

（1）消费者的"健康住宅"观念现状

根据调查以及对各种信息渠道得到的判断，目前本市消费者对什么是健康住宅以及健康住宅应该具备什么样的条件，仅存在着模糊的认识。比如，有的人认为通风采光就是健康住宅，有的认为应该大面积绿化就是健康住宅，还有的认为板式楼就是健康住宅。

（2）"精品楼盘"的"健康住宅"概念推广

作为高档精品楼盘的SL花园，在不具备开盘条件前，不应该拿SL花园产品本身作为广告宣传重点。因为一旦产品广告出台，如果产品不能让消费者立即感受到是一个健康住宅，很有可能使品牌不能很快的树立起来，而产品的销售进度也会大打折扣。

因此，在开盘之前，广告宣传重点应该集中在向消费者推广"什么是真正的健康住宅"概念上来。此概念的宣传必须借助于报纸软文等方式来实现。

(3)"健康住宅"="SL花园"的计划（图7-28）

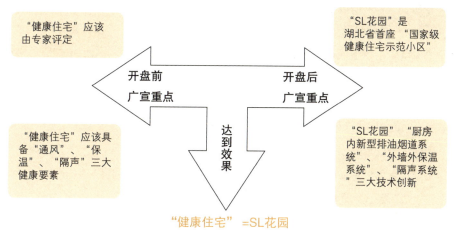

图7-28 "健康住宅"="SL花园"计划图

4. 户外广告设置

（1）SL花园开盘前广告手段的选择

根据"精品楼盘"的操作手法，在开盘前最好不要有动态的大幅度广告宣传，开盘前的广告宣传策略应该集中在采用潜移默化的手法，使消费者形成"健康住宅"="SL花园"这一概念。

因此，在此阶段，SL花园应该选择的广告形式是：现场围墙展板广告、报纸广告、车身广告、外展点广告等形式。

（2）户外广告的地段选择

根据客户地域的重新界定，户外广告的重点放在四个地段（图7-29）。

图7-29 户外广告的四个重点地段

房地产项目入市与开盘

5. 前期客户登记策略

SL花园一期内部优先选房优惠办法。

（1）内部认购期开始进行意向登记的客户，所交纳的2000元定金同时获得同等价值"SL花园珍藏版纯金金章"（以下简称珍藏金章）一个；所交纳的2000元定金不予退回；认购时珍藏金章可充当8000元使用（按照珍藏金章的号码进行登记，每个珍藏金章只可享受一套的一次性优惠），并获得9.7折优惠。

（2）持有珍藏金章客户可享受以下条款：

第一，获得优先认购权；

第二，每个持有珍藏金章的客户都拥有最多1个独立档案及1个附属客户档案；

第三，马上成为现代人居会员资格。

（3）实际成交是指已交付首期款并已签署房地产买卖合同；如办理银行按揭的客户将必须收到按揭银行的贷款通知书才属于实际成交。

（4）湖北XD城市建设发展集团有限公司拥有本次内部优先选房登记活动的最终解释权。

注：珍藏金章的使用及优惠办法适用于任何时间项目推介活动，可按照活动内容加以调整优惠措施。

附件1 金章说明

珍藏金章材料：纯金制作而成（按140元/克计算约14.3克重量）

珍藏金章内容：SL花园、独立编号、装饰用图案

珍藏金章使用说明：

1. 交纳2000元定金即得一个珍藏金章；
2. 每个金章都有独立编号，作为记录作用；
3. 每一枚金章只可以享受一套住房优惠条件；
4. 每个金章都设有独立档案，作为权属者身份的证明及记录作用；
5. 金章本身不作现金使用；
6. 金章权属可转让，但必须及时到有关部门办理转让手续；
7. 金章与身份证明同时使用；
8. 每个金章最多拥有两个档案证明；
9. 任何人不可作为非法用途；
10. 湖北XD城市建设发展集团有限公司拥有金章使用的最终解释权。

附件2 客户档案范本

1. 一个身份证明只可办理一个客户档案及一个附属客户档案;
2. 客户档案是根据金章作为记录,每个金章最多登记1个客户档案及1个附属客户档案;
3. 湖北XD城市建设发展集团有限公司拥有金章使用的最终解释权。

客户档案登记表　　　　　　　　　　　　　　　　　　　　　　表7-11

姓名		身份证号码		联系方式	
客户档案号（金章编号）				是否已认购	
已认购物业编号					
现购物业编号					

附件3 优先内部登记配套资料

1. 收据

印有湖北XD城市建设发展集团有限公司专用财务章的武汉市房地产专用收据。

2. 宣传单张

现场派发宣传单张,内容主要以规划及项目概念性诉求为主。

3. 现代人居

连同项目有关宣传品派发。

4. 健康住宅手册

主要内容是健康住宅的建设标准及SL花园的建筑标准。

5. 礼品袋

印有宣传内容的礼品袋,起到宣传及方便客户携带资料。

6. 内部优先选房证明

认购证明及相关的条款细则。

7. 客户档案

客户档案统一电脑存档,设计一套详尽、清晰、方便的电脑程序即可。

房地产项目入市与开盘

附件4 登记流程

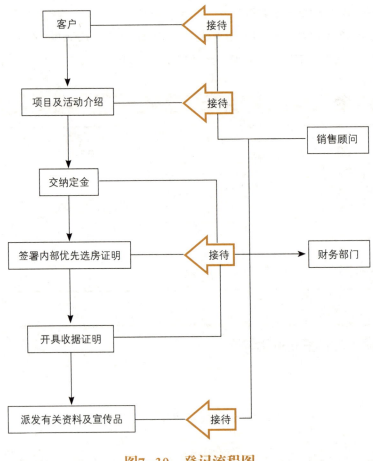

图7-30 登记流程图

附件5 内部优先选房证明

兹证明证件（身份证/护照/军、警官证/营业执照/其他）号码为＿＿＿＿＿＿＿＿＿＿＿＿＿＿＿的（先生/女士）已交纳定金人民币两千元整，在SL花园内部优先选房活动规定时间＿＿＿＿月＿＿＿＿日前，选房成功后可享有折后总房款人民币元＿＿＿＿＿＿＿＿＿＿元整的优惠。

特别说明：

1. 本次内部优先选房意向登记活动中发放的《SL花园内部优先选房证明》（以下简称《证明》）仅对SL花园一期内部优先选房单位有效。

2. 客户在湖北XD城市建设发展集团有限公司（以下简称XD）指定的时间段内（具体时间另见通知）参加内部优先选房，一份《证明》限选一套住宅单位。

3. 内部优先选房顺序将在内部优先选房当日以电脑选号形式产生（具体方式另见通知）。

4. 内部优先选房意向登记客户在SL花园内部优先选房活动规定时段内选中推出单位，即可凭《证明》和定金收据原件与现代城建签署相关协议、交纳约定款项并获得证明书上载明的优惠。

5. 如客户在SL花园内部优先选房规定时段内未参加内部选房活动或未选中推出单位，则被视为自动放弃内部选房之权利，同时其所持有的《证明》自动作废。

6. 明经湖北XD城市建设发展集团有限公司加盖财务章后即时生效，请妥善保管本证明，遗失不补。

7. 本《证明》一经涂改，即为无效。

8. 湖北XD城市建设发展集团有限公司保留对本《证明》的最后解释权。

三、开盘营销方案

1. 开盘活动的确定

（1）开盘时间的确定

根据SL花园"感受营销"的标准要求工程进度，只有达到此要求，SL花园才能择期开盘。为了有效避免影响SL花园"精品楼盘"形象的不利因素，不达到"感受营销"的标准决不能开盘。

（2）地址的确定

第一，现场；
第二，中南商场或洪山广场；
第三，水果湖放鹰台；
第四，街道口亚贸广场。

（3）活动目标

吸引大量人群到SL花园现场，积聚人气。同时，尽量能够吸引可能购房客户的注意，造成口碑效应，争取形成广泛团队的销售效果。

（4）活动内容

在中南商场或洪山广场、水果湖放鹰台、街道口亚贸广场三个外展点开展开盘庆祝活动，并

房地产项目入市与开盘

同时举办免费"森林公园一日游",由专车把自愿参加的群众按照指定的路线运送到森林公园。同时,SL花园是其中必须经过的一站,在SL花园现场举行开盘仪式且针对参观群众举行现场问答活动,对于参加问答活动的群众给予奖励。

2. 动线安排

(1)活动路线的确定

第一条线路

洪山广场/中南路——民主路沿线——小东门——黄鹤楼——武珞路沿线——中南财经政法大学——大东门——付家坡——街道口——广阜屯/华中师范大学正门——卓刀泉——鲁巷——华中科技大学——SL花园——森林公园。

第二条线路

放鹰台——东湖南路——武汉大学(原武汉水利电力大学校区)——八一路——武汉大学本部/武汉大学(原测绘校区)——洪山广场——中南路——付家坡——街道口——广阜屯(华中师范大学/武汉大学原测绘校区)——卓刀泉——鲁巷——华中科技大学——SL花园——森林公园。

第三条线路

街道口——珞狮路/武汉理工大学——雄楚大街——卓刀泉南路——虎泉/华中师范大学东门——卓刀泉——鲁巷——华中科技大学——SL花园——森林公园

(2)人员、车辆的停放安排

1)中南路/洪山广场

第一选择——车辆停放在中南商场门口或洪山体育馆门口。

第二选择——车辆停放在中南商场对面小院落里面(原锦绣良缘停放车辆的地方)。

2)街道口

第一选择——车辆停放在亚贸广场门口。

第二选择——车辆停放在武汉锅炉厂门口或厂内。

3)放鹰台

第一选择——车辆停放在水果湖岸边或放鹰台旁边。

第二选择——车辆停放在水果湖商场门前。

4）现场

人员——SL花园现场售楼部，景观大道接待处，森林公园门口接待处。
车辆——森林公园外围沿线。

3. 开盘销售优惠活动具体意见

（1）问题及答案的设定来源

来源于两个部分：
第一，开盘前SL花园所做的关于"健康住宅"的概念宣传；
第二，专线车上销售人员发放的小宣传册及现场讲解的知识。

（2）奖励措施

1）凡是参加现场问答的群众均可得到精美礼品一份，并可享受自购房9.8折优惠，同时保留参加下一轮抽奖活动权利（获得一、二、三等奖及优胜奖者，不保留本款规定之9.8折优惠权利）。

2）抽奖活动奖项：

一等奖：6名，获奖者交纳2000元定金可获得"SL花园珍藏版纯金金章"一枚，凭金章自购房可享受9.4折优惠，并冲抵现金10000元（按照珍藏金章的号码进行登记，每个珍藏金章只可享受一套的一次性优惠，以下同），获奖者有权将金章转让给他人。

二等奖：8名，获奖者交纳2000元定金可获得"SL花园珍藏版纯金金章"一枚，凭金章自购房可享受9.5折优惠，并冲抵现金9000元，获奖者有权将金章转让给他人。

三等奖：18名，获奖者交纳2000元定金可获得"SL花园珍藏版纯金金章"一枚，凭金章自购房可享受9.7折优惠，并冲抵现金8000元，获奖者有权将金章转让给他人。

优胜奖：28名，获奖者交纳2000元定金可获得"SL花园珍藏版纯金金章"一枚，凭金章自购房可享受9.7折优惠，并冲抵现金7000元，获奖者有权将金章转让给他人。

（3）其他奖励措施

获得一、二、三等奖的，介绍他人（无金章）购房的，可享受他人购房总款1%的奖励。获得优胜奖及非获奖的活动参与人员，介绍他人购房的，可享受他人购房总款1%的奖励。

房地产项目入市与开盘

四、具备以上条件的开盘价格定位

1. 现时市场价格分析

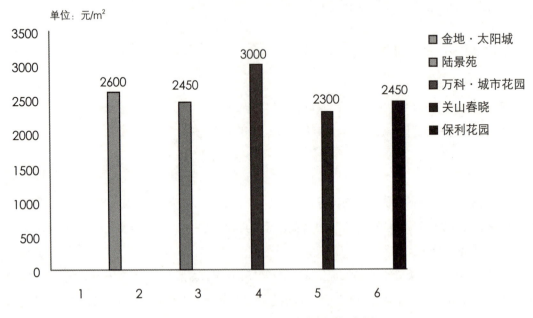

图7-31　项目开盘时市场价格分析

（1）关山春晓简介

关山春晓的整体销售沿袭传统策略，产品重在整体，没有特别值得炫耀的突出优势，园林生态与主题园林景观、景观建筑相联系，价格采取低开高走的方式。无论从其销售手法，还是产品规划上，都让人想起是在模仿金地·太阳城。SL花园与之相比，优势十分明显。比如，湖北首座国家级健康住宅试点小区的市场形象，三大技术创新的产品优势等等。

关山春晓目前的销售价格为2300元/m²。

（2）万科·城市花园简介

万科·城市花园的整体优势十分明显，其成熟的品牌吸引力、长期的开发经验、规模优势以及集团采购导致的低成本等，都是万科成为地产大鳄的基本构成要素。但是，SL花园与其比较，仍然存在四大利好因素：湖北首座国家级健康住宅试点小区的市场形象，三大技术创新的产品优势，"感受营销"的创新手法，优质的销售服务水平等等。

目前万科城市花园的整体销售均价已经达到3000元/m²。

(3)金地·太阳城简介

金地·太阳城从推出的那一刻起，就一直是光谷地区所有在售以及将售楼盘所注目的焦点，其首推"分户计量，集中供暖"的配套首创，整体均衡的产品景观规划和销售时机把握准确以及上市价格偏低，是其目前销售火爆的根本原因。SL花园与之相比较，在产品景观规划的方面要略强一些。同时，由于客户定位与金地·太阳城形成一定的偏差，因此，导致在地理位置上，SL花园也将优于金地·太阳城。还有，SL花园的"湖北省首座国家级健康住宅示范小区"的形象定位以及三大技术创新，将SL花园的整体优势向上提升了很多，从而使SL花园的整体优势全面超越金地·太阳城。

金地·太阳城目前销售平均价格已经上涨到2600元/m²。

(4)光谷·陆景苑简介

光谷·陆景苑的主打卖点是坡地建筑以及由此形成的景观优势。与SL花园比较，光谷·陆景苑的产品和营销是没有突破传统的策划思路的典型代表，其产品本身没有可以值得炫耀的地方，其景观优势仍然依靠地形本身形成，没有值得赞赏的创新手法。

光谷·陆景苑已经开始内部认购，其认购价格为2450元/m²，目前内部登记数量有50个。

(5)保利花园简介

保利花园位于关山一路74号，小区总占地面积234亩，总建筑面积36万m²，物业形态为11栋多层，12栋中高层，9栋高层，其交房标准为精装修房，小区配套设施有地下车库、会所、幼儿园、周界报警系统、一卡通系统、背景音乐系统、环境控制系统、红外线监控等。保利花园的推广主题为"香樟树下，美好人家"。其推广诉求点有：

保利品牌——地产实力；

"原生态"园林——326棵香樟，一千多棵原生树木；

"新人文"家园——与高校为邻；

光谷核心地带——武昌新城核心；

武汉市标样社区。

2. 当时市场对比的优质高价策略

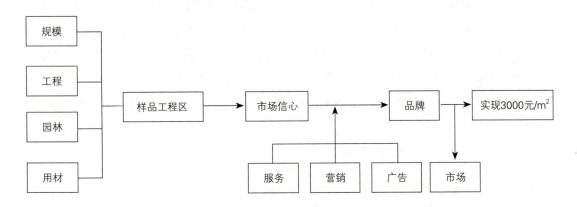

图7-32　项目优质高价策略的形成思路

以上策略都是SL花园构筑"精品楼盘"的思路。但是，要达到3000元/m²的市场价格，必须要从规模、工程、园林、用材等方面达到"感受营销"的条件。比如，其他楼盘认为封顶即达到很好销售条件，SL花园不仅要达到封顶才开始卖，而且要让样板区间形成规模，主要园林景观成型等等。

总之，一切准备工作要达到极致，才开始向外发售。

房地产项目入市与开盘

第八章 开盘总结，运筹全案

开盘的最终效果如何？就需要在开盘之后进行认真分析与总结，站在开盘全案的高度重新梳理开盘计划和实施策略，找到其中可借鉴的成功经验，发现和总结过程中出现的问题，从而提升整个项目操盘的实战经验。

房地产项目入市与开盘

一、开盘总结分析

要求在首次开盘后一周内做出简要明晰的分析评价，对项目后续的销售策略提出建议，以便在后期工作中进行相应指导。它的意义在于：

第一，制定与调整后续销售策略的依据；
第二，项目持续定位的依据；
第三，项目价格体系调整的依据；
第四，项目推广效果评估与调整的依据；
第五，制定与调整项目发展策略及发展速度的依据；
第六，项目规划设计调整的依据。

二、已成交客户分析

已成交客户分析主要研究成交者的购房需求（包括总价、面积、户型、小区规划及景观、小区会所、物管等）、购房板块倾向、对项目所在区位的看法及出价。同时，我们还可以分析出一些对我们非常有帮助信息，如已成交者的背景特征和生活习惯、现住房情况、购房原因、看重要素以及对看重要素的具体理解、品牌对其购房决策的影响力。

1. 背景特征及生活习惯分析

这里主要分析已成交者的基本个人信息（从事行业、职级及家庭结构）及生活习惯（休闲活动、消费场所）。

2. 现有房产情况分析

这里主要通过对现住房情况及常住人数、拥有房产数量及最近一次购房经历的了解，获得相关需求信息。

3. 购房原因及看重要素

这里重点要了解其购房原因，是结婚购房、投资购房还是其他什么原因。同时，还要了解已经成交者购房看重要素及要求，对小区配套、周边配套及物业服务的要求，汽车拥有情况及对交通配套的需求，开发商品牌对其购房决策的影响力。

4. 购房需求

这里主要通过成交户型及套型分析，了解已经成交者的所购户型具体情况，建筑类型偏好及对高层的接受度，对户型功能及得房率的看法，对室内主要功能空间的看重度及具体要求，对朝向及厨卫采光的看法，对阳台的看法及需求，以及其他功能布局和设计的需求。

5. 户型测试

主要了解已经成交者对室内结构的看法，对单元布局（如一梯三户、两梯四户等）的看法，对户型的偏好以及项目具体户型的具体看法。

6. 购房决策变化

已经成交客户，他们的决策变化是怎么样的呢？他们是基于什么原因最终下订呢？这个时候，要对其影响因素作综合分析。如比较喜欢的小区规划和小区景观、下单前的单价预算及对所购单价的看法、下单前的装修设想及所购精装修房的具体情况、购房前的板块倾向及实际购买板块、购房前的看好楼盘、所购楼盘的吸引力及顾虑等。

7. 板块测试

这一分析虽然不是重点，但是可以看出已成交客户对项目板块的看法，板块的比较优势，可为未来的价格调整和升值空间预期铺垫。

8. 开发商品牌影响

对已成交客户的分析，了解开发商品牌对其影响，可以很好地了解品牌对项目的价值贡献。一个值得大家信赖的品牌，他们可能愿意付稍高的定价。

三、未成交客户分析

未成交的客户又可以分为有一定意向但未成交客户及有较强意向但未成交客户两大类。通过对未成交客户的需求进行分析和辨识，重新发掘客户价值，有助于准确的客户定位和营销策划，并支持和配合后继销售，主动吸引客户注意力，提高销售效率。通过研究和分析客户流失原因，采取改善销售手段、优化新项目的设计开发等手段来吸引流失客户，也可以避免同类型客户由于相同原因流失。

四、售出房源分析

此项目工作主要结合项目推出房源情况作对比分析，如别墅、洋房、公寓销售状况。然后逐步细化，我们以别墅产品作为一个特例来分析。在别墅里面，又按照产品形态分，独栋别墅销售如何，双拼别墅销售如何，连体别墅销售如何。或者按照别墅的价值排序，景观等各方面资源最好的别墅销售如何，普通别墅销售如何。当然，接下来还有对别墅进行进一步解剖，从户型、总价、单价、面积等各个方面进行分析和对比，找出其中的规律。

五、开盘现场流程总结

这一过程的分析，主要是了解开盘现场的执行策略是否缜密和到位。具体包括流程设计是否合理，环节设计是否有序，人员安排是否到位，现场功能分区的布局是否符合。除此以外，还要分析现场气氛的营造是否到位，现在道具的布置是否充分，时间控制是否充分和可控。现场临时发生的不可控因素，是否有相关预案进行妥善处理。

六、媒体针对性分析

媒体对项目开盘的报道方式和影响如何，我们可以通过开盘现场的购买者了解开盘信息的途径，了解媒体的选择是否到位，他们对项目开盘是否提供了可支撑的影响，他们在消费者心中的影响能力。这样便于我们为下期开盘的媒体选择上，提供更为充分和合理的建议。

七、优惠活动针对性分析

　　这项分析主要考虑优惠活动对销售的刺激作用和影响情况。分析的过程主要包括参与活动的人群数量占总成交的比例。他们选择优惠活动的方式，如总共有三种优惠活动，为什么购买者偏好A活动，而不是B活动或C活动。他们在参与活动过程中主要的心态或着重考虑因素是什么。优惠活动的幅度相比竞争楼盘如何，这种优惠幅度空间，给购房者构成了怎样的弹性。通过以上针对性优惠活动分析，可以为我们进一步改进活动形式，提高活动效果做好铺垫。

房地产项目入市与开盘

案例 13　中山·YY城开盘分析报告

一、项目概况

YY城位于中山市主城区东南侧，城市开放公园——紫马岭公园南门段南侧，北侧为城市主干道博爱路，东至长江路，西至已建成的中山市委党校，南至南外环路。地块临近火炬开发新区及水土涵养保护区——长江风景旅游区，植被丰富，山清水秀，空气清新，外围有连绵五桂山环绕，地块中又有大王岭和金字山脉，是中山的上风上水之地。

YY城由YY地产投资约40亿元兴建，规划建设用地千余亩，建筑面积150万m^2，社区内设有17万m^2的商业配套，其中包括10万m^2大型综合购物中心和7万m^2的写字楼，另外还将建有五星级酒店和学校。商业配套之外，其余土地开发高端住宅项目，以高层和中高层为主。YY地产的代建项目、中山历史上投资额最高、体量最大、技术水平最高的公建项目——中山市博览中心位于博爱六路南侧，与YY城连成一体，是这国际化社圈配套的重要组成部分。

YY城项目所属的东区是中山传统意义上的富贵之地，中山城市规划发展的主要方向，也是中山市房地产的主战场。随着城市规划的东移，未来的紫马岭南片区将成为政府第三行政办公区，大量高尚楼盘将出现在这里。以紫马岭公园为中心的基础文化娱乐中心，以会展中心、五星级酒店、高档写字楼为依托的商业中心，将使得未来的中山紫马岭项目成为中山市高档商务综合社区，极大提升东区的区位价值。

二、项目资料

1. 项目档案

项目档案 表8-1

投资商	YY地产
开发商	YY地产（中山）开发有限公司
策划代理	合富辉煌
项目位置	中山市东区博爱六路
占地面积	约1300亩
建筑面积	约150万m^2
容积率	1.7
建筑类型	中高层（本次推出）
均价	价格表均价6812元/m^2、97折后均价6608元/m^2
主力户型	3房2厅2卫（139～141m^2）、3房2厅2卫（162～165m^2）、4房2厅2卫（144～150m^2）、5房2厅3卫（193～195m^2）
景观资源	内园林、五桂山山景
配套	YY城17万m^2大型商业、办公配套；800m临水风情商业街；市一中高中部、中港中英文学校、中山市技师学院
优惠/促销手段	7.15～8.5日期间，进行诚意登记的客户，开盘当天享受2万元抵4万元的优惠政策；8.6～8.24日期间，进行诚意登记的客户，开盘当天享受2万元抵3万元的优惠政策；开盘当天最多可以享受4个99折，折合97折：一次性付款房款99折、开盘当天购房房款99折、一周内签约房款99折、教师证房款99折

2. 户型配比表

除去三套样板房，本次可售单位为180套。由户型面积配比可以看出，本次推售单位主要以大面积为主，其中最小的3房单位面积也为139m^2，最大的则有近200m^2的5房单位（表8-2）。户型面积整体偏大，目标客户群瞄准需对住房进行升级换代的二次或多次置业者。

房地产项目入市与开盘

户型配比表　　　　　　　　　　　　　　　　　　　　　　　　　表8-2

户型	面积区间	套数	套数比
3房2厅2卫	139～141m²	42	23%
3房2厅2卫	162～165m²	80	44%
4房2厅2卫	144～150m²	21	11%
5房2厅3卫	193～195m²	40	22%
汇总		183	100%

由户型配比表可以看出，此次推出的产品以中大户型的3房为主，占到总体户型比例的67%，其次为5房单位，占比22%，4房单位相对较少，只有11%（图8-1）。总体而言，整体户型比例较为合理。

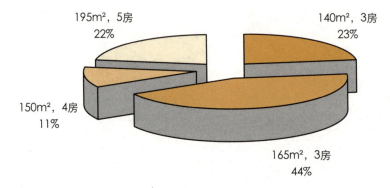

图8-1　本次推售单位户型配比图

3. 户型分布图

临街因有噪声影响，布置140～150m²的产品，用低总价促进销售。小区内部单位户型基本一致，中间单位为165m²的主力3房，两端单位景观较好，设计为195m²的大5房单位，充分利用景观资源，建立楼王标杆，获取最大利润（图8-2）。总体而言，户型布局具有均好性，有利于分流客户，促进销售。

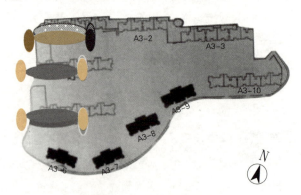

图8-2　户型分布图

项目户型说明　　　　　　　　　　　　　　　　　　　　　　　表8-3

标识	户型	面积	套数
	A户型	148～150m^2	11
	B户型	139～141m^2	41
	D户型	144～146m^2	11
	E户型	193～195m^2	40
	F户型	162～165m^2	80

三、销售数据分析

注：以下数据统计分析截止时间为当天中午13:00，此时销售159套，当天实际销售177套。

1. 整体销售情况概述

截至9月9日13:00，销售159套，总套数为183套，其中3套为非预售单位，实际推售180套，实际销售率88%。

2. 各阶段销售进度统计

各阶段销售统计表　　　　　　　　　　　　　　　　　　　　　表8-4

时间	A3区1、2、3幢						A3区9、10、11幢						A3区12、13、14幢					
	A3		A3-2		A3-3		A3-9		A3-10		A3-11		A3-12		A3-13		A3-14	
	01	02	01	02	01	02	01	02	01	02	01	02	01	02	01	02	01	02
9:38～9:45	0	0	0	1	0	1	0	0	0	0	1	1	0	0	1	0	0	0
9:45～10:00	0	0	0	0	0	2	0	0	0	3	0	2	0	1	2	1	0	2
10:01～10:15	0	0	0	0	0	1	0	0	0	0	1	1	1	0	2	2	2	2
10:16～10:30	0	0	0	0	1	0	0	0	0	0	0	2	0	0	3	0	2	0
10:31～10:45	0	0	0	0	1	0	2	2	2	2	0	2	0	2	2	2	2	4
10:46～11:00	0	0	0	2	1	2	0	1	1	1	1	3	1	4	4	0	0	0
11:01～11:15	0	0	0	0	0	1	0	0	2	2	0	0	0	0	0	0	1	0
11:16～11:30	1	0	1	2	1	0	0	1	1	0	3	1	0	1	2	1	2	0
11:31～11:45	0	0	0	2	2	3	2	0	1	1	1	1	0	0	0	1	0	0

房地产项目入市与开盘

续表

时间	A3区1、2、3幢						A3区9、10、11幢						A3区12、13、14幢					
	A3-1		A3-2		A3-3		A3-9		A3-10		A3-11		A3-12		A3-13		A3-14	
	01	02	01	02	01	02	01	02	01	02	01	02	01	02	01	02	01	02
11:46~12:00	1	3	1	0	2	0	0	1	1	0	1	0	0	0	0	0	0	0
12:01~12:15	2	6	4	0	0	0	1	0	0	0	0	0	0	0	0	0	0	0
12:16~12:30	3	0	0	0	0	0	0	2	1	1	0	0	1	0	0	0	0	0
12:31~13:00	2	1	2	2	2	1	1	1	0	0	0	0	1	1	0	0	2	0
汇总(套)	9	10	10	10	10	10	4	9	9	9	8	10	6	9	9	9	10	8
汇总(套)	59						49						51					

总159(套)

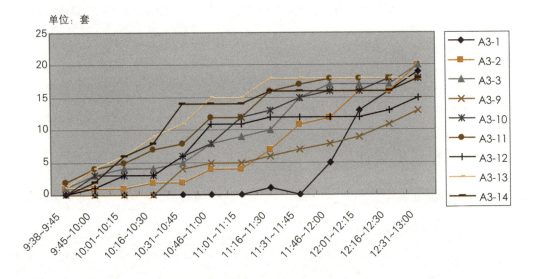

图8-3 销售走势图

销售走势分析小结：

（1）13、14幢以及11幢消化最快。由走势图可见，13、14、11幢在一开始就发力，在12:00左右基本售罄。其中11和14幢的2单元面向小区园林，主卧八角形涉及270度观景空间，景观资源较丰富，同时面积也是本次推出的最大房型（193.77m²）。另11、14两幢的1单元以及13幢的1、2单元为豪华舒适型164m²的三房，走势迅速，从图8-3中可以看出，舒适性以及景观资源好的户型比较走俏。

（2）从表8-4中可以看出9幢、12幢走势缓慢，其1单位的5房要比2单位的三房销售速度慢，可见在舒适度一样的情况下，景观资源以及房型面积在购房者做决策时起着关键性的作用。

（3）1幢走势最为缓慢，景观资源以及舒适度上都存在较大缺陷，在其他单位基本消化完毕时开始启动。销售主要靠新来客户的助推，及在无其他房源选择的情况下，购房者做出的妥协选择。

（4）从整体走势来看，景观资源好以及舒适度高的房型得到了客户的青睐，短时间内售罄，部分新客户以及无合适房源可选的客户推动下，1幢才得以消化。

整体销售走势说明：本次推售单位中，资源好劣单位的价格均好性并未充分凸显，价格杠杆并未对产品的走势起到良好的推动作用，资源好的单位还存在一定的价格提升空间。

3. 各栋销售情况统计

根据表8-5可以看到：

（1）2栋和3栋总体销售率比1栋低，原因在于其2层单位的消化不理想，同时9幢和12幢中的01单元由于面积大而景观资源较差，所以销售效果不理想。

（2）1栋的1、2、3幢，整体销售走势较慢，但最终却实现95.16%的销售率，从表格中可以看出1栋的二层除1套样板房，剩余的5套全部售完。原因在于，1栋的户型面积为139~150m²的三房，总建面较小，在其他幢无合适房源可选的前提下，客户选取了1栋的面积较小的房型。从中可以看出在劣势类似的前提下，小面积的房型比较受欢迎。

（3）整体而言，本次推出183套单位，实际推出180套，实现销售159套销售率88%，本次开盘销售率相对较好。

各栋销售情况统计表 表8-5

楼栋	总套数	实际推售（套）	已售套数（套）	总建筑面积（m²）	总价格（元）	价格表均价（元/m²）	销售率
1栋（1、2、3幢）	63	62	59	8913.67	55435036.82	6219.10	95.16%
2栋（9、10、11幢）	60	58	49	10265.28	72285109.93	7041.71	84.49%
3栋（12、13、14幢）	60	60	51	10265.8	72870816.5	7098.41	85.00%

4. 各幢户型销售统计分析

（1）1幢各单位销售分析

1）价格分析

1幢的均价在5866.55~5967.66元/m²之间，属本次所推售单位中价格最低的。1单元靠近马路边，处于小区入口处，噪声影响较大，同时存在西晒。所以价格比2单元要低100元/m²（表8-6）。

1幢各单位销售表 表8-6

1幢	面积	均价	实收均价	销售率
1	148	6046.13	5866.55	90%
2	139	6140.02	5967.66	100%

2）销售走势分析

由图8-4可见，1幢两单元走势呈现突变的状态，从选房开始时基本上没有任何销售，但在11:45时，销售量开始突变，且2单元比1单元走的要快。说明客户后期在其他合适房源售罄之时，选择了面积较小的1幢。

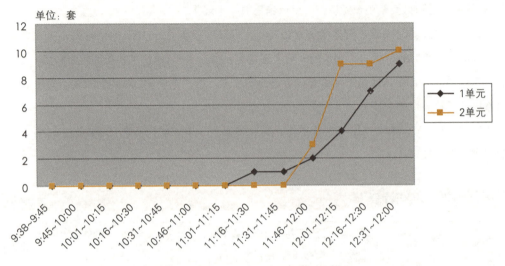

图8-4　1幢户型销售走势图

（2）2幢各单位销售分析

1）价格分析

2幢的均价在5957.66～6050.02元/m²之间，2单元比1单元贵100元/m²，原因在于2单元更为靠近小区园林，景观资源较好（表8-7）。

2幢各单位销售表 表8-7

2幢	面积	均价	实收均价	销售率
1	139	6140.02	5957.66	100%
2	139	6235.21	6050.02	90.9%

2）销售走势分析

2单元走势比较平稳，处于稳中上升的过程，1单元在11:15左右开始发力，销量大增，分析其原因与1幢类似（图8-5）。

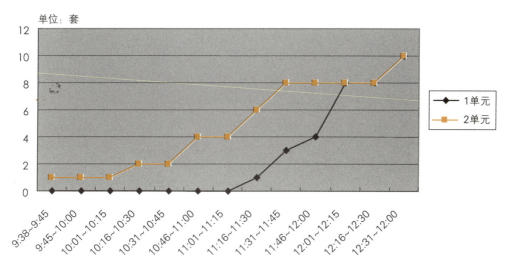

图8-5　2幢户型销售走势图

（3）3幢各单位销售分析

1）价格分析

3幢的均价在6235.21～6530.90元/m²之间，其中，2单元比1单元贵了近300元/m²，景观是重要的支撑点（表8-8）。

3幢各单位销售表　　　　　　　　　　　　　　　　　　　　　　　　　　　表8-8

3幢	面积	均价	实收均价	销售率
1	139	6235.21	6050.02	90.9%
2	145	6530.90	6336.93	100%

2）销售走势分析

本幢2单元走势从开始起走势一直处于平稳上升，1单元在开盘销售10:30以后销量开始逐步增加，仍旧是景观因素的支撑（图8-6）。

房地产项目入市与开盘

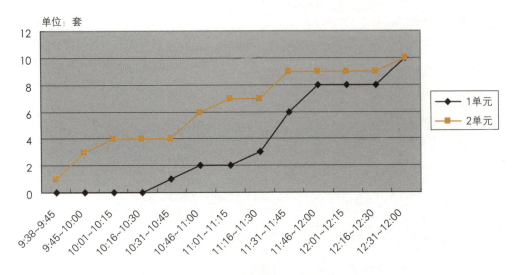

图8-6　3幢户型销售走势图

(4) 9幢各单位销售分析

1) 价格分析

9幢位于马路边,其中1单元近邻马路,并且价格比2单元高出600元/m²,同时面积较大,总价较高,故销量相对较弱(表8-9)。

9幢各单位销售表　　　　　　　　　　　　　　　　　　　　　　　　　　　　表8-9

9幢	面积	均价	实收均价	销售率
1	193	7091.32	6880.7	44.4%
2	164	6450.16	6258.58	100%

2) 销售走势分析

9幢走势比较缓慢,其中拐点出现在10:45左右2单元的发力,主要原因在于2单元为豪华舒适型的三房,舒适度较高,同时远离马路噪声,而且价格较低。

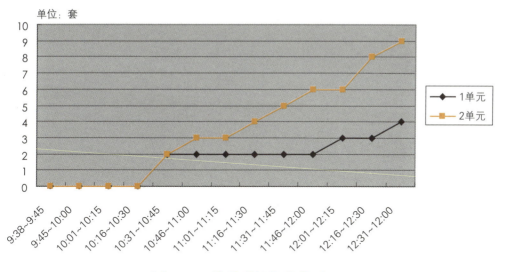

图8-7　9幢户型销售走势图

（5）10幢各单位销售分析

1）价格分析

本幢为一梯两户的豪华舒适型3房，舒适度高，销售情况良好。但二层单位剩余较多，主要原因为：景观不佳，空气流动性较差，面积大，总价高，没有价格优势，客户对此不太接受（表8-10）。

10幢各单位销售表　　　　　　　　　　　　　　　　　　　　　　　表8-10

10幢	面积	均价	实收均价	销售率
1	164	7091.32	6600.16.7	90%
2	164	6450.16	6800.16	90%

2）销售走势分析

总体来讲，本幢整体销量情况良好，主要是舒适型的3房对于本地部分客户来讲较受欢迎（图8-8）。

房地产项目入市与开盘

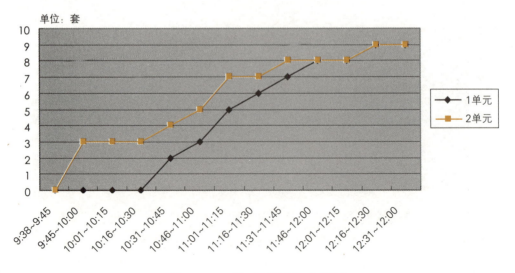

图8-8　10幢户型销售走势图

（6）11幢各单位销售分析

1）价格分析

11幢均价在6937.9～7756.82元/m²之间，为本次推出单位中的楼王。其中2单元比1单元高出840元/m²，主要原因在于2单元近小区园林，观景效果良好，位于中心位置，较为安静（表8-11）。

11幢各单位销售表　　　　　　　　　　　　　　　　　　　　　　　　　　　　表8-11

11幢	面积	均价	实收均价	销售率
1	164	7150.27	6937.9	80%
2	193	7994.26	7756.82	100%

2）销售走势分析

11幢两单元走势比较平稳，2单元在11:30左右售罄，1单元共销出8套。其中景观效果起到了支撑作用（图8-9）。

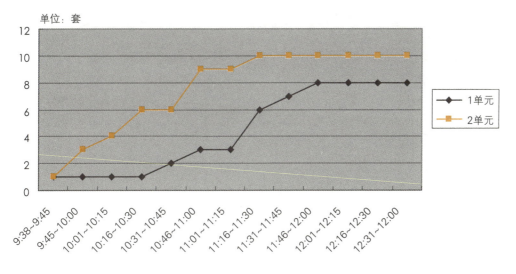

图8-9　11幢户型销售走势图

（7）12幢各单位销售分析

1）价格分析

1单元近马路，面积为大五房，总价在135.3万元左右，价格比2单元高，2单元为舒适型3房，总价较低，整体性价比较高，所以2单元销量较好（表8-12）。

12幢各单位销售表　　　　　　　　　　　　　　　　　　　表8-12

12幢	面积	均价	实收均价	销售率
1	193	7011.15	6802.91	60%
2	164	6521.14	6327.46	90%

2）销售走势分析

从户型走势分布图8-10，可以明显看出2单元要比1单元走得快，总价较低而且远离马路是2单元走势快的重要支撑点（图8-10）。

房地产项目入市与开盘

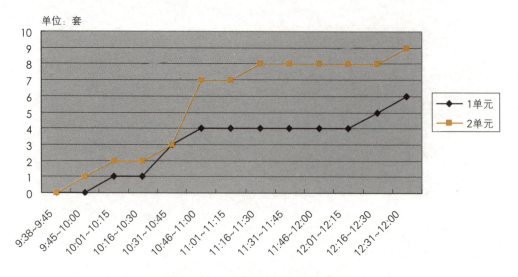

图8-10　12幢户型销售走势图

（8）13幢各单位销售分析

1）价格分析

13幢均价在6821.14～7121.14元／m² 之间，其中2单元比1单元高出300元/m²，景观资源起到了重要的支撑（表8-13）。

13幢各单位销售表　　　　　　　　　　　　　　　　　　　　　　　　　表8-13

13幢	面积	均价	实收均价	销售率
1	164	6821.14	6618.55	90%
2	164	7121.14	6909.64	90%

2）销售走势分析

从走势图8-11上可见13幢从选房开始就受到客户的追捧，走势很快，在11:30左右基本售罄，仅余第二层单位未售。说明景观较好的舒适型3房很受客户欢迎（图8-11）。

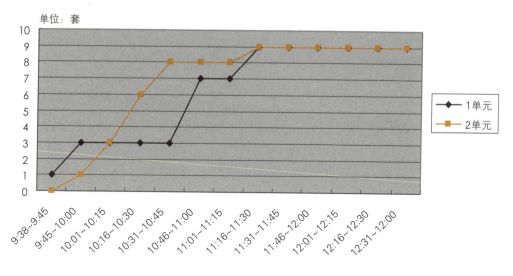

图8-11　13幢户型销售走势图

（9）14幢各单位销售分析

1）价格分析

14幢均价在7006.26～7562.47元／m²之间，其中2单元比1单元高出560元/m²左右，景观资源起到了重要的支撑（表8-14）。

14幢	面积	均价	实收均价	销售率
1	164	7221.26	7006.78	90%
2	193	7793.96	7562.47	90%

14幢各单位销售表　　　表8-14

2）销售走势分析

从走势图8-12上可以看出2单元在较短的时间内便基本销售完毕，剩余2套，而1单元全部售罄。究其原因在于，1单元为豪华舒适型的三房，而且观景效果也较好，所以客户较多地选取了该房型（图8-12）。

房地产项目入市与开盘

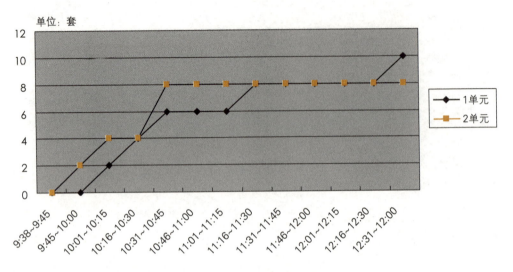

图8-12　14幢户型销售走势图

（10）小结

根据资源和位置的不同，首批单位在平面价格排序上较合理，整体销售情况较好。

从走势来看，景观资源好以及舒适度高的房型得到了客户的青睐，短时间内售罄；资源相对较差单位主要靠部分新客户以及无合适房源可选的客户推动下才得以消化。

另外，剩余单位较集中，主要为二层单位和部分竖向单位，说明价格的制定还可以进一步完善。

四、价格策略分析

1. 总价分析

总价区间明显集中在两个数据段，85万～95万元、110万～120万元、150万元以上单位和85万元以下单位比例均低于10%。总价振幅为1.98。总价区间的集中，与面积和单价有很大关系。

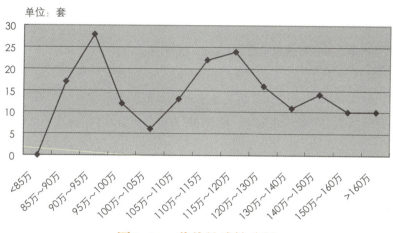

图8-13　总价敏感性分析

2. 单价分析

单价区间集中在6000～7000元/m²，占整体价格分布的59%，而6000元/m²以下单位占总数的11%，8000元/m²以上的单位占总数的4%。单价振幅为1.48。整体呈正态分布，价格分布较为合理，可以有效引导、分流客户。

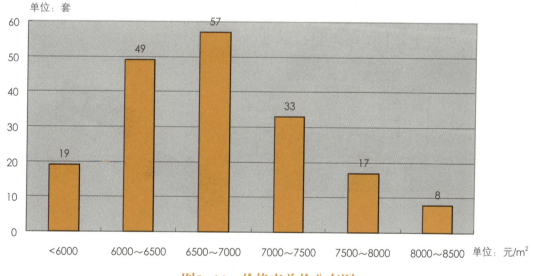

图8-14　价格表单价分布图

3. 平面差分布分析

（1）所有推出单元基准层最大平面差为1921元/m²；

（2）朝向差价约为350元/m²，景观差价约为900元/m²，其中A3区9、10、11幢最大平面差为1551元/m²；A3区12、13、14幢最大平面差为1099元/m²；

（3）A3区9、10、11幢价差较大，可以在标杆价格的影响下，合理地引导分散客户需求减少冲突；

（4）从整体销售情况来看，尽管平面价差较大，但A3-11，A3-14仍保持了较快的销售速度，而A3区1、2、3幢尽管户型面积较小，总价低，但是最后才逐渐消化掉，可见客户对总价相对不够敏感。

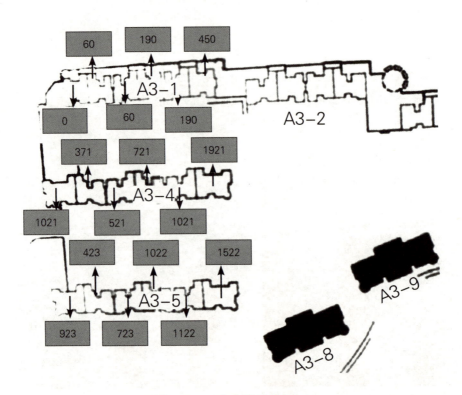

图8-15　平面差分布图

4. 层差分布分析

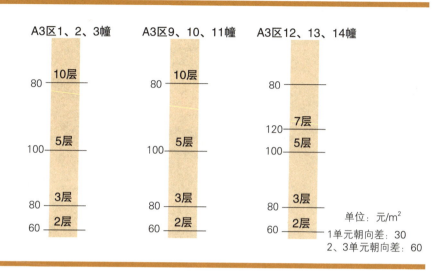

图8-16　层差分布图

整体层差平均约为80元/m²。5～10层差价普遍为100元/m²，突出景观资源，10层以上差价为80元/m²，以合理控制总价。在价格差价制定上简洁明了，有规律可循，给客户以稳定感。整体而言，层差调整幅度不大，较为平均。

5. 单幢均价平面分布

由此平面分布图（图8-17）可以看出价格表制定的内部景观资源导向策略，充分挖掘内部资源价值，另对外部资源价值引入可以考虑进一步加强整体以提升项目总体价值，这一点也可以从最后的销售角度得以验证。

房地产项目入市与开盘

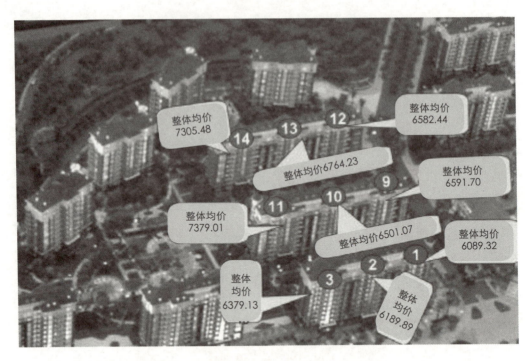

图8-17　单幢均价平面分布图（元/m²）

6. 整体均价排序

负向价格标杆为1幢，靠近马路、朝向为西，折后价格为5908元/m²，正向价格标杆为11幢，园林景观开阔，朝向为东，折后价格为7379元/m²，两者差价为1471元。

1幢、9幢、12幢由于靠近马路，会产生一定的噪声，同时看不到小区内公园，观景效果较差，所以整体均价较低。3幢、11幢、14幢毗邻小区园林，主卧八角形设计，270度观景效果极佳，而且相对较安静，所以价格逐渐偏高。

整体均价排序表　　　　　　　　　　　　　　　　　　　　　　　　　表8-15

楼栋	1幢	2幢	3幢	9幢	10幢	11幢	12幢	13幢	14幢	整体
均价（元/m²）	6089.32	6189.89	6379.13	6793.47	6700.07	7604.88	6783.93	6971.28	7529.10	6812.45
实收均价（三次9.9折）	5908.46	6006.04	6189.63	6591.70	6501.07	7379.01	6582.44	6764.23	7305.48	6601.11

7. 小结

受面积和单价影响，总价区间明显集中在两个数据段，用单价来分流、消化客户的态势明显，总价振幅为1.98，相对合理。

但本次推售单位中，资源优劣单位的价格均好性还未充分凸显，价格杠杆并未对产品的走势起到良好的推动作用，资源好的单位还存在一定的价格提升空间。

在单价平面排布方面：重点突出内园林景观和朝向。由平面差可以看出价格表制定的策略中对外部资源价值引入不足，可以考虑进一步加强以整体提升项目总体价值。

五、开盘前营销展示

1. 关键营销节点回顾

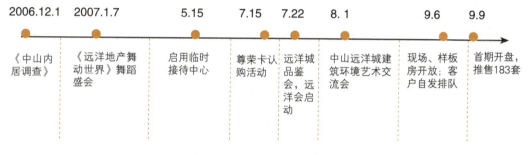

图8-18 关键营销节点

2. 总结

（1）现场展示亮点

1）楼盘立面展示全面，道路系统刷黑处理，墙面所用材质实实在在，充分尊重中山市场客户眼见为实的消费心理。

2）进入楼盘前的围墙包装，干净整洁，形式新颖。

3）新售楼处亮点引人注目，围环式布局，观景升降电梯、壁挂式规划、豪华洽谈区、贵宾式尊贵洽谈区，品位细节处理较好。

4）架空层包装完善，休闲设施，绿化花草等，描绘出未来生活的美好。

5）通往样板房的入户大堂装修整洁完善，给参观者美好体验，提高客户的满意度和信心。

6）大厅内有电子触摸屏，客户可以此了解项目基本概况。

7）样板房工作人员统一着装，整齐、礼貌待宾。

（2）现场展示不足

1）小区外部道路灰尘太大，如果当天用水冲洗则效果会更好。

2）卫生间问题：设置流动卫生间，男女共用，卫生环境恶劣。没有进入售楼部内部的客户抱怨较大。此细节与本项目高端形象不匹配。

3）样板房导示不足，部分客户无法找到，特别是当天新上门客户。

4）从销售中心通往样板房的过程中没有路标指引，且没有服务人员带领看样板房；

5）样板房工作人员态度不够积极，不能主动的和客户沟通；

6）存在部分建筑施工方面的问题，如管线任意突出暴露，墙面有瑕疵、花台处需要处理等问题。

花台需清理

管线任意突出

图8-19　建筑施工问题

整体来说，本次YY城现场包装展示比较到位，基本体现项目的产品优势，较符合中山客户的审美习惯，了解中山客户眼见为实的消费心理。

六、开盘流程

1. 选房方式

先到先得，客户按照之前的排队顺序证明换取选房顺序号，按照工作人员叫号进入候选区和选房区参与选房。

2. 销售现场平面图

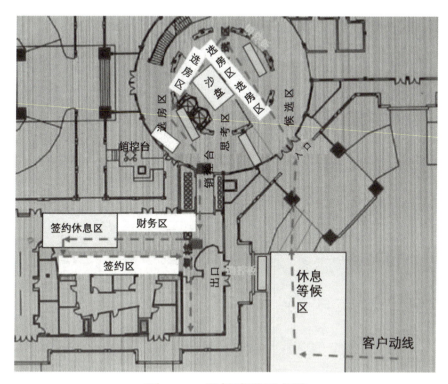

图8-20　现场流程示意图

3. 选房流程

（1）等候区

1）客户持YY城尊荣卡到销售中心排队等候，须严格按照顺序排队。

2）开始选房之前接受工作人员派发选房顺序号（1套2枚，不可丢失）。

3）客户在候选区外按顺序排队，等候工作人员叫号。

（2）候选区

1）客户进入候选区，凭选房顺序号在候选区内排队等候工作人员叫号后分批进入选房区。

2）每5分钟进入10组客户（按顺序每30秒进入1组客户），每组客户不超过2人。

（3）选房区

1）按"先选先定"的原则进行选房，每位客户只有2分钟选房时间。

2）选定后在销控台确认，并由工作人员引领至财务区，客户将其中一枚选房顺序号交工作人员，作为签约辨识证明。

3）若同时有2组客户选定一个单位，则按选房顺序号次序确定优先权力。

（4）财务区

1）尊荣卡客户凭尊荣卡及尊荣卡收据换领定金收据，并将尊荣卡及尊荣卡收据交回财务人员。

2）无尊荣卡客户交付2万元人民币作为选房认购定金，同时领取"定金收据"。

（5）签约区

客户凭选房顺序号签约台签署相关文件及《YY城认购书》。

（6）离场

恭喜您成为YY城的准业主，请您持《YY城认购书》、定金收据、后续手续办理须知等资料离场。

4. 选房过程中的亮点与不足

（1）亮点

1）安排小飞艇四处飘飞宣传项目的开盘信息，形式新颖。

2）流程分区明显，铁马的大量运用，保障现场客户有序。

3）客户自发排队后，通过发放饮品、食物等来安抚客户情绪，起到很好的缓解作用。

4）展示区全部为真实鲜花装饰，档次感较高。

5）保安、保洁的大量使用，确保现场秩序的相对稳定。

6）选房等候区蛇形环道起到蓄客的作用。

7）防雨设施考虑周到。

（2）不足

1）前期工作

① 排队信息通知不全面，不及时，客户怀疑公正性，在排队环节客户情绪起伏较大，甚至发生较大争执。

② 因预料不周，在客户自发排队形成热潮后，开发商原计划被打乱，被动应付。

③ 选房流程、客户摸查没有提前作。在排队的三天时间内并没有提前去做，放任客户排队而不摸查客户意向，引导、分流客户，以保障销售率。开盘当天在等候区，8:30~9:30左右，销售人

员才开始对客户进行意向摸查,发放《开盘当天选房流程》和《YY城认购卡》,部分客户不知道怎么处理,销售人员忙不过来,对客户的意向度并不太清楚。

2)现场布置

① 导示系统不足。项目前马路没有项目的指导牌,没有专门样板房导示牌。

② 铁马的缝隙没有固定,同时保安疏于管理,导致部分客户跃马而过。

③ 客户等候区无冷气机、电风扇之类,客户比较闷热;没有饮料的持续供应,没有节目表演。

④ 礼仪小姐站立的位置较偏,开盘典礼后即没有发挥多少作用,只是冷站在入场区一隅

⑤ 对于签约成功的客户,在出口位置,并没有安排礼仪小姐祝贺。

⑥ 小飞艇飞的较高,上面的促销信息显得不清楚,对于销售促进的作用并不大。

⑦ 外场休息区的销控板设立没有遵循:醒目、区隔、独立的原则。位置设在选房区入口处,造成拥堵。

⑧ 销控板设立的位置不够实效,本次设立了四块销控板。一块设立在外场区的休息等候区,较为有效;一块设立在模型区(客户刚进场,几乎没有什么作用),一块设立在销控区正对面,客户再次排队,较为实效;一块设立在过道,几乎没有什么作用,因为此处客户都已经定了房号区财务区。

3)选房流程

① 没有设立专门的新客户接待区,新客户无法进入选房等候区,也没有专门的销售人员讲解、引导,造成部分客户流失。

② 验号区:开盘当天的验号区秩序较乱,开发商没有麦克风引导,没有明显公示排队流程,没有现场组织,使得部分客户较为生气,造成拥堵。主要原因在于人员不够(3个人,一个记录、一个发号,一个验证);通道只有一个。

③ 外场等候区:销控表没有及时准确反映销售现场的真实情况,场内工作人员手工传输销控数据,效率较低,且出现工作人员贴错号等情况,导致等候区一片混乱,没有工作人员协助,没有安排销售代表讲解场内情况,更没有安抚客户情绪。大量客户挤在选房等候区入口处,主持人用麦克风分流都无效。

④ 没有设立选房等候区,造成客户拥堵在休息区入口,客户进场场面混乱,工作人员只得临时加长通道。

⑤ 入口等候区:等候时间过长,因里面流程较慢,客户办理过程用时较长,已经进入排队区的客户不得不站着等。

⑥ 选房区:销售代表较少,客户进入以后无销售代表跟踪,客户自己看模型,然后直接到销控区前形成排队。此处才有6~8个销售代表一对一服务,确认房号,帮助客户选房。但在排队人群面前,显得忙乱无序,不少客户受冷落。

⑦ 思考区：形同虚设，2分钟冷静购房的选房规定没有得到执行。

⑧ 销控区：一些客户并没有使用《YY城认购卡》，现场有销售代表临时发卡，让客户自己填写，选房时用。在销控区，房号的确认先后不按照"选房顺序号"来办理，且没有明显公示，致使一些顺序号较前的客户中意的房子被别人选择，而生气闹事。

⑨ "复核资料区"：效率不高，用时过长。由于人工查验，且只有2～3个人，效率较低，造成此处客户流线不畅，客户在此滞留时间较长，满意度较差。

七、项目营销总结及借鉴

1. 推广展示

该项目展示攻略做得淋漓尽致，园林、主入口、售楼部、样板房、休闲桌椅、水景和临街商铺等均体现出品质感，给予客户一种实实在在的美好的购房体验。所售楼栋基本上全部封顶，园林的营造到位，道路交通全部刷黑，让客户实实在在的看到和摸到自己要买的产品，这无疑对项目的销售是起决定作用的环节之一。

考虑到项目区位的较为偏僻，且为YY地产进入中山的第一个项目，该项目推广启动相当早，报纸、户外、营销活动等均大手笔投入，充分展示项目优势及企业品牌和实力，初步建立了市场知名度，吸引了大批优质客户的注意力，积累了极旺的人气，从而有效推动了项目的销售。

借鉴点：

大盘项目一期欲建立知名度和美誉度，定要从产品入手，展示充分给予本地客户美好体验是促进成交的最有效策略，让客户能实在地感受到项目的与众不同。另外，外地品牌开发商在前期的营销推广上要充分突出品质感，体现企业的实力。

2. 客户把握

开盘前经过大量的广告推广投入，积累了较多的客户，但是销售人员迟迟没有对客户进行意向摸查是本次开盘的不足之处。即使在客户自发形成排队的情况下，也没有看到销售人员主动询问客户意向情况，没有积极的和客户进行沟通。直到开盘前，才出动全部的销售人员到客户等候区对客户进行意向摸查，发放《选房意向卡》，由于没有事前告知，客户对此突然袭击不明所以，让销售人员的努力事倍功半，预销控的不准确直接影响到销控区的顺畅进行。

在选房区基本没有销售人员跟踪客户，直到客户在销控区前排队时，才有销售人员上前询问客户意向，协助客户填写《选房意向卡》，而在等待的过程中，客户的意向房号被选走，客户临时修改意向，造成销控区进展不畅。

建议：客户自发形成排队，此时基本上确定了选房顺序号，即可开始对客户进行预销控，以精准销售房号。如果能够在客户排队期间即对客户进行意向摸查，安排销售人员一对一服务，引导客户需求，将大大减少整个选房流程中堵塞环节。

3. 危机处理

由于没有预料到客户排队，没有选房的备选方案做预案。致开发商于被动，不得不临时修改开盘方案，令整个组织过程显得仓促忙乱。

（1）危机描述

开放日当天，由于客户得知选房按照"先到先得"的原则，引发客户自发开始排队。但项目工作人员并没有积极应对，对客户没有任何交代和安排。直到11:30，销售中心门口排队客户达25批左右，才开始为排队客户搬上椅子。在12:00，客户情绪波动较大，部分客户开始大声吵闹，当众批评开发商和策划人员。之后，工作人员才出来解释，中午为所有排队客户准备了肯德基。直到下午18:00，开始给排队客户发放《排队管理公告》和顺序号，解散当天排队客户。但并没有关于排队的任何公示，使得排队三天过程中客户始终对开发商非常不满。

（2）问题分析

9月6日为样板房开放日，由于本次推出的单位仅有183套，但截至8月24日，已累计诚意客户达500户之多。办卡量和推出量存在明显的差距，但销售人员未能对可能出现的客户排队做出充分的预估和准备。在仓促中制定的《排队管理公告》中的领号规则存在明显的不合理，造成多数客户的不满。

（3）建议

开始有客户排队时，如能及时引领客户进入VIP洽谈室，进行单独沟通，会平息客户的不满情绪。客户出现较长队伍时，工作人员如果能积极应对，主动组织安抚客户，及时为客户安排椅子、饮料等，将能够转危为安，对项目品牌的塑造也有积极作用。

工作人员如能公开公示排队方式及安排，放在显著位置，将减少很多与后期排队客户的摩擦。

八、客户描述

参加此次开盘活动的客户主要来自中山本地，客户购房需求以自住为主，主要为提高生活品质、改善居住环境为目的。

房地产项目入市与开盘

客户以周边政府公务员、医生及教师为主,此类型客户有相当的经济实力,对于项目后续的别墅等高端产品将会起大较大的支撑。

客户购房主要看中区域未来规划利好、项目规模、楼盘品质等利好因素。

客户来源主要为朋友介绍、户外与报纸广告等。

根据现场客户调查,客户对本次选房活动的流程意见较多(最大的不满主要集中在排队、通知等环节,另外,现场选房速度慢,大量客户滞留选房区,导致客户等候时间过长,不满情绪也较大)。

说明:口碑传播对于项目后期销售非常重要,特别是在中山,此效应更为突出(借鉴万科城市风景,目前主要客户来源为亲友介绍),故特别是在项目前期做好客户满意度至关重要,良好的销售服务流程和体系是保证大盘持续热销的关键和保证。

案例 14 上海BL·叶上海成功开盘营销借鉴

一、项目档案

BL·叶上海一期地块位于上海宝山顾村镇，东至中心河、南至沙浦河、西至规划路、北至菊太路。周边有M7号轨道交通，沪太路和A20公路交通十分便捷。

BL·叶上海，2008年BL地产重要作品，总用地面积40余万m^2，总建筑面积近55万m^2。项目由国际顶级大师团队英国UA和上海江南建筑设计院鼎力擎创，是集低密度住宅、高层公寓、会所、学校、社区商业为一体的复合楼盘。项目以公园级的宅院和别墅级的公寓将优雅精致的上海文化一脉相传，开创区域生活新高端和新高度，充分体现了新世纪大型住宅社区对人性的关怀。

BL·叶上海项目档案　　　　　　　　　　　　　　　　　　　　　　　表8-16

地址板块	菊联路419弄/顾村		
物业类型	普通住宅	建筑类型	高层、中高层、多层
开发商	上海BL建霖房地产有限公司	容积率	1.35
物业公司	自管	绿化率	35%
物业管理费	公寓2.2元	竣工日期	2010年12月
总户数	5000户	停车位	1032个

二、推案基本情况

推盘时间：11月22日开盘。

推盘量：3栋18层公寓216套，联排别墅93套。

房地产项目入市与开盘

推案基本情况　　　　　　　　　　　　　　　　　　　表8-17

	面积（m²）	套数（套）	占比	供应面积（m²）
联排别墅	204~276	93	—	22250
	小计	93	43%	
3栋18层公寓	56（1房）	36	16.67%	16935
	75~88（2房）	180	83.33%	
	小计	216	57%	
合计		309	100%	—

整个推按次序为，第一阶段主推A2、A1区，第二阶段主推C、B2区，第三阶段主推B1区。整体由东向西逐步推进，滚动开发，别墅和公寓销售同步进行。

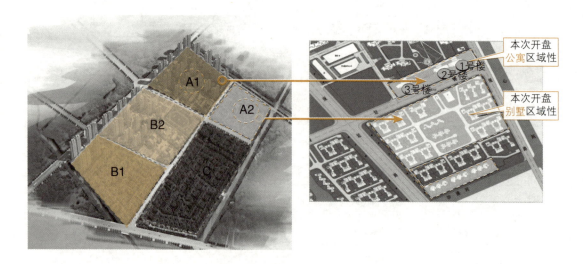

图8-21　前期推案分布图

三、开盘价格分析

1.价目表（以3号楼价格为例）

项目价格表　　　　　　　　　　　　　　　　　　　　　　　　表8-18

3号	(D1)4室 面积：88.36m²		(D2)3室 面积：78.42m²		(D2)2室 面积：78.42m²		(D1)1室 面积：88.36m²	
18	10921	-79	10431	-77	10457	-77	11102	-79
17	11000	79	10508	77	10533	77	11182	79
16	10921	79	10431	89	10457	77	11102	79
15	10842	79	10342	77	10380	77	11023	79
14	10763	79	10265	77	10303	89	10944	79
13	10684	79	10189	77	10214	77	10865	79
12	10604	79	10112	89	10138	77	10785	79
11	10525	79	10023	77	10061	89	10706	79
10	10446	57	9946	51	9972	51	10627	57
9	10389	45	9895	51	9921	38	10570	45
8	10344	45	9844	51	9883	51	10525	45
7	10299	57	9793	51	9832	51	10480	57
6	10242	0	9742	0	9781	0	10423	0
5	9246	34	8748	26	8773	26	9427	34
4	9212	0	8722	0	8748	0	9393	0
3	9212	0	8722	0	8748	0	9393	0
2	9167	-45	8671	-51	6897	-51	9835	441
1	10850	1638	9398	676	9436	689	10376	982

D1户型88m²

D2户型78m²

图8-22　户型图

（1）高区

每层加价77~79元/m²，17层为最高价，18层和16层等价。

（2）中区

每层加价45~51元/m²，6层为新价格基准点，由于有景观视野差异，与5层价差近1000元。

（3）低区

每层差价31~45元/m²，3层为价格基准点，所有端头户型均有采用可封闭入户花园户型，附加值较高。

2. 开盘促销

（1）公寓客户办理VIP卡，签署《定金合同》并按约定时间签署《预售合同》方可享受单套总价3万元的优惠。按公寓一房主力面积56m²计算，可优惠530元/m²。按公寓二房主力面积75~88m²计算，可优惠340~400元/m²。

（2）别墅客户办理VIP卡，签署《定金合同》并按约定时间签署《预售合同》方可享受单套总价5万元的优惠。

（3）开盘前办卡并打入订金客户获赠捷安特自行车一辆。

3. 价格策略总结

（1）紧扣新出台普通住宅认定标准，使客户能得到低首付和优惠利率。

图8-23　标准认定

（2）增加产品赠送面积，变相拉低产品价格水平。端头户型均采用入户花园，可增加10m²左右空间，与中间套没有入户花园的产品价差约为500~700元/m²。如果通过VIP总价优惠价差将被抵消，因此该类户型开盘吸引大量VIP办卡客户。

（3）以景观为依托，进行楼层价格分化，促进销售。开盘前对外报价为9500元/m²，开盘当天，低区价格在8600~8800元/m²左右，给客户一定的惊喜，从而促进了部分销售。

四、销售情况

1. 公寓销售情况

开盘当天大定套数126套,大订率为46%左右。从销售户型分布上来看,低区和端头带入户花园的户型销售情况良好。而中间套和50m²的1房销售情况不佳。

总的来说,客户对高附加值产品(偷面积)和较低总价产品认可度较高。对1房产品和普通70~90m²小户型产品接收度较低。

2. 别墅销售情况

别墅报价在15000~20000元/m², 总价范围在350万~1020万元/栋。其中,A户型,235m²,25套;B户型,225m²,25套;C户型,235m²,25套;D户型,273m²,15套;E户型,246m²,3套。

实际成交价格在18000元/m²左右,最终认购约43栋别墅,去化率46%。成交多集中在A、B、C户型。

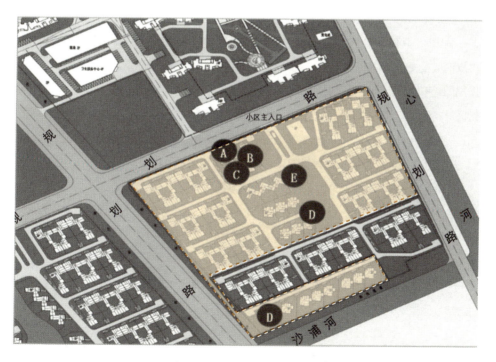

图8-24 别墅户型分布图

五、客户分析

（1）50%~55%宝山本地客户，多数在当地已有1套住宅，对产品品质认可度较高；

（2）30%左右的市区客户，以大北区客户为主，对顾村公园规划及产品有较高认可；

（3）15%~20%外地客户（含新上海人），工作及生活与宝山嘉定有一定关联，对项目造城规划认可。

六、开盘流程

1. 认购流程

（1）开盘当天只有持有VIP卡的客户才能购买BL·叶上海房源，并采取先到先得的原则。

（2）只有开盘当天，公寓客户签署《定金合同》并按约定时间签署《预售合同》方可享受单套总价三万元的优惠，该优惠将在签署《预售合同》时在总房价内扣除。

（3）只有开盘当天，别墅客户签署《定金合同》并按约定时间签署《预售合同》方可享受单套总价5万元的优惠，该优惠将在签署《预售合同》时在总房价内扣除。

（4）客户须凭本人身份证、VIP卡、办卡收据、办卡协议书到售楼处门口按先后顺序领取选房顺序号，一张VIP卡只能领取一个选房顺序号。身份证和VIP持有人、购房人须为同一人，在正式认购时不得取消或变更。

（5）选房开始后，公寓和别墅客户根据各自的顺序号进入内场选房区进行选房，其余客户在外场等候区等待通知。若连续叫号3次未在现场，则视为自动放弃选房权，由后续客户补位。

（6）开盘当天为限时选房，五分钟未能确定房源，视为自动放弃此次选房权，直接跳至下位VIP客户，开盘当日每套房屋的正式售出以现场公布的销控为准。

（7）每组客户最多只能2人进入选房签单区参与选房。

（8）客户签订《定金合同》后至付款处，凭定金合同、办卡收据、办卡协议书换取定金收据。

（9）认购流程结束，客户可凭借本日到达本项目的士发票至出口处报销费用并领取纪念品。客户须在规定时间内完成签约并提供首付完整的相关资料。

（10）办理会员卡，公寓客户银卡2万元，别墅客户金卡3万元，签正式合同时银卡2万元抵5元万，金卡3万元抵8万元。

2. 现场人气

现场大概来客500余人，新客户较多。

3. 现场购房抽奖活动

现场请纪实频道主持人江波举行抽奖活动，客户凭认购协议书即可参加此次抽奖。奖项如下：

> 一等奖：海信40寸液晶电视，价值5000元
> 二等奖：诺基亚N95，价值3500元
> 三等奖：诺基亚N78，价值2500元
> 四等奖：美的微波炉，价值1000元

图8-25　现场抽奖产品

七、营销推广

1. 推广费用

平面媒体短期内集中投放，短期内迅速扩大知名度。9月底销售员进场，11月开盘，短期投入1000万元营销费用。

推广费用明细表　　　　　　　　　　　　　　　　　　　　　表8-19

日期	报纸名称	版面	广告规格	广告颜色	刊例价（元）
2008-11-20	新闻晨报	第A16版	整页跨版	彩色	431500
2008-11-20	新民晚报	第B20广告版	整页跨版	彩色	455600
2008-11-13	新闻晨报	第B8版	整页跨版	彩色	427000
2008-11-12	新闻晨报	第A16版	整页跨版	彩色	426900
2008-10-30	新闻晨报	第B8广告版	整页跨版	彩色	409600
2008-10-30	新民晚报	第B24广告版	整页跨版	彩色	455500
2008-10-29	新闻晨报	第A40广告版	整页跨版	彩色	422400
2008-10-24	新闻晨报	第C12地产星空版	整页跨版	彩色	420300
2008-10-23	新闻晨报	第A16广告版	整版	彩色	410800
2008-10-22	新闻晨报	第B8版	整版	彩色	429700
2008-10-20	上海楼市租售情报	第1页	整页	彩色	56000
2008-10-15	上海楼市	第1页	整页	彩色	61000
2008-10-10	新闻晨报	第A24版	整版	彩色	194800
2008-10-9	新民晚报	第A27版	整版	彩色	246500
合计					4847600

房地产项目入市与开盘

推广费用汇总表　　　　　　　　　　　　　　　　　　　　表8-20

报刊名称	次数	广告费用（元）	百分比
上海楼市	1	61000.00	7.14%
上海楼市租售情报	1	56000.00	7.14%
新民晚报	3	1157600.00	21.43%
新闻晨报	9	3573000.00	64.29%
平面累计	14	4847600	100%

觉察到客户积累不足问题，10月房展会后，果断推迟原定10月25日开盘计划，并展开密集的推广活动。开盘前一个半月平面投放484万元，其中受众面最广的新闻晨报达357万元，以本地读者为主的新民晚报投放也达115万元。而东方早报等媒体没有投放。BL·叶上海项目前期营销费用总预算达1000万元左右。

图8-26　项目推广软文示例

2. 推广软文

项目开盘前进行了系列推广活动，平面与网络推广以五组内容展开，但所有主题围绕着顾村公园展开。卖点清晰重点突出，围绕主卖点反复推广。软文的主题如下：

——1000天的期待，2000万人的呼唤！

——2008，上海第四代公园住宅诞生！

——2008，上海再现公园住宅热！

——城市·公园·住宅！

——一座美丽的公园城邦！

3. 推广活动

顾村公园体验推广，扩大公园项目影响力。10月14日，由BL房地产开发有限公和宝山生态建设指挥部联合在顾村公园举行"顾村公园体验记者招待会"，招待晨报、新浪等平面和网络媒体。

旨在扩大卖点（顾村公园）社会影响力。

4. 销售道具

开盘前增加市区班车，进行客户导入干预。

增加市区上车点，对不熟悉宝山的市区客户，进行直接交通引导，扩大了客户导入面。开盘前几种增加市区节日班车上车点，并在集中媒体推广中予以突出。

图8-27　BL·叶上海设置6条看房专车路线

八、BL·叶上海开盘借鉴

1. 拓宽客户面，提升市区意向客户比例，开启假日班车。

房地产项目入市与开盘

2. 挖掘项目新卖点，给予客户新期待（顾村公园规划作为新卖点客户认可，罗店新镇建设多年进度缓慢利好出尽）。

3. 合适的价格策略和销售手段促进销售，给客户实在的优惠。

4. 销售前集中的媒体推广策略。

5. 在不增加总价的情况下，面积的增加依然受客户青睐，"偷面积"的产品设计受到客户青睐。

6. 入市时机绝佳，上半年区域市场供应量较少，市场缺少热点，项目开盘引爆了区域市场关注，同时9月、10月市场积压了部分客户需求，新政出台促使部分需求得到集中释放。